U0571321

军民融合研究丛书

国防研发投资

主　编　李湘黔
副主编　董晓辉　孟斌斌

Defense R & D Investment

经济管理出版社
ECONOMY & MANAGEMENT PUBLISHING HOUSE

图书在版编目（CIP）数据

国防研发投资/李湘黔主编．—北京：经济管理出版社，2017.8
ISBN 978 - 7 - 5096 - 4923 - 7

Ⅰ．①国…　Ⅱ．①李…　Ⅲ．①国防科学技术—投资—研究—中国　Ⅳ．①E0 - 054

中国版本图书馆 CIP 数据核字（2017）第 025368 号

组稿编辑：王光艳
责任编辑：王光艳
责任印制：司东翔
责任校对：赵天宇

出版发行：经济管理出版社
　　　　　（北京市海淀区北蜂窝 8 号中雅大厦 A 座 11 层　100038）
网　　址：www. E - mp. com. cn
电　　话：（010）51915602
印　　刷：三河市延风印装有限公司
经　　销：新华书店
开　　本：720mm×1000mm/16
印　　张：19. 25
字　　数：377 千字
版　　次：2018 年 1 月第 1 版　　2018 年 1 月第 1 次印刷
书　　号：ISBN 978 - 7 - 5096 - 4923 - 7
定　　价：98. 00 元

·版权所有　翻印必究·
凡购本社图书，如有印装错误，由本社读者服务部负责调换。
联系地址：北京阜外月坛北小街 2 号
电话：（010）68022974　　邮编：100836

军民融合研究丛书
编 委 会

编委会主任：曾　立
编委会副主任：李湘黔　黄朝峰
编委会委员（按姓氏字母排序）：

董晓辉　郭　勤　何正斌　纪建强　鞠晓生
旷毓君　李辉亿　李　烨　李志远　廖国庚
刘　宁　孟斌斌　乔玉婷　苏海燕　谭　琦
吴　鸣　谢玉科　易金务　张伟超　张远军
张允壮　周长峰　周建设　邹小军

总　序

国防科技大学是一所直属中央军委领导的军队综合性大学，是首批进入国家"211 工程"建设计划的院校，是军队唯一进入国家"985 工程"和唯一被纳入国家"双一流"建设支持的院校。国防经济学科是国防科技大学第一个人文社会科学类学科点，1995 年获得硕士学位授予权，2005 年获得博士学位授予权，2006 年被评为湖南省"十一五"重点学科，2007 年获批湖南省"国防建设与区域经济社会发展研究基地"，2011 年被评为湖南省"十二五"重点学科，2013 年设立学校"军民两用技术知识产权运用研究中心"，2014 年获批"应用经济学博士后科研流动站"。

多年来，国防科技大学国防经济学科聚焦军民融合发展，着眼破解经济建设和国防建设融合发展中的重大理论和实践问题，承担了以国家社会科学基金重大项目"中国特色军民融合式国防建设资源配置与管理研究"为代表的一大批国家和军队重要科研课题；出版了《战略性新兴产业军民融合式发展研究》《军民融合武器装备研发投资》等一批高水平学术专著；在《经济研究》、*Defence & Peace Economics* 等国内外权威期刊发表《军民融合何以能富国强军》等多篇论文；撰写的《加快新常态下军民融合科技创新体系建设的意见和建议》等一批研究报告受到了中央军民融合发展委员会办公室、国家发展改革委员会、工业和信息化部、军委政治工作部、军委装备发展部、军委战略规划办公室等相关部门领导和机关的高度肯定；建成了"国防与财富"国家精品视频公开课等多门重点课程，在军民融合研究领域取得了丰硕成果。

本丛书围绕军民融合发展主题，从学校国防经济学科点多年的研究成果中遴选出 350 余篇优秀论文，分为《国防研发投资》《国防工业发展》《国防科技创新》《国防采购改革》《国防人力资源》和《国民经济动员》六个专题，集中展示了学科点军民融合领域的理论研究成果。希望这些研究成果能够为军民融合理论和实践工作者提供一定的参考借鉴，对促进军民融合发展战略深入实施，推动我国经济建设和国防建设在更广范围、更高层次、更深程度上实现协调发展、平衡发展、兼容发展，加快形成全要素、多领域、高效益的军民融合深度发展格局有所裨益。

目　录

国防费分析[①]

周建设

在存在商品货币关系的条件下，国防物资的运动表现为国防费用的运动。本文试图对社会主义的国防费构成及影响因素、分配和使用、补偿等问题作一些研究。

一

国防费是社会在一定时期（通常为 1 年）内为维护国家安全和社会秩序而支出的资金总额，它用于军队和其他国防要素的建设。国防费不同于国防总基金：国防总基金是国家现有的国防要素的价值之和，它等于历年支付的国防费累计总量减去各种形式消耗的价值后的余额；国防费则是当年国家新增的各项国防要素的价值之和，它是国防总基金的一部分。在国防费的逐年支出中，用于国防工程、营房、武器装备等物资的价值，并非当年就消耗完毕，因此，国防总基金也就逐年增大。

国防费具有物质和价值两种形态，也就有物质构成和价值构成两种构成。

国防费的物质形态总的表现为军用品，而军用品大致可分为两大类：作战手段，亦称为军事专用品，如武器装备、弹药、军用运输工具、燃料、装具、国防工程、训练器材、设施等。国防系统工作人员的生活消费品，如食品、被服、营房、营具、医疗条件等。

与国防费的物质构成相适应，国防费的价值构成也表现为两部分：作战手段的价值。国防系统工作人员的生活消费品价值，如给养基金、军人薪金、军人福

---

① 本文原载于《军事经济研究》1987 年第 3 期。

利待遇、其他人员的薪金等。

国防费中，作战手段的价值与生活消费品价值的比例或构成即国防费的价值构成，是衡量军队现代化的重要指标。军事技术进步，使得技术装备、武器等作战手段的比重越来越大，军人个人消费品的比重相对减少。德国的武器技术装备在军费中的比重，1872 年为 7.6%，1913 年达到 19.7%，1938 年达到 44.8%，美国在相应年份中分别为 25.9%、40%、41.7%，[①] 当前发达国家军费中相当大的一部分用于作战手段的开支。

国防费的主要来源是社会物质生产部门创造的国民收入（包括国防系统创造的小部分国民收入），战争赔款、外来援助等也可用于国防费开支。国家开支国防费，通过国家预算审定执行，国防费是国家财政支出的项目之一，属于国民收入的非生产性支出。我国 1983 年国防战备费支出 177.1 亿元，占国民财政总支出 1292.5 亿元的 13.7%，[②] 大大低于美国和苏联的水平。

国家在一定时期内保持一定数量的国防费用，绝不是一个偶然的现象，而是许许多多因素综合作用的必然结果。

（1）世界政治军事形势的变化和战争的威胁程度。

帝国主义战争源地的存在是保持国防费开支的主要因素，帝国主义国家争霸世界，带来世界政治军事形势的变化必然影响国家国防开支的数量。一般来讲，世界政治军事形势紧张，战争威胁增加，国防费应相应增加；世界政治军事形势缓和，战争威胁减少，国防费用则应适当减少。这是基本的原则。世界政治军事形势的变化对国家的影响是十分巨大的，像国家在世界的战略地位、与某国的关系、局部战争的威胁等都会影响国防费的数量。目前，世界和平力量日益增长，战略形势趋向稳定，"在较长时间内不发生大规模的世界战争，是有可能的"。[③] 因此，我们应当保持国防开支的稳定，精减军队人员，既可以集中力量利用难得的和平时期进行社会主义现代化建设，又可为限制帝国主义的军备竞赛，实现裁军、停止大规模杀伤性武器的生产作出贡献。如果爆发全面的世界大战，参战国家的国防费则转化为现实的战争费用，其数量也会急剧增长，其增长程度则受战争的性质、规模、进程等因素的影响。

（2）当代军队的军事技术状况和人员生活条件。

现代科学技术和生产力进步的影响，军队的作战手段的费用以及耗费在掌握现代作战手段的人身上的费用，都增至前所未有的高度，并且保持持续增长的趋

① ［苏］中国人民解放军总后勤部，军事实力与经济基础中译本 ［M］. 北京：解放军出版社，1985 年版。

② 《光辉的三十五年》编辑小组，光辉的三十五年 ［M］. 北京：中国统计出版社，1984 年版。

③ 邓小平，在军委扩大会议上的讲话 ［N］. 人民日报，1985 – 6 – 11。

势。这是因为,生产作战手段的成本和作战手段的维修费用、无形损耗的急剧增长,还因为军队人员的文化知识、专业水平、生活条件相应提高而使人员费用增加。第一次世界大战前夕,一个师的武器支出在 300 万美元左右,第二次世界大战期间为 550 万美元,当代则达到 8 亿美元。[①] 总之,要赶上不断发展的现代军队军事技术状况和人员生活条件的一般水平,国家的国防费开支有增长的趋势。

(3) 国家的战略方针。

帝国主义国家为了争夺世界霸权,进行军备竞赛,策划或直接参与局部战争等,必然要为维持庞大的军事机器付出巨额军费开支。这种战略方针是这些国家内部的社会关系和各种矛盾的必然产物,在这种关系未改变以前,巨额的军费开支则不可避免地长期保持。我国和世界一切爱好和平的国家的战略方针,则是预防和抵抗外来侵略,维护世界和平,国防开支是出于防御的需要。这不仅使这些国家的国防费开支要大大少于帝国主义、霸权主义国家,而且能够以较少的国防费用保持高度的国防威力。国家战略方针的根本差别,会带来国防费用数量级的差别。

(4) 国家的经济承担能力。

国防费用多少不仅取决于战争和战略的要求,而且取决于国家经济基础能够提供的承担能力,后者是现实的基础,是国防费的决定因素。国家的国防承担能力表现在:工业、农业、交通运输的发展水平;教育、科技的发展水平;人口的数量和质量;资源条件;等等。国民收入是衡量国家国防承担能力的综合指标,它直接影响国家拨付国防费的能力。一般来讲,一个国家的国民收入越多,提供较多国防费用的可能性越大;国民收入的增长速度越快,国防费保持较快速度增长的可能性越大。

但是,并非国防费用与国民收入成正比例关系,有些国民收入不高的国家的军费开支还比国民收入高的国家多。因为国防费用数量的确定,并不是孤立地取决于某一个因素,而是复杂的因素共同作用的结果。这只是说明,国民收入多的国家更容易承担较大的国防开支。

二

国防费的分配是国民收入分配系统的一个分系统,属于社会分配领域,国防费的分配目的是协调国防系统内部的比例关系,尽量节约资金,争取最大限度的

---

① [罗] 贝拉·亚尼上校主编,胡伟权等译论军事经济效益 [M]. 北京:解放军出版社,1985 年。

国防经济效益，国防费分配的主要途径如下：

（1）国防预算。

国防预算是国防分配的主要途径，经由国防预算的国防费分两个主要流向进入国防系统：一是以货币形式向国防各个部门拨款，作为国防各部门的经费，用于采购生产各种战争物资，用作训练经费和支付军人薪金等；二是以实物形式即由国防部直接采购战争物资分配给国防单位、投资新建重点国防工程交付国防部门使用等。国防预算的具体步骤是，由军队后勤系统、国防工业生产系统、国防工程基建单位、国防部物资采购部门、国家储备仓库等国防部门的财务部门编制预算，按归口管理的渠道逐级上报，经综合部门平衡审定，形成整个国防预算方案，通过政府审定批准，由财政拨款交付国防单位财务系统执行。

（2）预算外收入的分配。

国防系统内部军队生产创造的价值、国防工业创造的一部分利润等构成预算外收入，这一部分收入一般都用于国防费，在国防费用中占一定比例。预算外收入通过国防系统内部的财务预算归口分配。国防系统内部的生产特别是军队的生产经营活动日益广泛深入，这部分收入的数量也将日益增大，合理分配，可为国防建设起到一定的作用。因此，必须加强预算管理，不能因为是"自己挣来的钱"而滥用。

（3）经济调节机制的分配。

价格、税收、信贷等国民经济调节杠杆，也必然使已拨给国防系统的国防费用发生再分配。例如，原材料涨价，国防工业部分经费流入国民经济的原材料部门；又如银行对军工贷款实行优惠利息，则有一部分收入进入国防系统，这一分配过程，使国防经济系统置入整个国民经济体系，使国防费的分配受到整个社会国民收入再分配的影响和制约。

国防费的分配是十分复杂的问题，应注意下述原则：

首先，要合理确定各种费用开支的比例关系。其中最重要的有装备购置费、装备维修费、科研费、生活费和训练体育费等项目在国防费中的比例。随着武器装备的改善，更新周期的缩短，弹药消耗的增加，装备购置费在国防费中的比重在不断提高。如美军这一比重的情况是：第一次世界大战时为60%，第二次世界大战时为70%左右，第二次世界大战以后上升到77%左右。我军目前装备购置费的比重还不如生活费的比重高，这是不正常的。今后必须逐步提高这一比重。装备维修费是武器装备在使用期内必需的开支，应与装备购置费成比例。根据以往的经验，在每个年度计划中购置费与维修费的比例应保持在2：1以下为宜。科研费是实现武器装备现代化的必要前提条件。国外的这一部分费用约占国防费的10%～20%。我们也不应低于这个比重。生活费数量及比重取决于军队的数量和军事人员的生活水平。我军目前这一比重较高，根据世界各国的经验和我军的实际情况，这一比重以占国防费的30%左右为宜。教育训练费用是实现国防现代化的重要支出。在当前，我军的教育训练费应以占生活费的1/2，即占军费的15%左右为宜。必须说明，以上几项费用的开支比例，仅供参考，提出来的目的在于引起我们的重视。

其次，必须充分考虑社会再生产的制约与影响，使国防资金的价值构成与实物构成相适应。

国防部门所需要的作战手段或者生产作战手段的生产资料以及给养军需品，归根到底是由国民经济生产部门提供的。如果国防费用的价值构成与国民经济能够提供的物质构成不相适应的话，就意味着有一部分国防费用无法实现，国防消费就不能得到充分的满足。

最后，既要集中资金，保证重点，又要统筹兼顾，全面安排。

我们的国防资金有限，在国防建设上，摊子不能铺得太大，要分清轻重缓急，集中资金保证重点项目能够如期完成，如某些重要技术装备的科研和试制、某些紧急的国防工程、教育训练投资等，要保证有较充足的资金；如果平均分摊，什么也完不成，那就不如砍掉一些项目。在保证重点的同时，还要统筹安排。我军目前的财务开支已有十一大类五十多个项目，在分配资金时，都必须考虑到，安排好。具体项目当然可以变动，但只要列为项目，资金就不能是空白。否则，哪一项忽略了，都会出问题。

三

国防费本质上是消耗性的，它的运动形式与国民经济中的资金运动形式有很大差别。除国防生产系统之外，一般来说，它不存在资金循环周转与增值问题，它只表现为支出，不要求返回。根据国防费运动的这一特点，在其使用中，要特别注意以下几个问题：

1. 加强管理

要特别强调国防资金的统一管理，健全财务管理制度；贯彻厉行节约、反对浪费的方针；严厉打击贪污盗窃、投机倒把行为；坚决纠正化大公为小公、损公肥私，讲排场比阔气，请客送礼等不正之风。因此，必须加强各级党委对财务工作的领导，根据"大权独揽，小权分散""统一计划，分级管理"的原则，合理规定各级领导财权的范围，严格财经纪律，充分发扬经济民主，发动群众加强财务监督。

2. 提高国防资金的使用效益

少花钱，多办事，"花一分钱的费用，出两分钱的效益"，应该成为国防系统所有成员特别是财经人员行动的准则。要提高国防费的使用效益，必须注意确定合理的国防费总量，既不造成社会财富的浪费，又能切实保障各项必要的国防支出；必须注意合理地分配国防费用，使国防费各部分价值达到最优比例，又能与国防资金的实物构成相适应；必须尽可能节约各项消耗，减少或避免浪费，使有限的资金发挥最大的作用；必须注重国防费在国防部门内部的自我补偿，减轻社会的负担。

3. 非国防用途的支出应减到最低限度

国防资金是国家用来防御、打击外来侵略、保证国家和人民生命财产安全的专门费用。它只能用于与国防直接相关的各项支出。由于较长时间的和平环境、现行军队体制的弊端等因素的影响，我们的国防费承担了不少应该由社会解决的事业的各项开支，例如遗属、烈属、随军家属等的开支。由于包揽离退休干部的生活而增加的开支等，使得一部分国防费支出名不副实，也不符合社会分工原则。这些事业应逐步转给社会相应部门承担。

与国防费的使用相对应的是国防费的补偿问题。一般来讲，国防费的主要部分是无法从国防系统内部得到补偿的。武器、装备、弹药只能用于战争消费，战争消费不可能像生产资料消费那样把旧价值转移到新产品中去，或像生产者的消费资料消费那样再生产出劳动力。经过战争消费的物资的价值自行消失了，但是并不意味着国防费绝对不能得到补偿，至少有如下三个方面可以使国防费得到部分补偿：

其一，作战物资改变用途。某些由于过时、物资磨损不能适应战争需要的作战物资，其使用价值没有完全丧失，可以改变用途，向社会出售。较旧或换装的被服、过时的汽车、飞机等则完全可以折价给社会居民、生产单位使用，还有些过时的武器弹药、装备等虽不能直接归民用，但经过还原改造，可以作为民用生产的原材料。这样，就可以使一些在军队看来是过时、报废的物资的价值得到补偿，即：使一部分国防费得到了补偿。现代军事技术进步快，作战物资更新换代的时间大大缩短，认真研究作战物资的用途改变问题，其意义不仅是补偿部分国防费用的问题，更重要的是使作战物资更新换代，纳入社会再生产的轨道，获得稳定的资金补充来源，为加快军事技术进步奠定物质基础。

其二，国防系统生产补偿。作战物资品种多、单个品种要求量少、更新换代快的特点，使得大部分国防工业企业的生产不能饱和，其机器、厂房、设备、工人具有很多闲置时间，利用闲置的时间生产民品，向社会销售，意味着这一部分生产进入了社会再生产的过程，其产品的价值可以在社会上得到实现。相当于生产成本的产品价值可以用来补偿国防费中的生产成本费开支，产品利润则可以增加部分国防费用，用于其他国防开支。因而这部分国防费不仅能得到补偿而且还能扩大。

军队内部可以发展生产，既包括发展民用生产，补偿的效果与国防工业生产大致相同；也包括自给生产，初看起来，自给生产的产品并不进入市场，价值无法实现，投资无法补偿。实际上自给产品满足军队内部需要，可以减少国家相应的国防费的投资，也就是说应该投资的这部分国防费由于部队的自给生产补偿而减免。结果是，军队的预算账目上有这部分费用开支，实际收入来源却并不是国家财政，而是军队的生产。

其三，军品出口贸易。出口的军事武器装备物资最终用途大部分还是用于战争消费，但是对于输出国家来说，这一部分国防费用由输入国社会生产创造的价值来补偿，即由外汇收入的形式回到输出国。武器装备的进出口贸易，已成为国际贸易中重要的组成部分。美苏等国武器装备弹药的出口额占到外贸总额的相当比重。我国也应该积极开展军品外贸，以满足一些国家对军品的需要。这样做的好处，不仅能收回一部分外汇以补偿国防费支出，还能把我国的产品拿到国际军品市场上去经受竞争和考验，并通过进口吸收外国科学技术的成果，以不断改进我国的军品生产。当然，军品外贸与其他产品的外贸相比，有特殊之处，它涉及各个国家的关系，我们必须慎重从事，但也不必把自己的手脚捆住，受过多的清规戒律束缚，而应面对今天战略形势的发展变化，作出切合实际的决策。

积极的财政政策与国防工业投资[①]

吴　鸣　朱启超　葛恒洁

近几年来，随着经济短缺时代的终结，我国经济持续出现了供大于求、市场需求不足、失业人数增加等现象。针对这一情况，自 1993 年起实行的适度从紧的财政政策开始松动，各项带有明显扩张意图的积极的财政政策相继推出。但是从实际效果来看，以基础设施为主要领域的财政投资，对扭转经济的颓势似乎未起到预想的作用。本文拟从当前财政政策的实施情况出发，试图证明要使积极的财政政策进一步发挥其积极作用，拓展财政政策的政策空间势在必行，而国防工业投资不仅是加速国防现代化的内在要求，而且可以通过合适的投资途径来有效地带动经济持续增长。

一、积极的财政政策需要进一步拓展政策空间

自 1997 年 10 月起，我国物价指数连续 20 多个月出现负增长，这在新中国成立后的 50 年中是十分罕见的，以至于国内反通货紧缩的呼声日渐强烈。伴随着物价的持续走低，居民的消费倾向也明显降低。1998 年，在居民收入增幅下降的情况下，居民储蓄的增幅却居高不下。加上住房、医疗、养老制度的改革，使居民对未来收入的预期下降，进一步抑制了人们的消费欲望，使有效需求不足的状况日益严重。同时，东南亚金融危机对我国及世界的影响虽有一定的好转，但由于人民币币值的坚挺，导致我国出口商品的价格相对较高，出口不畅，外需对国内经济增长的拉动作用减弱，外需进一步压迫内需，致使国内消费需求不振得以强化。

[①]　本文原载于《湖南行政学院学报》1999 年创刊号。

在投资需求中，民间投资需求明显萎缩，以 1998 年为例，国有固定资产投资增长 22%，而工业投资增长率仅为 8.8%。政府主要用于基础设施和基础产业投资，并未能有效拉动民间投资聚集的加工行业。而中央银行短期内连续六次降息也未能有效刺激消费与投资，银行存款不降反升。这说明当前货币政策的可调控空间已比较狭小，调控效果也逐渐趋弱。

正是在这种背景下，国家适时地推出了积极的财政政策，加大了财政投资力度。如在积极的财政政策实施初期的 1998 年 1~9 月，全社会固定资产就完成了 10863.61 亿元，比 1997 年同期增长 20%，其中基本建设投资完成 6258.04 亿元，比 1997 年同期增长 20.9%。毫无疑问，国家的大规模财政投资对拉动我国经济的持续增长起到了明显的作用。1998 年，我国经济增长保持了 7.8% 的高速度，应该说与积极的财政政策的推行有直接的关系。同时，这次以投向基础设施为主的财政投资也改善了我国经济运行环境，一些长期制约经济发展的瓶颈项目（如通信、运输环保、住房等）得到了较好解决，积极的财政政策功不可没。

但随着投资数量的扩张，财政投资在基础设施领域的有效空间也越来越小。从 1998 年第四季度起，财政投资对市场消费与投资的拉动作用明显减小。其主要原因在于：一方面，财政政策在实际应用中容易产生两个问题：一是财政的低效或无效投资，表现为财政投资不能带动其他市场投资的复苏或者对其他市场投资有挤出效应；二是给以后经济发展造成障碍，这就是说，如果财政投资只发挥暂时的量的扩张作用，不一定能改善当前的供给结构，而且财政支出的扩大最终要受未来财政收入的限制，过大的财政扩张显然会给经济今后的持续发展带来隐患。另一方面，目前实施的积极的财政政策由于未能解决政府支出与居民支出之间结构上的矛盾，对于扭转消费品市场供大于求的局面难以起到应有的效果。以公共基础设施工程为主要投资领域的财政投资，在缓解投入品和资本品市场的需求不足上会有一定效果，但要出清目前严重过剩的消费品市场却难有大作为。尽管财政支出的增加会增加就业，但由于财政支出推动的项目主要是公共基础设施工程，这在目前的情况下，所吸纳的就业以农民为主，而农民目前仍是我国收入水平最低的居民阶层，其就业水平和收入水平的提高，短时期还难以形成强大的购买力来出清当前以住房、汽车和耐用消费品的积压为主要特征的消费品市场。

当前，在国家财政调控方面，我国已明确提出了要继续推行更积极的财政政策的调控思路，以刺激经济的进一步增长。在经济运行依旧偏冷的情况下，坚持这一思路无疑是正确的。但应该指出的是，实施更积极的财政政策不能再将重点摆在宏观量的扩张上，而应努力拓展财政政策的政策空间，注重解决财政政策的结构性问题，致力于投资结构的改善和推动产业升级。鉴于此，我们认为，当前实施的积极的财政政策，应该在保证公共基础设施工程投资的同时，拓展新的政策空间是十分必要的，而国防工业由于其在国民经济中的独特地位和作用，加强这一领域的投资，是当前实施更积极的财政政策值得考虑的选择。

二、国防工业投资在积极的财政政策中的意义

国防工业最初又被称为军事工业，其投资仅限于军事目的。由于国防工业和民用工业几乎没有联系，所以人们把国防工业投资看作纯经济消耗领域。正如一些批评家所说："大炮在不断地吞掉黄油。"随着时代的发展，国防工业的内涵也在不断发生变化。20 世纪两次世界大战推动了国防工业的飞速发展，到"二战"结束时，世界国防工业已形成相当大的规模。但由于战后军品需求锐减，国防工业部门不得不转向民品开发与生产。随着技术进步和国防工业转轨的实践，国防工业正逐步融合于民用工业之中。当前美国国防部和商务部公布的关键技术清单有 80% 以上是重合的。日本富士通系统综合研究所所长在前几年曾说："民用技术与军用技术正迅速交会，昔日的所谓军用技术这一事物很快就要消失。"国防工业部门既能加工军品，同时也进行民品生产，做到了"大炮"和"黄油"兼得。从国防工业的演变趋势来看，绝大部分国防工业将包含在民用工业中，参与市场和战场的竞争。现代国防工业投资对带动整个国民经济增长起着越来越重要的作用。

我国国防工业经过近半个世纪的发展，已形成门类齐全、覆盖面比较广的国防工业体系，包括军事航空工业、军事航天工业、军事船舶工业、军事核工业、军事电子工业以及兵器工业（包括军事化学工业）等门类。我国国防工业不仅在航天、船舶、核工业等领域跻身世界先进行列，而且在工程机械、电子设备、大型计算机、仿真技术等领域取得了重大进展。这不仅能够有效推动军事经济同民用经济之间相互促进的良性关系的发展，而且为国防高技术的民用化提供了有益的探索。我国军转民已取得了显著的成绩，国防工业对国民经济的增长已作出了重大贡献。在军民两用技术迅速发展的今天，对于我国而言，当前加大国防工业领域的投资，既可有效拉动国民经济增长，又可迅速增强国防实力。其作用主要体现在：

1. 国防工业投资可以调整市场供给结构，有力推动我国工业企业技术进步和带动产业升级

无论是国内市场还是国际市场，造成我国工业品市场需求不足的主要矛盾是

供给结构不合理，造成供给结构不合理的主要原因是缺乏技术改造动力。所以，解决我国当前经济困境的根本出路在于给企业创新提供动力。企业的技术创新过程包括应用研究、发展研究、中间实验、市场化初期与改进、成长期与技术扩散、技术成熟六个阶段。对创新者而言，市场化初期的需求拉动对整个技术创新过程都具有特别的重要意义。它不仅决定了该技术创新周期能否顺利完成，并且直接影响下一个技术创新的积极性。从市场经济的角度来看，需求拉动式的技术创新比较容易成功，即市场需求作用是首要的，而技术突破的供给推动是次要的。如果利用政府采购政策为处于市场化初期的高技术产品提供一个不小的市场，并且对技术创新过程中获得的中间研究成果、技术诀窍及关键技术部件进行预先招标采购，将有效地加强市场对高新技术产品的吸收能力和再投资能力，并为企业以后开拓国内、国际市场打下了坚实的基础。高新技术的成长初期较为脆弱，常常经不住激烈的市场竞争的考验，而政府采购正扮演着"孵化器"的角色。国防工业投资可谓是政府的最大技术采购方式。从国外的经验来看，当国民经济出现有效需求不足时，政府扩大在公共领域的采购（如基础设施和国防），可以为私人部门创造需求，从而拉动经济增长，实现反周期的目标。

2. 随着国防工业和民用工业一体化程度的加深，国防工业投资的"食物链"作用或说投资乘数作用越来越明显

国防工业和民用工业在某些领域的一体化是比较明显的，例如民用运输机、喷气发动机、通信卫星、计算机等。事实上，这些产业部门许多产品从过去到现在都一直是一体化的。一体化的另一个重要领域是软件。现代武器大约25%的成本以及主要基础设施领域（工厂、办公室和工程部）均受软件影响。随着信息时代的到来和未来战争的信息化，国防工业和民用工业完全一体化将成为可能。为了说明国防工业投资的"食物链"作用，我们来考察一下由美国国防部高级研究计划局经管的毫米波微波集成电路（MIMIC）计划。美国国防部需要一种先进的雷达电源用于一些武器系统，由于一系列技术上的原因，它选择了砷化镓集成电路。有趣的是，这项计划不是把国防上历来要求的最佳性能作为唯一设计标准，而是同等强调低成本和高可靠性。因而在美国国防部部署这种装置之前，它就被汽车工业应用于防撞和事故监测装置。由于这种集成电路在民用市场有很大的需求量，其供应商——休斯公司和迪而科公司合资经营的一家企业，便重新设计了生产过程，在不降低可靠性的前提下把成本从每件8000美元降至200美元。因为美国是这一产品的第一开发者，它不仅在毫米波微波集成电路装置方面，而且在根据这种装备生产的更贵的最终产品方面，都能占有很大的市场份额。该项研究计划显著地推动了国家的经济增长。此外，美国国防部也因能够

大批量生产而得到不少的好处。"食物链"的作用使国防工业投资的效益成倍递增。

3. 国防工业投资可以优化我国劳动力结构，并由此提高社会的消费水平

当前我国的劳动力就业主要集中在农业、手工业、工业初级加工业部门。随着社会技术进步，这些部门的劳动生产率将会得到很大的提高，这些部门的劳动力必须向技术产业和社会服务业等专业素质要求高的部门转移。社会技术进步越快，市场对高素质的劳动力需求就越旺，而社会技术进步归根到底是高技术人才的培养。以当今美国的国防工业为例，美国当前国防工业产值占国民生产总值的3%～4%，但其实际作用却远远超过了这个比例。例如它养活了全美大约25%的工程师，支持了全美制造业的大约20%和全美大学计算机科学研究工作的50%。国防工业的发展大大提高了对高素质人才的需求，其连带效应不可低估。高素质人才的增加会刺激教育产业、服务产业的发展，同时会推动收入水平的提高，这对于提高整个社会的消费水平应该说也是十分有利的。

4. 加大国防工业投资是我国国防现代化建设的迫切需要

国防工业是国防经济的主体部分，是国防现代化的物质技术基础，是国防经济供给条件的主要内容。国防科技部门研制出来的各种新式武器装备能否生产出来，要看国防工业生产体系和生产能力状况。经过几十年的发展，我国已建成了较为完备的国防工业体系，为国防现代化打下了坚实的基础，为军队提供了一批又一批武器装备，逐步提高了军队的实力。但是，无须赘言，与西方发达国家相比，我军的武器装备整体水平还不高，要满足当前高技术局部战争的需求还有相当大的差距。同时，由于国力所限，我国的国防费在 CDP 中的比重一直较低。尤其是近年来，我国实施工作重心的转移后，经济建设各条战线都需要大量的投资，政府投资主要投向非国防部门。加上在我国经济体制转轨时期，国防工业转轨较慢，使得我国国防经济建设滞后于国民经济发展。然而，当今世界并不太平，霸权主义仍然嚣张。近年来以美国为首的"北约"出台了推行世界霸权和强权政治的所谓"新战略"，凭借其强大的经济军事实力，粗暴干涉别国内政。在复杂多变的国际形势下，中国没有强大的国防力量是难以立足于世界之林的。因此，加大国防工业投资，提升我国武器装备水平，加强军队反击敌对势力对我国的侵犯与挑衅的能力，具有十分重要的意义。

三、积极的财政政策背景下国防工业投资要注重的几个问题

我国当前的国防工业水平与发达国家还有较大差距，正面临着迈向现代化的艰巨任务。发展国防工业是我国成为政治、经济大国的内在需要，同时也是当前我国实施更加积极的财政政策来刺激经济发展的需要。国防工业投资作为实施积极的财政政策的一条有效途径，应该引起足够的重视。但在当前，增加国防工业投资是作为实施的财政政策的重要组成部分来考虑的，国防工业投资必须与国家实施积极的财政政策目标保持协调。为了适应当前我国实施的以刺激投资、提高社会需求为主要目标的财政政策，以及我国国防工业发展现状，当前的国防工业投资应特别注重以下几个方面的问题。

1. 注重国防工业工程对民用工业技术的关联度，以国防工业工程投资带动民用工业技术进步

现代战争工具不再是各种武器的简单集合，而是具有很强整体威力的武器系统。现代国防武器的特点决定了国防工业是一项大工程，这项大工程中的有些组件完全是民用工业的国防转移。尤其是未来的民用、军用技术将逐步走向一体化，国防工业工程与民用技术进步的互动性将更为直接。美国的国防工业采取了"以军带民、全面发展"的发展战略，这种战略把国防工业工程作为国家发展战略的一个立足点，充分发挥国防工业工程在推动社会生产发展中的先导作用。利用现代国防工业综合领域广和通用性强的特点，以国防科研为轴心，刺激并带动整个国民经济的运转。战后以来美国依靠其强大的经济实力和雄厚的科技优势，利用原有国防工业生产结构以私营为主、外延较广的特点，实行国家资助，军队与大专院校、私人企业联合发展高技术的办法，加速国防科研和民用技术一体化的发展，军民兼容开发技术资源，将大量尖端技术转化为民用，促进了国民经济的发展。例如美国 20 世纪 80 年代耗资近 400 亿美元的"星球大战"计划，为美国 1000 多家私人企业提供了血液——资金，为生产提供了新的生产方式，为销售提供了可靠的新市场，导致了定向能、航天、探测和数据处理等一批技术群体的崛起，特别是定向能的发展，不仅能促进美国工业生产率的提高，而且将在人类历史上开创一个等离子技术的新时代。

我国当前的经济境况给国防工业投资提供了机遇，同时也带来了挑战。结合

我国当前经济现状，我国的国防工业投资应奉行军用指标与民用指标相结合的原则，在有些情况下甚至可以优先考虑民用指标。比如说，我国当前的工业生产急需技术改造，这些技术改造指标可以放到国防工业投资的指标中加以考虑。实际上，当今的民用工业技术指标与军用工业技术指标相差并不是很大，注重民用技术指标并不会对国防工业的发展产生明显的负面影响。

2. 注重国防工业投资对民用企业产品创新的带动和激励作用

国防工业的投资方向很广，在投向具体产品时，要注重该产品对企业技术进步的推动作用，激励企业产品创新。比如说美国每年将把350多亿美元国防科研费和500多亿美元的采购费拨到美国的国防工业技术采购部门，技术采购部门根据国防科技重要技术清单和民用经济发展重要技术清单决定哪些技术需通过国防工业投资来加速其发展。对于这些需要加速发展的技术项目，技术采购部门再根据各项技术的市场发育状况决定哪些是通过技术产品的市场购买来推动技术进步，哪些是通过技术投资来推动技术进步，哪些是通过技术投资来推动技术进步。一般来说，对于市场上已具有开发能力的技术适合采取技术产品购买的方式推动技术进步；对于仅靠市场难以形成开发能力的技术适合采取技术投资的方式推动技术进步。

我国企业缺乏活力的主要症结在于企业缺乏创新的市场环境氛围，这种氛围的营造不仅需要良好的市场环境，还需要各种宏观政策引导。结合当今我国国防工业投资以军带民的特点，可以通过合理的国防工业投资方式有效地推动企业的产品创新。发挥国防工业投资对企业创新的推动作用，必须抓住当前技术革新意义大却难以单纯靠市场动力实现的项目。比如说，电视机、摄像机、录放机等视听产品的数字化技术很有潜在市场意义，但由于我国目前的市场消费水平还不够高，这些产品的单纯市场实现有障碍，如果通过国防工业投资作为技术产品购买，也许对解决这个问题会有一定帮助。像通信、微电子、新材料等技术的军用价值与民用价值都很高，发展这些技术有着长远意义。但这些技术的开发规模要求高，开发风险也较高，也可以通过国防工业投资中的直接技术投资方式组织企业搞开发研究，减轻企业开发的市场风险。

3. 注重提高国防科研投资在国防工业投资中的比重，刺激并拉动教育市场，提升我国居民的消费层次

当今信息化社会，民族之间的政治、经济、军事竞争将主要集中在科学技术领域。21世纪以来，世界各国总是将一流科技人才集中在直接为军事服务的科学技术领域。国防科技的尖端性和超前性也总是吸引最优秀的科技专家。国防工

业投资包括三大类：第一类是国防科研投资；第二类是国防工业部门基本建设和改造费；第三类是培养国防军工技术人才的教育经费。其中第一类国防科研投资是国防工业总投资的主要部分。现代高技术武器装备不断问世，使世界各国国防科技工业投资战略的总体趋势呈现许多新的特点，其首要特点就是国防科研领域尤其军民两用技术领域的投资强度迅速增加。

提高国防科研的投资比重，一方面，可以推进我国国防预研工作，不断突破国防关键技术研究，使更多国防科研成果迅速转化为战斗力和生产力，逐步满足国防和科技现代化的需要，并且可以广泛吸纳高科技人才，增加我国的高级人才储备，提升国家的科技竞争实力。另一方面，加大国防科研投资力度，将直接增加对高级科学技术人才的需求，人才市场需求扩大产生的连带效应会导致教育市场的需求增加，进一步刺激教育消费。由于国防科研投资直接面向军队和地方科研院所，加大国防科研投资力度，也为科技工作者创造了新的就业空间，提高科研工作者的收入水平，对于推动消费结构升级，扩大内需，拉动经济增长，都能起到一定的作用。

国防科研经费超概算原因分析与对策建议①

黄朝峰

国防科研经费超概算是一个世界各主要国家普遍存在的问题，在我国近些年来表现得尤为突出。现在很多国防科研项目特别是大型项目，超概算几乎成为不可避免的现象，有的还相当严重，超出原有概算几倍之多。我国是一个发展中国家，用于国防科研方面的经费是很有限的。科研经费的超概算使有限的经费更加紧张，影响科研计划的按时完成和部队装备的及时更新，还可能出现科研经费的管理失控。所以分析国防科研经费超概算的原因并提出相应的对策建议，对防止和减少超概算情况的发生，提高国防科研经费的使用效益和管理水平，加速我军武器装备现代化具有重要意义。

一、国防科研经费超概算原因分析

1. 计划执行之前，概算本身先天不足，为日后超概算的发生埋下了隐患

第一，现有概算技术不成熟，有些因素未能在概算中予以充分考虑。这一点在我国表现更为突出。一方面是由于 1987 年以前，我国的科研经费管理沿袭的是计划经济体制下的模式，采用的办法是工业部门根据上级要求进行型号项目研制，所需费用全部实报实销。在这种管理方式下，研制部门没有必要关注概算是否准确，因而根本谈不上概算技术的发展。随着市场因素的引入，人们要求对科研项目的军事效益和经济效益进行综合考虑。而传统的科研经费管理方式既没有

---

① 本文原载于《军事经济研究》1999 年第 3 期。

调动使用部门和研制部门的积极性，又耗费了大量的财力物力，效费比偏低。1987年国防科研生产改革拨款管理办法颁布以后，国防科研经费的管理也进行了改革，引进了合同制等一系列办法，并颁布了相应的规章制度。这对提高科研经费的使用效益和管理水平发挥了重要作用，同时对概算准确性的要求也随之提高。然而，长期的计划经济体制造成概算方面人才和技术的缺乏，使概算往往难以做到科学准确。另一方面是因为国家的整个经济体制也在进行改革，经济处在不断发展变化的状态之中，也对概算技术提出了更高的要求，从而增加了科学概算的难度。以上两方面的原因使科研经费概算在制定初期就表现出很大的不确定性。

第二，进行概算时，所选原始数据存在误差甚至是错误的。做概算时需要掌握所需物品的当前价格，才能进行准确的计算。然而，有些物品的价格容易查到，有些物品的价格一时难以找到，在概算时间有限的情况下，人们往往根据以前的经验和数据，并考虑一定的富余度来估计当前的价格。这就难免与实际价格出现偏差，甚至是比较大的偏差。如果该物品需求少价格低，影响一般不会很大。但如果被估算物品的需求量较大或单价变动幅度很大，超概算往往就难以避免。例如有一个科研项目所需关键设备是一种高质量打磨机，做概算时技术人员没有在当地市场上看到该设备，只听说某大城市有卖，于是考虑到物价上涨因素，按照10年前价格的3倍进行计算，认为已留有充分的余地，不会出现什么问题。但当购买该设备时，却发现价格已经是10年前的十几倍了。仅此一项就超过概算两倍多。

第三，国家下拨经费有限，与实际经费需求差距较大。这里主要有两种情况。一种是有些合同的定价，并不是根据武器装备研制实际需要的经费来制定，而是在国家给定的总经费盘子里切块分配，这就使定下的经费数额常常满足不了实际需要。在下达任务时甲乙双方就知道经费肯定要超概算，但是为拿到型号任务，研制方只好硬着头皮先干起来。另一种情况是搞"钓鱼工程"。有些单位为争任务，在招标时故意将合同价格定得很低，一旦任务到手，便不断向上要求追加经费，而主管部门考虑到已经投入了大量经费，再更换研制单位或中途下马将会导致更大浪费，只好满足研制单位的要求，结果是实际投入的经费数额远远高出当初的合同定价，造成超概算。

第四，人为因素的影响。有些科研项目在制定概算时人为因素太多，造成原概算不科学。比如决定科研任务由哪个单位来承担时，实际工作中不安全是根据各个单位的科研实力和竞争力来确定，往往还考虑到某些照顾因素，把任务交由并非最合适的单位来完成。这样必然增加研制经费。我国的科学院所比较分散，难以形成规模效益，也在客观上增加了研制成本，并为"有饭大家分着吃"的平均主义思想提供了温床。其结果是各研制单位都陷入"吃不饱，饿不死"的状况，单个项目经费短缺，招投标过程中不必要的环节却在增加，从而造成超概算现象的发生。

第五，风险因素的影响。科研是一种探索性活动，只能在不断反复和摸索中进行，这就不可避免地存在风险，有的科研项目经历多次失败才获得成功，特别是当代高新技术装备，由于采用新技术的比例很高，研制中出现失败的可能性也更大。据美国一些专家估计，失败率可高达80%。所以尽管我们采用的新技术大多是比较成熟的，但仍要对技术风险有足够的思想准备。现实中有些单位在做项目概算时往往忽略了科研工作的自身规律，认为可以一次成功，没有考虑到技术风险和失败因素，合同报价偏低，因而造成超概算。

2. 科研项目进行过程中多种因素造成超概算发生

第一，科研项目进行过程中的经费超支可以分为合理与不合理两类。其中造成合理超支的原因主要有以下三个方面：

一是物价上涨超过原先估计。许多国防科研项目的时间跨度都比较大，往往要3~5年甚至更长的时间才能完成。在这么长的时间内，物价一般都会上涨，有时上涨的幅度还比较大，这样原来对物价上涨的估计就显得不足。同时，由于物价上涨的普遍性，使研制单位无法通过降低某些项目的费用来弥补另一些项目超概算的办法来平衡概算。例如，1993年、1994年、1995年几个年份的年通货膨胀率均超过20%，各种商品和服务的价格普遍大幅度上涨，处在这几个年份的科研项目超概算现象可以说是不可避免。在这几个年份当中，不仅科研项目所需仪器设备、技术资料、实验器材等商品的价格上涨很多，而且人员工资、津贴等项目和交通费也进行了大幅度上调。由于这些费用都要计入科研项目的成本，因此必然发生超概算的现象。

二是外协费用（原材料和配套件的价格）超出预定价格。一种情况是军品所需原材料往往不同于民品的原材料：需要量少，精度要求高。例如有一个国防科研项目需要一块特殊钢板，要求钢厂炼制，而钢厂即使炼再少的钢也要使用全套设备，这样炼制的钢材由于量太少，没有规模效益，成本必定很高。另一种情况是需要量再少也要按照企业的一个最小单位生产。比如炼钢厂一炉炼下来就是几吨甚至上百吨，由于研制单位只需要很少一部分，剩下的绝大部分地方又不需要，企业卖不出去只能积压在仓库里。本来特别炼制的钢费用就较高，还要把整炉钢的费用都计算在所需的很少一部分钢材上，就更增加了科研项目的研制经费。军用配套件的情况与原材料有些类似，也具有需求量少、生产工艺复杂等特点。市场经济条件下，在企业一切以经济效益为中心的情况下，如果按照成本加

5%利润率的计价办法，外协单位必定难以接受。为了保证科研项目的按期完成，研制单位只好以高于合同中规定的价格向外协单位购买，这也是造成超概算的原因之一。

三是使用方对技术要求的不确定性。技术要求方面的不确定性对费用估算值的准确度影响很大。历史资料表明，武器系统的最初费用与实际费用之差，大部分是由系统结构上的变化引起的。系统结构的变化，一般是由简单趋向复杂，这必然导致费用增加。技术要求不确定表现最多的一种情况是在研制过程中军方提高武器装备系统的精度、质量等性能指标。例如，由于形势或威胁发生变化，必须改变原设计；由于情况变化，需提前得到系统，必须多渠道同时并进；由于最初对系统某一部分提出的要求有错误或疏漏之处，致使必须改变系统规格，而规格的改变又可能直接或间接影响到系统的其他部分，造成连带改动等。这些情况都会增加研制经费。军方对技术要求不确定的原因主要在于项目策划者对科学技术的迅猛发展认识不足。当今时代军事领域的一个突出特点就是科学技术的飞速发展使武器装备的更新换代时间比以前大大缩短。往往一些项目刚刚上马，其性能指标相对于其他国家的某些新式装备就已显落后，为了在军事斗争中占据有利地位，军方只好提高武器装备的性能指标，这必然会发生超概算现象。

第二，科研经费超支除了合理的原因以外，还有一些不合理的因素。主要有以下几项：

一是主管部门提取的管理费用（调节控制费）过高。科研单位主管部门在下属单位承担科研任务时，提取一定的管理费是允许的，也是必要的，它为主管部门切实履行自己的监督管理职责提供了有效的经费保障。然而，有些主管部门任意提高比率，有的甚至高达50%，并且这些提取的高额管理费、调节控制费并没有完全用于型号项目研制的协调中，而是用来弥补各种各样行政管理费用的差额。这就造成研制单位的科研经费不足，只好追加概算。

二是研制单位为追求本单位利益而有意抬高成本。在改革国防科研经费管理体制之前，研制单位完全被控制在计划体制之下，自身没有权力把可以节省下来的经费留在本单位。这虽然在表面上体现了研制单位和军品需求单位利益的一致性，却削弱了研制单位节约使用经费的积极性。这也是旧体制下发生浪费现象的重要原因之一。科研经费管理体制改革以后，军品需求单位和研制单位成为两个具有不同具体利益的实体。军品需求部门希望以最少的经费得到满足所需性能的装备，而研制单位则希望通过承担一定的项目，获得尽可能多的经费，以改善本单位的科研条件和生活条件，为以后的发展创造比较宽松的环境。所以尽管根本目标一致，但由于具体利益的不同，就存在着一定的矛盾。而经费管理体制改革以后，有些科研项目的定价标准仍然是按照成本乘以一定的利润率确定的，所以在利润率一定时，抬高成本就可增加研制单位的利润。这也驱使研制单位为了本单位的利益而有意提高成本，从而造成不合理的概算增加。

三是截留、挤占、挪用科研经费的现象比较突出。这种情况体现在型号的研制过程中，由于监管力度不够，有些科研单位主管部门将型号的研制费用用于民品开发，还有些单位将相当大部分的研制费以种种名义贴补了财政下拨事业费的不足。经费的层层截留现象体现在军品研制项目的下一级配套单位从上级承包单位得到的经费数额远远少于计划的合同数额。凡此种种截留、挤占、挪用，使科研经费不能完全用在型号的研制上，既降低了科研经费的使用效益，又造成概算的超支。

四是国家给予军品项目的一些优惠政策有时难以落实，也会造成科研经费的超支。这主要表现在：有时军工单位为了与地方搞好关系，从而在军工企业子女入托、上学、就业等方面得到照顾，不得不对地方的一些不合理要求让步，承担一些本不应该承担的费用，比如税收、摊派等。这样也会增加研制成本，发生超概算的现象。

二、解决国防科研经费超概算的对策建议

从以上分析可知，造成我国国防科研经费超概算的原因多种多样，但最根本的原因在于现有国防科研管理体制与当前市场经济的社会条件不相适应，其他原因大都是体制不相适应的具体表现。尽管在前面分析超概算的原因时并没有提到这一点，但从问题的深层次上分析看出，不管是人为的干扰，还是非概算本身方面的因素，都与现行体制不尽合理和完善密切相关，甚至概算技术上的问题也可以在体制上找到根源。体制上的问题主要体现在管理结构、管理层次和各部门间的职能关系不尽合理上。所以解决超概算问题的根本途径在于进一步改革现行国防科研管理体制。

要始终明确国防科研管理体制改革的总体方向，就是既要吸收世界各国，特别是西方发达国家的一些经过实践证明行之有效的成熟经验，又要结合我国以公有制为主体，特别是国防科研生产部门基本属于国有部门的特殊国情，最终建立起具有中国特色的、适应社会主义市场经济体制条件的激励与约束相结合的国防科研管理体制。在总体方向明确的前提下，应充分认识体制改革是一项艰巨复杂的工程。其艰巨复杂不仅体现在其本身改革的难度上，而且与改革发生的时机密切相关。国防科研管理体制改革并非只是体现在其本身的局部变动上，而且是在

国家整个体制改革的大背景下进行。国家经济政治体制改革的艰巨性与漫长性决定了国防科研管理体制改革的艰巨性与漫长性，它只能随着国家整体改革的不断深入，特别是社会主义市场经济体制框架的逐步建立而向前发展，这必然是一个不断探索的漫长过程。

由于体制改革的艰巨性与漫长性，使得改制工作难以一步到位。在这种情况下解决超概算问题，可以从一个个局部问题入手，努力探索解决或减少问题的方法，这本身也是对体制改革的推进。笔者认为，应从以下几方面着手：

1. 改进概算技术，提高对概算的规范性要求，减少或消除因技术产生的概算误差

在制定概算时，不但要详细准确，要求科研所需物品有详细的清单，并尽可能地使用真实数据，避免采用估计数字；而且，研制单位应综合考虑技术风险因素，使概算具有一定的抗风险能力。同时要学习发达国家一些先进的预测估算技术，减少因为采用历史数据而产生的误差。对于物价变动的影响，可以在制定概算时，采用当时的价格，在以后的计划执行过程中，对概算中需要当年购买物品的概算以国家公布的价格指数为依据上浮，以保证研制经费的实际购买力不变。

2. 抓紧有关竞标制度、合同制度和相关配套法规的建设，减少制度上的漏洞

进一步引入和完善招投标制，在有多家单位可选的情况下，要体现公平竞争原则，克服人为因素的干扰，使科研项目由真正具有研制实力的单位承担。同时要维护合同的法律效力，明确合同双方的利益和责任，尤其必须追究合同双方违约时的责任，只有这样才能使合同刚化、硬化，对研制单位才具有强约束力。这也要求在制定合同时，要具有充分的科学性和合理性，不能订立明知要超概算的合同。继续加强配套法规建设，对于截留、挤占、挪用科研经费和发生诸如提取过高调控费等不合理行为的单位和个人，要从法律上明确其应负的责任，并予以追究。对军品项目的优惠政策也应在配套法规中予以明确规定，并采取一定的措施保证其落实。

3. 建立分阶段拨款和经费使用通报制度

对研制单位的拨款不能一次全部到位，应根据概算中每一阶段的需要分阶段进行，并将付款金额与科研任务的进度、质量和费用综合考核情况挂钩。这不但可以使研制单位加强研制进程质量、进度和费用的管理，调动其积极性，而且有利于防止研制单位将暂时用不了的经费挪作他用。同时，要求研制单位在每一阶

段开始时，对上一阶段的经费使用情况进行通报，这既可以防止经费被截留和到位不及时情况的发生，也有利于防止研制单位随意抬高研制成本。

4. 引入科研经费的全过程精细跟踪管理机制，加强经费的微观管理

这既可以提高经费的使用效益，又可以及时发现并及早解决计划执行中产生的问题。科研经费的全过程精细跟踪管理应由合同双方或至少由需求方来承担，只有这样，才能保证管理切实有效。也可以建立专门的部门来从事这项工作。

5. 协调好各方面的利益关系，使大家公平合理地承担各自的责任，并享有应得的权益

比如外协费用中的原材料和配套件的定价问题，就应该以市场价格和民用工业的利润率为参考，将成本费用按实际需要明确写入合同中，不能简单地以5%的利润率计算这一部分的价格。对使用方应要求其在科研项目论证过程中充分考虑技术的先进性和一定的超前性，尽量避免研制过程中"边做边改"现象的发生。

我国国防科研投资体制的经济分析①

曹驭日　何正斌

江泽民同志曾指出："把国民经济搞上去和建立强大的国防是我国现代化建设的两大战略任务。""进一步改革国防军工和科技投资管理体制，势在必行。"由此可见，伴随国家科技体制调整与改革的进程，我国国防科研投资体制也必须随社会经济发展而不断深化，这既是社会经济发展的要求，也是国防科学研究中一个重要而持久的课题。

我国国防科研投资体制源于苏联国防科技体制模式和旧的计划经济管理体制，是在计划经济体制下主要依靠国家进行投资的一种科研投资形式，即由国家对国防科研生产实行统一领导和计划调控，投资主体单一；以财政拨款为主，融资渠道狭窄；投资成本高、效益低。诸多的传统计划体制下的遗留问题仍然存在，它已成为制约科研单位充分发挥积极性的重要因素。

根据经济人的假设：人是理性的，当人们从事某种活动时，都以谋求自己的最大收益为出发点。国家也是理性的经济人，国家的经济活动与一般经济人的活动的区别在于：国家的任何行为都是从社会的整体利益出发，为整个社会谋求福利的最大化。因此，国家对国防科研活动的投资当然也希望获得最大报酬和收益，这种收益不仅包括目前的既得收益，也包括对未来的预期收益。我国国防科研投资的最终目的就在于能以最低的科研投资成本建立一支在平时具有威慑、战时可以制胜、具有压倒性优势的军事力量。

一、关于国防科研投资的获取渠道

由于科研活动的复杂性，以及权力寻租的时常发生，使得国防科研投资极易

---

① 本文原载于《绥化师专学报》2003 年第 3 期。

出现路径依赖现象。特别是对于许多重大科研项目，许多科研单位为了争取到该项目，往往会实行"攻官"活动，从而使有技术能力和水平的科研单位不能得到该课题，造成人力资源的浪费，而另外一些具有"攻官"能力的单位却能拿到该项目。这种行为一旦得逞，这些科研单位就愿意把大量的时间、精力、金钱投入到见效较快的权力寻租活动中。因为项目越多，科研经费也就越多，而这些科研单位的权力寻租等非生产性活动，其实就是浪费国家资源的过程。按照利润最大化或成本最小原则，更多的科研单位也会仿照"攻官"行为，因为只要预期收益大于行为成本，才会把大量资源投入到获利过程中去。因此，"攻官"行为的存在，严重阻碍了市场公平竞争机制，使市场资源配置的作用受到限制和扭曲，影响了国防科研资金的有效配置。一方面，将会导致大量国防经费被用于"攻官"活动，造成资源的极大浪费，从国家的角度来看，这给社会带来的是零效应甚至是负效应；另一方面，有限的资源并未被用于高质、高效、能带来最大效益的项目上，而是被用于低效率的科研领域，使得国家科研投资的机会成本增加。

二、关于国防科研投资的融资渠道

我国的国防科研投资资金主要来源于国家财政拨款，科研单位是政府部门的附属物，融资渠道相当狭窄。尽管我国的国防费用近年来有所增加，但国防费用占同期国家财政支出的比例却在下降。1979 年，我国国防费占国家财政支出的比例为 17.37%，到 2001 年只占 7.65%，其间下降了 10 个百分点。与世界其他国家已对外公布的国防费相比，我国的国防费也相当低。2002 年，美国的国防费是 3479.9 亿美元，英国是 348 亿美元，日本是 405 亿美元，而中国只有 204 亿美元，这个数字不及美国的 6%。并且，科研投资经费在国防费中所占比例也相当小，仅占国防总开支的 10% 左右。而目前，我国国防科研投资需求不断增长，政府这个唯一的投资者已无法满足不断增长的科研投资需求，使得其几乎成为一种瓶颈产业。因此，在我国国防费十分有限的情况下，这种只依靠国家财政投资的单一融资方式是不可取的，它使政府背上了沉重的财政负担。同时，在科研投资市场上，政府"唱主角"的投资方式使得科研单位对政府形成依赖，一切听从国家的指令性计划和上级主管部门的安排，"干好干坏一个样"，无法调动科研人员的积极性。因为在他们看来，即使花完了国家给定的科研经费而不能成功地做出项目，国家将会继续对该项目进行投资，这样无疑就增加了投资成本、降低了投资收益，而对于有些科研人员来说却实现了其自身利润最大化的目标。因此，容易在科研单位出现高成本、低效率的投资现象。

三、关于国防科研投资的使用领域

我国的国防科研投资是传统体制下的主要针对未来战争进行的科研投资。虽然已建立了"寓军于民，军民结合，平战结合"的科研投资体制，但是为了适应国防科研生产需要，传统的科研方式一直没有被打破，我国国防科研生产在一定程度上仍然处于封闭状态，没有与国民经济形成休戚相关的依存关系，国防科研单位很少与企业相结合。特别是在和平时期，国防工业生产能力大量过剩，如果长期闲置，则无论是科研人才还是国防资源方面，都会给国家造成很大的浪费。尽管现在我国国防科研投资已由生产型转向开发型，由仿制为主转向自行设计，但效果并不明显，特别是 20 世纪 90 年代以前，我国国防科研投资开发型产品较少，90 年代后才开始增长，并且有些国防科研单位只重视国防科研的开发，不顾科研成果的转化率。有关数据表明，近年来，科研机构每年创造的科研成果转化率仅为 10%，大量科研成果不能转化为现实的物质生产力，造成了国防科研与实际需要的脱节，导致有限科研经费投入的巨大浪费，更不用说"生产一代，研制一代，预研一代"的成果转化率了。同时，国家对于国防科研课题和项目的统管统分，也导致了许多国防科研单位更无须面向市场，因而缺乏创新动力，致使国防科研成果转化率更低。

四、从国防科研投资的经费管理来看

目前，许多科研单位的财政机构形同虚设，财政支出管理处于弱化状态，资金的管理、使用和监督有很多不尽如人意的地方：没有形成有力的监督机制，资金使用的透明度不高，不能很好地发挥科研资金的社会效益；科研基金分流较多，经费使用结构不合理，一些消费性、行政性等非生产性基金较多，许多科研经费并没有真正意义地花在科研上，而是当作利润、奖金消耗掉了；而对于在国防科研上花的这些"冤枉钱"，有些科研单位财务机构经常对此视而不见，不重视资金使用效益。这样，造成了极大的科研经费浪费。因此，科研经费的使用效率与国家对科研投资的预期效果相差甚远，因而，在科研经费的管理和使用方面，并不能像国家所希望的实现投资成本最小化而经济效益最大化的目标。

五、关于国防科研投资的项目评估

项目合同书里一般规定，项目进行评审时，必须有合同中规定购买的一些精密仪器。而这些仪器一般价格相当高，因而在国防科研经费中占有相当大的比重。而真正能直接产生经济效益的生产经营所用的固定资产在整个固定资产中所占比例相当小，这样就造成了国防科研院所固定资产数目大、耗资金多，而有效资产又很少的局面。特别是有些科研仪器，不但不能带来效益和利润，反而需要花费相当多的费用来维护和保养。传统的科研项目进行评估时，主要由有关部门建立评议和政府决策相结合的评审机制，因此，专家组对国防科研项目进行评价时，很少会有专门的会计从业人员的参与，因为专家组一般特别注重科研的成果，更少考虑为获得国防科研成果所必须付出的成本。这样，不利于实现对国防科研的低投入、高效益的目标。因而，在国防科研投资活动过程中，很难控制国防科研经费，造成资金配置的无效性。同时，对于国防科研成果，其价值最初也难以评价，只有在若干年以后才能真正体现出来。

针对我国国防科研投资体制中国防科研投资在获取渠道、融资渠道、使用领域、经费管理及项目评估方面的系列问题，提出以下对策性建议：

第一，在国防科研投资的获取渠道方面，国防科研单位应引进"公开、公正、公平"的投标竞争机制，实行自主经营，积极面向市场，建立现代企业制度。由于众多的投标科研单位在竞标中市场化的成本增大，中标的风险加大，中标概率下降，使具有低成本、高效益的科研单位脱颖而出，能更好地促进国防科研投资的收益——成本最大化，政府通过采取同质低价的原则选取中标的科研单位，使财政支出物有所值。

第二，在国防科研投资的融资渠道方面，从管理体制上要与政府分开，应改变以往由国家作为唯一投资者的局面，由国家的直属单位转变成政府间接管理的企业组织，可采用商业化的经营管理方式，由国防部控股，进行产权制度改革，如发行公司债券及股票上市等方式吸收投资，实现投资主体的多元化，这样可使国防科研单位提高竞争力和国防科研成果的质量。

第三，在国防科研投资的使用领域方面，国防科研投资政策可向民营企业做出相对倾斜。打破军工自成体系的自我封闭、军民分割的局面，大力发展军民两用技术，形成军品科研生产"小核心、大协作、寓军于民"的格局，并充分发挥市场的调节作用，进一步优化国防科研资源的配置，对国防科研投资的方向在宏观上作系统性调整。

第四，在国防科研投资的资金管理方面，把科研投资经费的管理和使用作为一项系统工程，建立经费管理责任制。建立清晰明了的财务账目，对资金的支出使用情况进行跟踪监督。强化预算约束，建立投入产出和成本效益核算机制。树立效益观念，降低资金使用成本、提高资金使用效益，特别是对于投资大、收效慢的科研项目必须格外重视项目的资金使用效益。

第五，在国防科研投资项目的评估方面，在进行项目评审时，应有专业的会计人员参与，借助于企业经济核算的指标，才能在注重社会效益和军事效益的同时，兼顾到经济效益，从而提高国防科研经费的使用效率。

参考文献

[1] 刘义昌，尹希圣，汪庆荣，肖津生. 世界国防经济概论 [M]. 北京：中国展望出版社，1987.

[2] 周中朝，苏海燕. 国防技术经济学概论 [M]. 长沙：国防科技大学出版社，1989.

[3] 胡乐真. 科学研究的经济问题 [M]. 北京：机械工业出版社，1985.

[4] 王俊豪. 中国政府管制体制改革研究 [M]. 北京：经济科学出版社，1999.

[5] 英国 Clifford Chance 法律公司著. 项目融资 [M]. 龚辉宏译. 北京：华夏出版社，1996.

[6] [英] 基斯·哈特利，[美] 托德·桑德勒. 国防经济手册（第一卷）[M]. 北京：经济科学出版社，2001.

积极财政政策和增加国防费的协调配合①

曹驭日　何正斌　李建新

中共十六大报告指出："建立巩固的国防是我国现代化建设的战略任务，是维护国家安全统一和全面建设小康社会的重要保障。"这就需要我们改变过去那种经济优先发展，军队过苦日子的思想，在经济允许的情况下，使新时期军事斗争准备和经济建设协调发展。

一、我国实施积极财政政策的经济学基础及经济影响

传统的凯恩斯主义理论（乘数—加速数原理）认为在资源未被充分利用的情况下，政府扩大财政支出所产生的乘数效应大于挤出效应，能够对民间需求和国民经济起到倍增的刺激作用，解决消费需求低迷的问题。

我国的积极财政政策的资金主要投向了基础建设，这对于缓解部分地区的就业和提高劳动者收入与刺激消费有一定的积极作用，但是这种投入却在很大程度上挤占了民间投资。然而，从我国连续四年实施积极财政政策来看，我国国民经济维持了 7% 以上的年增长速度，这种现象说明，尽管我国财政支出的投入对民间私人投资产生了挤出效应，但其乘数效应大于挤出效应。而国防建设的投入，是我国积极财政政策支出的一个重要方面，尽管国防这种特殊的公共产品目前主要由政府投资，国防费的增加会挤占一部分民间投资，然而，国防费的增加为国民经济所带来的乘数效应要远远大于其挤出效应。所以为了既能提高财政政策的效果又能满足国防需求，我们应该把国家财政支出中对民间的投入转移一部分到国防建设上来，加大国防建设的投入力度。

---

① 本文原载于《湖南城市学院学报》（人文社会科学）2003 年第 4 期。

二、我国国防建设投入适当增加的紧迫性

1. 在我国国防建设资源的供求方面，国防资源的需求大于供给

按国际市场销售价，20 世纪 80 年代与 20 世纪 50 年代相比，一架战斗机从 20 万美元增至 3000 万美元，一艘攻击潜艇由 470 万美元增至 3 亿美元，一艘航空母舰由 5500 万美元增至 25 亿美元。又如，研制导弹、飞机需要建造的风洞在数千万美元以上，研制原子弹需要建造的反应堆每座需要数亿美元等，并且现代武器装备发展速度快、时效性强，特别是第二次世界大战以来，武器装备使用周期已缩短了 1/3～2/3，一些花费巨额投资新研制出来的武器刚装备给部队就已显得落后，因而又需要投入更多资金研制更先进的武器。又据我军军械管理部门统计，现代航空武器装备的研制、生产和维护三个阶段的费用比例为 1∶3∶6。这充分说明，在国防科研促使武器装备不断现代化的同时，国防费的开支也成倍地增长。

近几年我国国防费绝对值虽有较大幅度的增长，但总量占国家财政支出比例却在不断下降，国防费实际供给水平和保障能力相对降低。1979 年，我国国防费占国家财政支出比例是 17.37%，到 2001 年只占 7.65%，其间下降了近 10 个百分点。与世界其他国家已对外公布的国防费相比，我国的国防费也相当低，2002 年，美国的国防费为 3479.9 亿美元，英国 348 亿美元，日本 405 亿美元，而中国仅 204 亿美元，这个数字不及美国的 6%。图 1 是我国与国外 2001 年军费占国民生产总值比重与占财政支出比重的比较。

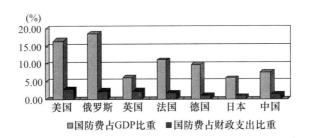

图 1 2001 年中国与外国军费占国民生产总值比重与占财政支出比重的比较图

因此，着眼于军队长远发展，特别是高技术局部战争的要求，军队质量建设

必须首先要有适度增长的国防费规模。这就要求重视国防建设与经济建设的协调发展，在国家经济实力持续稳定发展的基础上，进一步加大国防费投入，优化国防费结构，以促进军队建设的快速稳定发展。

2. 从目前国家安全利益看国防建设投入适度增长的紧迫性

当前的国际格局整体上呈现动荡不安、错综复杂的局面，特别是最近美伊战争的爆发，使我们更加认识到提高国家安全意识的重要性。从 20 世纪 90 年代的几场大规模的局部战争看，战争已由消耗战转向信息战，这就要求彻底改进作战的指挥与控制，在技术和装备方面保持相对优势。国际社会至今还没有出现足以对美国霸权构成制衡的战略力量，这种缺乏制衡的国际战略格局对我国国家安全利益有重要影响。而对于一个主权国家而言，国家安全利益始终摆在第一位，军事需求所必需的武器系统常常要求对新武器生产进行巨额投资。例如海湾战争中，耗资数十亿美元研制的反弹道导弹系统是必不可少的。随着世界防务趋势的加强，在各国军队加强对武器的更新换代、装备购置、维修管理等经费支出的同时，我国必须在思想上和国防实力上做好充分准备。

中央军委明确提出军队建设要实现"两个根本性转变"，即军事斗争准备要由打赢一般条件下局部战争向立足现有装备打赢一场高技术局部战争转变、军队建设要由数量规模型向质量效能型转变、由人力密集型向科技密集型转变。针对这一发展战略的调整，我国国防费的需求结构也必然随之向强调技术升级、质量提高和结构合理的方向发展。

三、国防费增加对国民经济的推动作用

1. 军品出口对国民经济的推动作用

由于军品高利润的特殊性，军品出口已成为国家赚钱外汇的重要手段，并已成为一些国家发展本国经济，获取外贸盈余的一项战略措施。特别是冷战结束后，"美苏模式"（以政治、军事战略指导为主的模式）逐渐淡出，"法巴模式"（以经济利益指导为主的模式）得以提升，获取高额利润成为各国政府的首要考虑。我国的军品出口可根据市场导向作用，利用军品生产的优势和生产能力与需求的缺口，同样可以在国际市场上获取高额利润，同时，军品出口还能带动国内就业等。

2. 军用技术转化为民用技术对国民经济的推动作用

国防科技成果可以转化为民用而直接推动生产力的发展，例如，国防科研所开发出的火药可用于爆破作业等，从而数百倍地提高生产力，为计算弹道而研制出的计算机，90% 以上用于国民经济各部门，创造了巨大的经济效益。中国国防科工委曾对 7 项军用技术的经济开发效益进行跟踪调查，结果表明，技术转让费与技术应用后利润之比为 1∶9。因此，在高技术迅速发展的条件下，大量关键技术从国防向民用领域的推广应用，可以更快地促进国民经济发展。特别是那些同武器有关的关键性生产、制造技术，如电子技术、信息技术等。把这些技术应用于军事领域的同时，也广泛在民用经济领域使用，以提高民用品的科技含量，增强民用品的竞争力，为经济发展作贡献。

四、增加国防费开支与财政支出协调配合的可行性

强大的经济实力并不能保证有强大的国防实力，而没有强大的国防实力作保证，经济建设就不会有稳定有利的国内外环境，经济的发展甚至民族的生存也会受到挑战。因此，为了保证我国经济建设的顺利进行，我们应该使国防建设和经济建设协调发展，这也是我国下一个时期的基本国策。

随着经济健康稳定的发展，我国的财政收入也会有大幅度的增加，财政支出占 GDP 的比重稳定在 25% ~ 30% 是可能的也是合理的。参考国外发达国家和发展中国家的水平，结合我国财政支出的特点，我们大体可以确定国防费支出占财政支出的波动比例范围，即 12% ~ 16%。从我国现实的经济实力看，目前国民生产总值由 20 世纪 80 年代世界第 8 位上升到世界第 6 位，人均 GDP 达到 800 多美元。因此，我国这一经济形势为国防费的合理增加奠定了良好的物质基础，也为国防费结构的进一步优化提供了必要条件和现实可能。

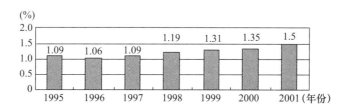

图 2 1995 ~ 2001 年中国年度国防费占国内生产总值

从图2可以看出，我国的国防费用占国民生产总值的比重虽然在增长，但幅度很小，所占比例也很低。从我国国家利益角度出发并借鉴国际通行标准，以此为基点，可以确定一个军费占国民生产总值的比例区间（2.5%～3.5%），以此为国防费波动"带状通道"的上限和下限。这一比例并不是固定不变的，而是随外部环境变化和内部需求变化而波动的。考虑到我军目前的国防费占国民生产总值比例只有1.79%（2002年），离实际需求还存在很大差距。要想立即使国防费比例达到2.5%～3.5%的合理区间是不现实的，也是政府财政无法承受的。因此，我们就需要采取一种渐进式的分阶段的增长模式。在需要实施积极财政政策时跳跃式地增加国防建设投入，在实行紧缩性财政政策时，适度放缓国防建设投入增加额，使得国防建设与经济发展协调配合，确保国家的安全与领土完整。

参考文献

[1] 温熙森. 军事装备学导论 [M]. 长沙：国防科技大学出版社，2001.

[2] 库桂生. 军费论 [M]. 北京：国防大学出版社，2000.

[3] [美] K·J. 阿罗，M. D. 英特里盖特. 国防经济学手册：卷1 [M]. 北京：经济科学出版社，2001.

两种国防建设投资模式比较分析①

何正斌

一、存在两种国防投资模式

纵观历史，我们发现，存在消耗性国防与增值性国防两种国防投资模式。500多年前中国的郑和率庞大舰队下西洋，虽有"七下西洋"之壮举，最后还是因耗资巨大难以为继，不得不停止。对郑和舰队的投资，是一种消耗性军事投资。近代以来，从西班牙、葡萄牙、荷兰到英国、法国，前后致力于建立强大的海上舰队，由于军事投入为的是经济利益，因而有力地促进了这些国家经济利益和政治实力的迅速增长。特别是英国，在争夺海外贸易利益当中发展起来的海上军事力量，极大地保护和促进了英国的海外利益，后者又为其军事投入的不断增加创造了条件，经济与军事良性互动，扩张为"日不落帝国"。这些国家的军事投入，都是程度不等的增值性军事投入。

二、增值性国防不同于消耗性国防

增值性国防不同于消耗性国防，其特点为：

---

① 本文原载于《经济纵横》2003年第11期。

1. 目的的复合性

增值性国防的目的是一种复合目的，它不仅是为打赢战争，实现政治目的，同时是为打赢经济竞争，为国家的经济、社会发展创造条件。现代战争一方面是政治的继续，另一方面日益突出地表现为经济竞争的继续。武力的运用不仅要达到政治目的，还要达到经济目的。武力若被同时作为实现经济目标的手段，这样的国防是增值性国防，而当武力仅仅为实现政治目标服务，则是消耗性国防。作为消耗性国防，可能打赢了战争而输掉经济，甚至对国家和社会产生危害。正如亚当·斯密所说，如果这样的"军费开支是必要的话，那么它就会使一个国家贫困化"。作为增值性国防，打赢了战争的同时还会赢得经济竞争。最近法国一些经济专家指出："如果一个纯军事国家会垮掉的话，那么一个纯商业共和国的寿命也不会长久。"他们的研究证明，经济竞争的获胜需要军事力量的支持。

2. 增长的互动性

消耗性国防在国民经济体外循环，是一个相对独立或完全独立的体系，国防投入的增长以经济投入的减少为代价，国防建设寄生于经济建设。增值性国防是国家发展战略的一部分，服从和服务于国家整体的、长远的战略利益。国防开支不仅以经济建设为基础，而且直接和间接作用于经济发展，二者良性互动：经济的增长促使国防开支增长，而国防开支增长反过来促进经济增长。

3. 运行的经济性

增值性国防要算经济账。国防支出看起来是一种纯消耗性支出，人们历来只算政治账，不算经济账。增值性国防不仅要算政治账，还要算经济账。如对国防的投入是否会带来经济效益或社会效益？相对所带来的效益，国防投入是合算还是不合算？可不可以采取更好的办法，以更少的国防支出产生出同样的经济政治效果，或以同样的国防支出产生更大的经济政治效果等。

4. 作用的通用性

增值性国防有较大的通用性，即建立起来的武装力量，既能担当保家卫国的职能，又可用于国家经济建设和社会发展目的。毛泽东同志提出军队必须履行"战斗队、工作队、生产队""三队"职能的思想，是这一观点的精确表述。

三、消耗性国防与增值性国防对国民经济的影响比较

过去，我们忽视了存在两种国防投资模式的事实，认为国防开支对国民经济影响的大小与其开支大小相关联。在比较苏联与美国两国军备对经济的影响时，认为苏联国防开支过大拖累了经济；美国的国防开支相对较小因而对国民经济没有产生太大的消极影响。但问题主要不在这里，主要在两国国防建设模式的差异。

苏联的国防投入不能为经济带来好处，只是把越来越多的、可用于经济建设和社会发展的资源转移到国防方面。比如，苏联建立了庞大的军工生产体系，集中大量的优秀人才和设备原材料，形成庞大的武器装备研制和生产能力，虽然满足了日益扩大的军队需要，却不能同时转化为经济效益、社会效益。而武器装备生产得越多，用于维修保养的费用也越多，再加上军事技术迅速进步引起的"无形磨损"越来越大，新装备的替代更新周期越来越短，需要把更多的资源用于军工生产。再者，苏联虽有大量军品输出，但由于是出于意识形态斗争和冷战的需要，输出军品所获大多只是债权，且往往是难以兑现的债权。这样的军品输出总的说来收不抵支，变相地消耗着国家资源。从技术方面看，苏联的军事高技术虽然可以用于民品生产，但军工、民用生产实行的是各自独立的循环体系，又缺少市场机制把军事高技术转换为民用技术，使二者不能互相促进。此外，根据凯恩斯经济增长模型，在资源相对过剩的情形下，增加包括国防开支在内的国家财政支出，增加有效需求，可以拉动国民经济。但苏联并不属于资源相对过剩型国家，其自然资源尽管无人可比，可相对追赶发达国家和提高人民生活的需要，不是过剩，而是"短缺"。所以，增加国防开支，不会产生凯恩斯模型所期望的效果，却会增加国民经济的负担。

由于苏联的国防建设独立于国民经济，日益庞大的军工生产体系与日益增加的军备需要形成自我循环的封闭体系，国防建设需要不断从国民经济中汲取更多营养才能保持增长；军事力量的增长却不能为国民经济发展提供多少有益的帮助，只是消耗国家可以用于经济建设的资源。当拥有的资源不能同时满足国民经济增长和国防建设投资需要时，国防建设投资的增长便以国民经济的减少为代价。冷战的加剧使苏联军备增长不可遏止，到一定的程度，便成为苏联国民经济发展的沉重负担，甚至拖垮了国民经济。

增值性国防有利于国民经济。美国在冷战中,扩张起了比"二战"前更为强大的军备和军事工业。冷战后,人们以为美国的军备开支会随着"华约"的解体而减少,事实相反,美国通过"海湾战争""科索沃战争"和"伊拉克战争",使国防开支的增加得到强化。在过去5年中,美国的国防预算每年都大幅增加,1999年为2799亿美元,2000年为2889亿美元,2001年为3100亿美元,2002年为3310亿美元,2003年为3790亿美元,2004年超过4000亿美元。但高额军费并没有拖累美国的经济。"朝鲜战争"与美国的"战争繁荣"、20世纪50年代开始到60年代中后期日益加剧的"冷战"与西方国家战后的"黄金年代""海湾战争"与1991年后美国持续将近10年的经济较高增长等,我们看不出美国巨额军费开支拖累了美国经济,倒是战争促进了美国经济。

原因是美国实行的是增值性国防。美国的军火输出比苏联多,现在已超过世界军火贸易的1/3。但与苏联相反,美国输出军火收获的不是不可兑现的债权,而是真金白银。美国把军火卖给了付得起钱的有钱国家,战争则成为美国推销军火的现场广告,美国的军工产业与海外的军火贸易利润建立起直接联系。从国内情形看,由于美国的军品生产基本上由生产民品的私人垄断资本根据市场原则完成,所以,国防开支越大,私人垄断厂商获得的优厚军品合同就越多;军品订货越多,就越能使设备、人才得到充分利用,越能摊低民品生产成本,越有钱进行技术的发明革新,为更好的军品和民品供给创造条件。而且,美国属于生产过剩型国家,增加国防开支能刺激经济。

另外,美国从经济发展的长远考虑,极力把持高技术方面的世界领先地位,在高技术的发明创新上进行巨额投资。高技术研究发明具有高风险、高沉没成本,很大程度上要依赖国家的支持。而军事高科技的发明创新最具刺激性,近代以来的许多重大发明往往是军事需要催生出来的。美国对高科技的支持主要表现为对国防高科技投资的支持。据美国学者的分析,美国55%以上的国家科技投资投向了国防高科技的研制开发。著名的"星球大战计划",好像只是国防高科技计划,其实它又是保持美国经济持续增长的国民经济计划。总之,美国通过给予私人垄断资本不断扩大的军品合同,特别是先进武器装备的订货和对私人垄断资本高军事科技装备研制的费用支持,通过对国防高科技研究的巨额投资及其成果的无偿或优惠转让,与民用经济建立起良性循环的一体关系。

四、实行不同国防投资模式的原因和条件

选择消耗性国防或是增值性国防的主要原因,第一,取决于国家经济所处的

发展阶段，即国家的经济是处于短缺阶段还是处于过剩阶段。如果一个国家处于经济短缺时期，把过剩资源用于扩大国防建设投资，会产生民用经济扩张效用，消耗性国防投资转变为增值性国防投资。第二，取决于国家的体制。一般来说，增值性国防来自发达的市场经济国家，而消耗性国防则出现于非市场经济国家。市场经济体制虽然是经济体制，然而它对国防体制和政治体制都发生巨大的影响。这可从四个方面分析。第一，市场经济使国防建设与经济建设直接联系，相互影响，相互转化，相互促进；第二，市场经济使利益成为人们行为决策的根本出发点，使人们开始考虑国防建设投资的效益问题；第三，市场经济是一种扩张性经济，它越过一国疆界拓展世界市场，由此带来国家之间经济利益的矛盾和国家间的竞争，从历史经验和现实情形看，国家间经济利益矛盾解决和经济竞争往往借助于军事手段，这就使军事投资具有经济利益性质；第四，市场经济产生以直接追求经济利益为目标的军工利益集团，而由军工利益集团推动的军事投资和军品生产受制于社会安全需求，从而使军品生产与民品生产具有同样的性质和受同样的运行机制调节或支配。

我们认为，我国向增值性国防转变的条件已经成熟：多年的市场经济改革，我国已初步走出"短缺经济"阶段，进入"过剩经济"时期，市场经济体制已初步形成，生产的社会化、市场化正日益扩大到所有领域，市场机制对社会资源的配置开始发挥基础性作用。

我国国防投资模式大体上参照苏联模式建立起来，属于消耗类型。在我国人口多、底子薄、物资短缺的情况下，国防建设的维持和增长是全国人民节衣缩食换来的，现在国防增长对国民经济的压力越来越大。为适应以经济建设为中心的发展战略需要，我国先后裁减军队150万人，军费占国内生产总值的比重降至1%左右（只有美国的1/4~1/3，绝对量只有美国的1/40），缓解了国民经济的压力。但这不是解决问题的根本办法。现代高技术条件下战争的高消耗性，美国等国军事力量的巨大增长和武器装备的不对称性改进，美国的单边主义倾向等，使世界面临日益增大的军事投入压力，我国感受到的压力尤其大。解决问题的途径应由消耗性国防投资向增值性国防投资转变，使国防建设与经济建设建立起良性互动的关系。

提高国防科研投资效益的路径探讨①

张远军

人类科技进步史上，国防科技占有举足轻重的地位。由于国防科技的发展关系到国家的生死存亡与政权的兴衰更替，因此，世界各国政府纷纷加大国防科技投资，发展国防科技。同时，现代高科技在军事领域的广泛应用，使得未来战争的主要形式是高技术战争。要确保打赢未来可能发生的高科技条件下的局部战争，也必然要求增加国防科技投资，提高国防科技水平。在尚处于社会主义初级阶段的中国，发展国防科技，不仅要增加国防科技投资额，更重要的是要提高国防科研投资的效益。如何提高我国国防科研投资效益呢？国防科研投资主体的多元化有助于实现这一目标。

一、国防科研投资主体多元化的科学内涵

投资主体是指在某项投资活动中，其决策不受该投资活动中其他投资者的限制，具有独自利益追求，能对其投资负责的投资者。而国防科研投资主体就是把资金投入到国防科研过程中，并从中获取一定利益的投资主体。国防科研投资主体的多元化就是指对国防科研进行投资的主体不止一个，而是要有两个以上的投资主体，即增加国防科研投资主体的个数。国防科研投资主体可以是一个国家、企业，也可以是一个人，但也并不是任何主体都可以成为国防科研投资主体的。

首先是能够独立进行投资决策的投资者。投资主体的多元化不仅是增加投资者的个数，更主要的是增加能够进行独立投资决策的投资者个数。投资者的个数并不一定等于投资主体的个数，如果一个投资者不能独立进行投资决策，同时，

---

① 本文原载于《经济师》2004 年第 3 期。

对它的投资决策起决定作用的投资主体也在这项投资活动中，那么，该投资者就不能被称为投资主体，它和对它的投资决策起决定作用的投资主体是同一个主体；但如果这个起决定作用的投资主体不在该项投资活动中，那么，该投资者则可以被称为投资主体，因为它不受该项投资活动中其他投资主体的控制，可以被认为是能够独立进行投资决策的投资者。这种界定使只要能够对资金拥有使用权的投资者就可以成为投资主体，从而扩大了投资主体的范围。

其次是能够对所投的资金进行负责。由于科研活动是一项风险很大的活动，存在着很大的不确定性，这就要求投资主体必须能够对所投的资金进行负责，即投资者要能够对活动失败承担有限责任。这种要求能够使科研活动的风险分散到多个主体上，各个主体因此承担的风险降低，使原来单个主体不敢、不能投资的项目得以进行，使国防科技实力得到有效提高。

最后是利益能够分离。每个投资主体的利益追求都可以与其他投资主体的利益追求明确分离，利益的分离给充分调动投资主体的积极性提供了条件。投资主体在投资活动中都能找到自己所需要的利益，因此，就可以明显调动投资者的积极性，加强对活动的监督，提高国防科研资金的运用效率。

二、实行国防科研投资主体多元化的现实可能性

第一，市场经济管理体制的确立促进科研投资主体多元化的形成。随着社会主义市场经济体制的逐步确立与完善，我国国防科研管理体制也开始由计划经济管理机制向市场经济管理机制转变，随着这种转变，国家、军队、科研单位之间关系也随之转变。在计划经济管理机制下，军队在国防科研方面没有独立的地位，科研单位同样很少有什么主动权，两者不可能成为科研投资主体。而在市场经济管理机制下，军队与科研单位都获得了一定的主动权，特别是军队，有专门的用于科研的资金，并对这些资金拥有几乎完全的使用权，军队和科研单位因此可以成为国防科研投资主体。这样，就可以在军队内部形成科研投资主体的多元化，形成多方投资与分散决策机制，提高国防科研资金的运用效率。

第二，科学技术的军民两用有助于吸引民间资金。目前，国防科研除了一些特殊领域外，科学技术在军民间的通用性是很高的，特别是在通信、电子、信息处理、先进材料等这些关键领域，其军民通用的性质更加明显，这些领域不仅在国防领域有广泛应用，还在民用领域有着更广泛的应用，这就为吸引民间资金提供了坚实的基础。

第三，民间资金充裕，加上技术发展前景广阔，投资效益高，使得吸引民间

资本成为可能。我国的国民经济经过改革开放后的发展，已经取得了巨大的进步，人民收入有了大幅度的提高。据中国人民银行公布的统计数据表明，我国居民储蓄持续快速增长，到2002年5月末居民储蓄额为8.04万亿元，突破8万亿元（摘自《中国经济时报》2002年6月13日第一版）。我国的公司企业也取得前所未有的发展，能够拿出资金投资于科学研究。资本有追逐经济利益的本性，哪里有利润，就会流向哪里。而高新技术在现代社会的经济效益是非常引人注目的，这正和资本追逐经济利益的本性相合。

第四，经济全球化趋势促进国防科研国际合作。冷战结束后，和平与发展成为世界的主题。伴随着经济全球化趋势，世界各国在经济、贸易、技术等方面的合作越来越广阔，国际国防科研合作也有了长足的发展，如俄罗斯与印度的合作。国际国防科研合作，也就是国防科研投资主体的多元化在国际间的扩展。

三、实行国防科研投资主体多元化的具体措施

首先，进一步深化国防管理体制的改革，为其他资本进入国防科研消除障碍。目前，我国的国防科研管理体制已由计划管理体制逐步转变为市场管理体制，为实现国防科研投资主体的多元化提供了基础，但还存在着许多不足，阻碍着国防科研投资主体多元化的实现。必须进一步深化管理体制改革，更新人们观念，转变对科研的传统认识，破除部门观念，深刻认识其他投资主体进入的优越性，在管理体制上为更好地提高国防科技实力提供方便。

其次，完善国防科研投资管理的法律、法规体系。科研投资主体的多元化已成为必然趋势，它在解决科研资金供需之间的巨大矛盾、促进国防科技迅速发展、紧跟世界科技发展方向等方面有着重要的作用。为了保证国防科研投资主体的多元化在促进国防科技实力方面的作用得到完全实现，要加快在管理体制方面的改革，构建相应的完整的关于国防科研投资管理的法律、法规体系。因此，结合我军在国防科研管理实际，借鉴国外的管理法规，尽早完善我国特色的国防科研投资管理的法律体系，使国防科研投资管理纳入法制轨道。

最后，借鉴国外相关经验，力争效益最大化。我国目前在实行国防投资主体多元化方面还处于初级阶段，而国外，特别是美国、西欧等国家，在国防科研投资主体多元化的方面有着丰富的经验，并已产生了明显的效果。借鉴他们在这方面成功或失败的经验，可以为我国在此方面提供一些指导，少走弯路，节省时间、资金，避免在实行国防科研投资主体多元化过程中出现不好的现象。

国防科研投资体制的弊端及对策①

曹驭日　何正斌

江泽民同志指出："把国民经济搞上去和建立强大的国防是我国现代化建设的两大战略任务"，"进一步改革国防军工和科技投资管理体制，势在必行"。伴随国家科技体制调整与改革的深化，我国国防科研投资体制也必须不断深化。这是社会经济发展的要求，也是国防科研的重要课题。

一、我国国防科研投资体制现状

为适应市场经济体制的管理模式，从 20 世纪末总装备部成立至今，我国国防科研投资体制进行了一系列体制改革。国防科研资源的运用效率在一定程度上得到了提高。但由于整体上我国国防科研投资体制是在计划经济体制下，主要依靠国家进行投资的一种科研投资形式。科研项目基本上还是作为一种任务通过行政命令下达，科研经费来源主要以财政拨款为主。现行的国防科研投资体制基本上还属于自我封闭、自成体系、军民分割的体制。由于我国政府和军队掌握着国防科研的投资权，投资主体的单一性和垄断性，使国防科研投资体制存在着很大的寻租空间。

在现行国防科研投资体制下，国防科研投资的寻租行为主要是指政府之外的官员利用所掌握的权力谋取个人利益而"设租"；科研单位为了获得较理想的投资资源，就会向政府和军队掌管国防科研经费的人员进行游说、疏通、"走后门"、行贿等，以给利益主体带来巨额"租金"，造成租金在官员和利益主体之间进行分配的行为。利益主体寻租行为是通过"看得见的手"去抑制"看不见

---

① 本文原载于《装备指挥技术学院学报》2004 年第 6 期。

的手"以达到损人利己的目的。

国防科研投资的寻租活动的危害极其明显。①寻租这种非生产性活动将会导致大量国防经费的浪费，使得本来就十分有限的国防科研投资经费更加紧张。②寻租活动破坏了市场竞争的公平性，提高了国防科研的生产成本，造成了资源配置严重扭曲，使有限的国防资源并未用在高质、高效，能带来最大效益的项目上，增加了国家科研投资的机会成本。因此，国防科研投资中的寻租活动直接降低了投资的经济效率。

二、现行国防科研投资体制分析

根据经济人的假设：人是理性的，当人们从事某种活动时，都以谋求自己的最大收益为出发点。国家也是理性的经济人，与一般经济人的区别在于：国家的任何行为，都是从社会的整体利益出发，为整个社会谋求利益的最大化。国家对国防科研活动的投资，也希望获得最大报酬和收益。这种收益不仅包括目前既得的收益，也包括预期收益。我国国防科研投资的最终目的就在于能以最低的科研投资成本，建立一支在平时具有威慑，战时可以制胜，具有压倒性优势的军事力量。

1. 从国防科研经费的获取渠道来看

（1）合同的软约束，为权力寻租创造了条件。国防科研投资实行合同制是我国国防科研投资体制的一项重大改革。但由于指令性计划指导下的合同制在管理上仍以行政手段为主，法律经济手段为辅，导致了许多合同形同虚设，没有足够的制约力量。这种合同的软约束使得科研单位即使知道本单位的技术能力和水平有限，但为了得到科研项目，往往会采取"攻官"行为。科研单位在项目执行过程中，如果未能达到合同要求就会再次"寻租"，以达到其降低合同技术要求的目的，直接导致了国防科研经费资源配置的低效率。

（2）"设租"成本低廉，助长了寻租行为蔓延。由于监督机制不健全，使得一些官员"设租"行为被发现的概率很小，"设租"的机会成本也小。按照利润最大化和成本最小化原则，对于"设租"人来说，只要其预期收益大于成本，其"设租"行为就不会停止。因此，"设租"成本的低廉，直接导致了寻租行为的猖獗。

2. 从国防科研投资的主体来看

在计划经济体制下，国家是唯一的国防科研投资主体。社会主义市场经济体制建立后，国家仍是重要的国防科研投资主体。国防科研投资资金主要来源于国家财政拨款，科研单位是政府部门的附属物，融资渠道相当狭窄。这种单一的投资主体不能满足国防科学技术发展的需要，使其几乎成为一种瓶颈产业。因此，在我国国防费十分有限的情况下，这种单一的融资方式使政府背上了沉重的财政负担。同时，又由于在科研投资市场上寻租行为的存在，无法充分调动科研单位提高投资效率的积极性。大量"钓鱼工程"的出现，无疑增大了国家的投资成本、降低了投资收益。因此，融资渠道的单一性，既不利于提高科研经费投资的效率，又成为科研腐败的温床。

3. 从国防科研投资体制来看

我国国防科研投资是传统体制下主要针对未来战争进行的科研投资。一方面，在军队内部，海、陆、空军种之间在职能上是相互独立的，并按照不同的军种需求进行分块管理。各军种自行其是的分块管理方法已不能适应当前新军事变革的要求，人为地降低了国防科研投资效率。另一方面，虽然已建立了"寓军于民，军民结合，平战结合"的科研投资体制，但是传统科研方式一直没有打破。我国国防科研生产在一定程度上仍然处于封闭状态，没有与国民经济形成休戚相关的依存关系。特别是在和平时期，部分国防工业生产能力大量过剩，给国家造成很大的浪费。

尽管我国国防科研投资已由生产型转向开发型，由仿制为主转向自行设计，但效果并不明显。特别是20世纪90年代以前，我国国防科研投资开发型产品较少，20世纪90年代后才开始增长。有些国防科研单位只重视国防科研的开发，不顾科研成果的转化率，造成了国防科研与实际需要的脱节，导致有限科研经费的巨大浪费，没做到"生产一代，研制一代，预研一代"的成果转化。这些因素都导致了国防科研投资效率更低。

4. 从国防科研投资经费管理来看

目前，许多科研单位的财务管理机构形同虚设，经费支出管理处于弱化状态，资金的管理、使用和监督有很多不尽如人意的地方。没有形成有力的监督机制，资金使用的透明度不高，不能很好地发挥科研资金的社会效益；科研基金分流较多，使用结构不合理，一些消费性、行政性等非生产性基金较多，许多科研经费并没有真正地花在科研上，而是当作费用、奖金消耗掉了。对于在国防科研上花的这些"冤枉钱",有些科研单位财务机构经常对此视而不见,造成了科研经费的极大浪费。因此,科研经费的使用效率与国家对科研投资的预期效果相差甚远,很难实现投资成本最小化而经济效益最大化的目标。

5. 从科研投资项目评价机制来看

长期以来,我国国防科研投资项目评价机制的指导思想是保证科研任务的完成,至于完成的经济效率如何,则不是考虑的重点。这使得各科研单位把完成科研工作任务看作是实现自己经济利益的最终目的,导致极易出现偏离经济效率的行为。又由于国防科研管理部门在进行科研项目评审时主要由有关部门建立评议和政府决策相结合的评审机制,并把科研单位是否按要求去做作为项目评价的一个标准,这就导致了科研单位通过寻租活动努力使管理部门和评审人员"相信"其科研过程及结果的质量,为顺利通过评审提供了便利。因此,项目评价体制的不完善及寻租行为的存在,导致了科研项目的不经济。

三、对策及建议

综上所述,提出如下对策:

1. 在国防科研经费的获取渠道方面

(1)加强合同管理,强化合同的硬约束。完善合同法规和条例,建立专门的合同管理机构。其主要职责是负责对科研合同的谈判、签订、监督和管理等,加强合同的约束力度。

(2)建立"公开、公正、公平"的投标竞争机制。在科研投资中实行招标制度,建立健全投标竞争机制,使投标单位在竞标中市场化的成分增大,使资质高的投标单位脱颖而出。

对国防科研课题可根据不同"秘级"采取不同的招标方式。对涉密项目,在军队范围内实行招标制;对不涉密项目,可在全社会范围内实行招标制。要在招标中实行严格的监督机制,杜绝招标过程中出现的不公平现象、寻租行为的发生。

(3)强化监督机制,提高"寻租"成本。对科研项目进行分批投资分阶段监督。要实行科研项目负责人制度。各项目负责人对负责的项目要及时跟踪问效,解决经费和技术质量脱节现象,提高科研投资效率。

2. 在国防科研投资的主体方面

军队掌握的国防科研项目，如项目涉密，则国家仍然是国防科研项目的唯一投资主体，如项目不涉密，则科研经费应在全社会范围内融资。

地方政府掌握的国防科研项目经费可由总装备部控股，进行产权制度改革，如发行公司债券及股票上市等方式吸收地方投资，实现投资主体的多元化，这样可改变经费严重不足的局面。

3. 在国防科研投资体制方面

实行三军联合研究的科研管理体制，实现科研成果共享，提高国防科研投资的效率。同时，国防科研投资政策可向民营企业相对倾斜，打破军工自成体系的自我封闭、军民分割的局面。大力发展军民两用技术，形成军品科研生产"小核心、大协作、寓军于民"的格局，进一步优化国防科研资源的配置。

4. 在国防科研投资资金管理方面

建立科研投资经费管理责任制。建立清晰明了的财务账目，对资金使用进行跟踪监督。强化预算约束，建立投入产出和成本效益核算机制。树立效益观念，降低资金使用成本，提高资金使用效益。对投资量大、收效慢的科研项目必须格外重视资金使用效益。

5. 在国防科研投资项目评估机制方面

一方面，项目评价小组在项目评审时，应把效率列为主导，结合技术性能和计划进度等其他评价指标体系进行综合评估；另一方面，因项目评估人员也是经济人，其行为是在成本→收益比较后做出的选择。要通过完善国防科研项目评估的法规建设，提高评估人员寻租行为的机会成本，以有利于提高国防科研投资的效率。

参考文献

[1] 刘义昌，尹希圣，汪庆荣等. 世界国防经济概论 [M]. 北京：中国展望出版社，1987.

[2] 胡乐真. 科学研究的经济问题 [M]. 北京：机械工业出版社，1985.

[3] 王俊豪. 中国政府管制体制改革研究 [M]. 北京：经济科学出版社，1999.

[4] 周中朝，苏海燕. 国防技术经济学概论 [M]. 长沙：国防科技大学出版社，1989.

国际安全战略走向与我国国防科技投资对策[①]

张远军　张伟超

技术优势是获得战争胜利的关键因素。国际安全战略走向的变化，影响着国防科技投资调整和武器装备的研制。我们应该采取新的国防科技投资对策，推进武器装备的更新，为大幅度提升部队战斗力提供物质基础和技术支持。

一、世界主要国家和地区安全战略新走向

国际安全战略，是关于谋求国际安全环境，以维护国家安全的长远的、宏观的筹划。在国际安全形势发生急剧变化的背景下，主要大国或地区都不同程度地调整国际安全战略走向，以谋求"绝对安全""共同安全"或者是"综合安全"。

1. 美国开始推行"先发制人"的力图谋求"绝对安全"的"新帝国"战略

该战略建立在美国对它所处国际安全环境的评估和面临的首要安全威胁的界定之上。"9·11"事件后，美国的首要任务就是反恐、反核扩散、打压或改造"无赖国家"和"失败国家"等，以确保美国及其盟国的"绝对安全"。为此，美国将更多地采取"先发制人"战略，甚至不惜使用包括"战术核打击"在内的军事手段，同时也不放弃采取"遏制与威慑战略"。此外，美国还将谋求建立稳定的大国关系框架，尤其是将中、俄、印纳入美国主导的"国际体系"，并将美式民主推广到全世界，为美国的利益和安全提供根本制度保障。用布什的话来说，美国对外战略的三根支柱就是反恐、建立稳定的大国关系和扩展民主。归根

---

① 本文原载于《军事经济研究》2005 年第 3 期。

结底，这个战略的根本目标就是凭借超强实力，打造美国的单极霸权体系。这既是老布什政府建立"世界新秩序"的继续，也是美国一贯的霸权主义内在逻辑的发展。

2. 为应对恐怖主义和国内分裂势力的威胁，俄罗斯采取了更加积极主动的应对策略

震惊世界的莫斯科"10·23人质事件"后，俄罗斯已把反恐斗争提升到了事关国家安全和民族生存的中心位置，反恐将成为修改国家安全战略的出发点。2003年10月29日，人质危机刚过，普京立即向俄军方下达了新任务。他说，由于国际恐怖主义威胁的日益增长，俄将修改国家安全战略，对那些针对俄罗斯使用大规模杀伤性武器的恐怖威胁予以还击。这意味着，俄将动用大规模杀伤性武器"先发制人"地打击威胁国家安全的恐怖主义。

开展反恐斗争，最主要的是需要一个全新的国际安全战略。第一是彻底改变反恐行动开始阶段的决策机制。俄安全会议副秘书长切尔诺夫说，恐怖主义的性质等同于对国家的侵略。如果我们获悉，明天或后天恐怖分子将要对核设施进行攻击，那么，等待新闻媒体或议会就此问题进行无休止的争论是毫无意义的，不管恐怖主义来自何方，都应迅速将其消灭在萌芽状态。第二是应该对俄军队进行大规模的改革。2003年11月21日，俄政府召开专门会议，讨论俄武装力量转向合同兵役制问题。第三是动用军队的范畴也需要改变。国家杜马正在等待普京总统提出有关动用军队进行反恐行动的法律提案。第四是调整移民政策。众所周知，移民问题与俄国家安全的新威胁密切相关。此前，俄在解决移民问题的途径方面根本没有法律屏障。俄总统办公厅副主任维·伊万诺夫对新闻媒体发表谈话时说，为防止有组织跨国犯罪集团，特别是国际恐怖主义对俄的攻击，俄将适当修改对外开放政策和自由出入境政策。2003年5月，俄罗斯通过了《国籍法》。现在，是否准许外国人在俄定居，要根据俄政府的移民入境限额来决定。

3. 欧盟构建主动、协调、实力"三位一体"的"共同安全战略"

通过伊拉克战争，欧洲国家已敏锐地意识到世界可能面临的危险前景。欧洲舆论指出，"9·11"事件改变的是美国而不是世界，而美国欲以"反恐"之名改变世界。为此，欧盟15国外长和10个候任国外长在希腊聚会，一致同意欧盟制订一项共同安全战略。可以说，欧盟外长在希腊一致同意起草"欧洲历史上第一个共同安全战略"，是对美国最新"国家安全"战略的回应。

所谓"共同安全战略"，就是欧盟各成员国共同遵守的国际安全战略，其主旨是主动、协调、实力"三位一体"。主动是通过先行介入和先发制人的行动，

及时、快速、有效地应对和处理各种新威胁和危机，制止可能发生的冲突。协调是指欧盟各成员国必须协调一致地行动，共同应对各种潜在的新威胁和处理各种冲突。实力就是强调实力是欧盟应对与处理各种危机的基础，因此，欧盟各成员国必须加强自身的实力。它包括军事、政治、经济、外交等实力。为防范恐怖袭击及其他威胁，欧盟将致力于实现三大战略目标：一是扩大欧洲安全区，二是建立多边国防体系，三是维护联合国的权威。为了实现三大战略目标，"共同安全战略"提出三个战略方针和手段：一是主动出击，应对威胁。即御敌于欧盟之外，对威胁实施"先发制人"的打击。二是加强国际协调与合作。即建立广泛的统一战线，共同应对新的安全威胁。三是以实力为后盾，多种手段并举。即强调实力是行为的基础，是欧盟共同外交和安全政策的保证。应对手段也应多样化，需综合运用军事、政治等多种手段。

4. 日本构建以美日同盟为基础的"东亚共同体"国际安全战略

2002年12月，"日本国际论坛"97位政策委员联名签署并向小泉首相提交了献策报告《构筑东亚安全合作体制》，提出建立东亚安全体制的近期、中长期目标及建议。

第一，提出日本的中长期目标是建立"多元安全保障共同体"。强调要对东亚地区业已存在的同盟关系、协调型安全保障（东盟地区论坛）、复合型安全保障（军方合作）进行"战略重组"，构成彼此共存的"多层次地区安全网络"。第二，建议扩充东盟地区论坛（ARF）的安全保障机能，充实其预防外交和解决纷争的机能。第三，促进解决朝鲜问题的各种多边框架机制进行战略重组。第四，主张把台湾海峡问题作为"国际关心事项"，"增加中国大陆和台湾地区都参加并可就台湾海峡问题坦率讨论的多边框架"，试图牵制中国。称台湾海峡问题是所谓"国际关心事项"，实质是企图利用国际法上的某种模糊解释，借助东亚安全合作机制干预台海事务。第五，着眼在战略上制约中国。提出强化日美中俄对话。《构筑东亚安全合作体制》主张，今后"需要就中国的射程覆盖驻日美军基地及日本本土的中程导弹的开发、部署状况，建立共同管控机制"。第六，强调"与美国及东亚各国合作，强化海洋及能源安全保障体制"。主张加强打击海盗特别是要密切各国海军、海上警备机构的联系与合作关系；强化国际海事局的情报收集和联络功能。第七，要求"把国际恐怖主义定义为东亚共同的威胁，建立全面合作体制"。

5. 中国谋求"和平崛起"的综合国际安全战略

我国在21世纪迫切需要一个和平、稳定的国内外环境，以便能集中精力来发展经济、增强综合国力。为此，必须根据时代特点、兼顾中国国情和国际格局的发展走向，为我国在 21 世纪的崛起制定出相应的国际安全战略。

一是积极参与多边安全合作。积极参与多边安全合作，既是顺应时代发展的客观要求，又符合维护自身安全的利益，同时还是自身实力有限性所决定的战略选择。"多边安全合作"，既指世界范围内的国家所建立的、用以规范和处理国家之间相互安全关系的国际安全制度（主要是军备控制体系），也指地区性多边国际安全合作安排，它通常以国际会议、协定、宣言或组织为表现形式。

二是拓展外交手段，营造良好安全环境。信息时代外交领域的一个突出变化是，公众对外交的兴趣和影响越来越大，而国家在处理国际事务方面对公众外交也有了新的需求。在这种形势下，我国应该结合信息时代的特点，灵活运用外交谋略，把外交作为谋求国际安全、维护国家安全的有力手段。

三是加大国防科技投资，推进军事领域变革。信息技术革命的发展，使军事领域发生了一场对国家安全具有生死攸关的、划时代的变革，要满足信息时代国家安全对国防军事领域的要求，我们必须加强国防科技投资，加快"建设信息化军队"的步伐。

四是制定文化发展战略，筑造精神长城。在信息时代，文化安全已经成了国家安全的一个重要内容。我们要继续弘扬中华民族丰富多彩、绚丽多姿的优秀传统文化，加强社会道德规范的建设，努力营造一个良性循环的文化生态环境，增强民族自豪感，锻铸使中华民族屹立于世界民族之林的民族魂。

五是注重全面提升国力，建立国家安全的坚实基础。国家实力是指一个国家通过有目的的行为来达到其战略目标的能力，这里面包含着两个向度的能力：一个是外向的，它是指国家通过其经济、政治及军事来影响全球局势的能力；另一个是内向的，指一个国家在把内部的社会资源转化为"可调动的因素"时所具有的能力，而这种转化的效率决定着能否为国家提供最有效的民间支持和军事技术支持。目前，中国十分注重全面提升综合国力，奠定国家安全的坚实基础。

二、国际安全战略走向中世界主要国家国防科技投资对策

科学技术是实现国家安全的主要途径和关键因素。为了应对国际安全环境的急剧变化，世界各国在调整各自国际安全战略的同时，也采取相应的国防科技投资对策。

1. "反恐"引领美国采取"有所为，有所不为"的国防科技投资对策

"9·11"事件后，美国本着"有所为，有所不为"的原则，不断调整科技政策。布什政府在2003年财政预算中再次把国防研发和卫生研发放在国家任务的优先位置，两项投入超过联邦研发投资总和的3/4。其中，新财年美国国防研发投入将增长9.9%，达到588亿美元。"9·11"事件后，反恐、保卫本土安全以及促进经济复苏成为美国国家政策的主题，其科技政策也紧紧围绕布什政府的反恐战略，逐步将重点调整至国防和本土安全领域。美国国防科技投资政策也围绕布什政府的反恐战略，逐步调整为以国防和本土安全领域为重点，加大国防科技投资力度。在布什的2003～2004财年预算中，这种趋势得到进一步加强，科研预算总额比上个财年增长了4.4%。其中，国防和本土安全两大领域成为重点，分别增长了7.2%和49.6%（10亿美元），而其他领域的预算增幅很低，民用项目的科研预算仅增长了1.2%。

2. 欧盟国家采取精简科研机构，突出重点的国防科技投资对策

法国政府历来十分重视对科技的投入。在世界军事变革的挑战中，法国提出在保持核威慑力量的条件下，加大国防科技投资力度，调整国防科技政策，国家科技投资向国防科研倾斜，重点发展高技术常规武器，建设数字化战场和数字化部队，研制信息化武器装备，发展信息战能力和精确打击能力。法国计划到2010年，科技投入要达到GDP的3%，而实现这一战略目标的前提是，在2010年前科技投入的年增长幅度达到10%。德国尽管经济不景气、失业率居高不下，但德国政府在科研和教育领域的投资仍创历史新高。在科研经费分配方面也引入了竞争机制，例如，国家研究中心联合会实行了按项目分配经费的措施，政府还首次制定了国防科技投资框架方案，研发投入继续向国防科技研究领域倾斜。

3. 日本把追求最高军事技术水平确定为未来军事技术政策的目标，确定了需要重点发展的高技术领域

日本认为，信息技术的优劣是决定防卫成败的重要因素，把追求最高军事技术水平确定为未来军事技术政策的目标，制定了需要重点发展的高技术领域，强调要以信息技术为导向研发武器装备。为此，日本自卫队成立了情报本部，斥巨资研制和发射侦察卫星；通过建立"防卫情报通信基础"（DII）、"计算机系统共同使用基础"（COE）及对网络的统一管理和运营基础，来建立和完善网络环境，以期在防卫厅和整个自卫队内实现情报传递和共享；在充实和强化自卫队中央指挥所的情报处理机能的同时，完善中央指挥系统和各军种指挥系统，使中央

指挥系统与各军种指挥系统畅通；在对现有武器装备进行现代化改造，提升武器装备自动化水平的同时，决定重点研发能适应信息技术发展需要的武器装备，将信息技术、无人机技术、制导相关技术及航空电子技术等作为当前和今后技术研发的重点。

4. 俄罗斯国防科技投资政策的调整

近年来，俄罗斯政府采取了一系列紧急抢救措施，调整国防科技投资政策。在振兴国防科技方面实施了许多重要举措，成立"俄联邦总统科学与高技术委员会"，制订了 2002 ~ 2006 年科学与高教一体化联邦目标计划。2001 年，俄罗斯将军费增加到 2600 亿卢布，创造了自 1992 年俄军重组以来的新高。新增军费开支将主要用于军队购买新装备并对现有设施进行升级。俄罗斯还制订了为期 10 年的武器装备长期规划，提出以高科技为主导，重点发展高精度武器装备，巩固军事领域的科技优势，加快武器装备的研制与更新换代。俄军开始加快特定功能、微型、小型核武器的研制、发展，增强其核威慑力量。同时，俄军还大力开发新式武器装备，在 2004 年安排了 180 余种新式武器和作战装备通过国家鉴定。

三、国际安全战略的变化牵动着我国国防科技投资的调整

由于技术优势是保障国家安全的关键因素，我们必须围绕建设信息化军队、打赢信息化战争的要求，采取积极的国防科技投资对策，推进武器装备的更新，为部队战斗力的大幅度提升提供有力的物质基础，为打赢能力的全面提高提供强大的技术支持。

1. 国际安全战略走向要求我国国防科技投资规模更趋合理化

为迎接世界新军事变革，积极推进中国特色军事变革，国防科技进步日益具有加速化趋势。国防科技的加速化进步带动了国防科技投资规模的迅速膨胀。在国防科技投资规模迅速膨胀的过程中，我们必须实现国防科技投资规模的合理化。首先，科学界定国防科技投资与国防费之间的比例关系，以避免国防科技投资规模过大而影响国防建设。其次，优化配置国防科技领域的资源，提高国防科技投资效益，以最小的科技投入获得最大的科技回报。

2. 推进国防科技工业投资主体多元化，实现投资渠道的多元

由于国防科研是一项高投资的系统工程，其发展需要消耗大量人力、物力资源，需要大量的经费投入，并且随着军事装备科技含量的不断提高，国防科技投资规模在急剧膨胀。我们必须在政府大幅度增加国防科技投资的同时，推进国防科技工业投资主体多元化，实现投资渠道的多元，发挥国家投入的导向性作用，引导和带动社会资金参与国防科技工业建设。实现国防科技投资主体多元化，有助于吸引民间资金，弥补国防科技投资的不足。在我国国防科研中，面临的主要问题之一是国防科研资金的不足，我国每年用于国防科研的资金占国防费的3%左右，而美国则大约是10%，德国是8.6%，英国是11%。与此相反，武器系统的研制经费则增长迅速。资金供给与科研所需经费之间的矛盾，使大规模的、系统的科研工作难以展开，这严重限制了我国整体国防科技实力的提高。为解决这个矛盾，就必须增加国防科研投资和提高科研资金的使用效率。

3. 根据国际安全战略新走向优化国防科技投资结构

国防科技投资结构，是指在一定时期内的国防科技投资总量中所含各类国防科技投资的构成及其数量比例关系，即基础研究与应用研究、高新军事技术研究与一般军事技术研究的比例关系。伴随着国防科技投资规模的日趋膨胀，我们要努力优化国防科技投资结构，调整投资方向，突出重点，兼顾一般。加强信息战武器装备、反恐作战武器装备、应付突发事件武器装备的研制和生产，并尽快装备部队，以适应国家安全战略的需要。

4. 根据国际安全战略走向调整国防科技投资方向

在国际安全战略格局大调整的形势下，国防科技投资方向要进行调整，要逐步转向以应用研究和高新军事技术为投资的主要方向。军事技术研究要注重国防现代化进程中需要发展的那部分高新技术，这些技术是发展高技术武器的基础。军事高新技术研发要特别注重发展国防关键性技术，它们对提高武器装备的性能，对形成新的军事能力、增强威慑能力以及对提高研制工作的效率，对国防科学技术发展乃至整个国家的科学技术水平的提高都有较大的带动作用。在军事技术研究和创新方面，要分清层次，理顺关系，确立关键技术、重点技术和一般技术的整体布局，强调关键技术的龙头作用。

5. 根据国际安全战略走向完善国防科技投资管理机制

首先，调整国防科技投资效益评估体系，把效率与技术指标并列为主导，形

成多层次评价标准体系，使管理部门在确定科研项目时考虑上述因素的影响，避免因盲目追求科研项目的高技术而忽略了目标的可行性和经济性，从而使国防科技投资效益得到提高。其次，完善招标制和合同管理制，实行合同管理制是实行招标制的必然结果，是提高国防科技投资效益的保证。再次，实行三军联合研制的科研管理体系，使科研管理中信息不对称的问题得到避免或减弱，从而提高国防科研资源的配置效率。最后，尝试实行"报账提款制"的科研经费管理机制，通过先工作后付款的新型科研经费管理模式，为科研经费实施有效监管提供更加有利的条件。

深化预算编制改革的思考[①]

胡庆元　谢玉科　栁建伟

一、预算编制改革取得的显著成绩

1. 预算管理的科学性有了质的飞跃

在预算管理形式上，笼统的"一口袋装"预算管理变为科学的分类管理，即把军费划分成维持性军费和建设性军费进行分类管理，根据各部分军费不同特点实施不同的调控政策，使军费调控更科学、更有效；在预算编制方法上，由传统的"基数增量法"改变为先进的"零基预算法"，从而更加有利于集中财力办大事，使军费投向投量的确定更优化；在预算分配上，将粗放式"切块分配"法，改变为对每个项目充分论证，精确计算的科学分配法，使军费分配的过程更透明，分配的数据基础更精确；在预算范围上，由只覆盖上级拨款，改变为把各单位有偿服务的收入，以及库存物资价值等一并纳入预算，使军费监督控制更严密。这些改革极大地提高了预算管理的科学性，更好地发挥了军费预算在我军现代化建设中的宏观调控作用。

2. 预算的刚性和权威性得以强化

改革后主要从三个方面强化了预算刚性：一是审批层次提升。如军区一级的部门分项预算，由部领导审批提升到军区首长审批，确保了预算的权威性。二是分项预算不留机动。部队各级各部门在安排年度预算时，充分论证，周密计划，

---

① 本文原载于《军事经济研究》2006 年第 3 期。

加强预测，把应花的钱在预算中必须安排好，分项预算不再安排机动，从源头上制约了追加预算的随意性。三是财务直接下达。军费下拨方式，由财务部门与事业部门联署下达，改为财务部门一家根据预算直接下达，避免了部门调剂和临时动议，确保了预算执行严格。

3. 军事经济效益和政治效益同步跃升

从四年来的实践看，新办法从根本上强化了预算的计划、调控、管理、增效、监督作用，催生了新的军事经济管理思想和管理手段，大大优化了军事资源配置，使有限军费发挥出更好的军事经济效益。同时，把预算经费、预算外经费、代管经费和库存物资捆在一起，把分项预算细化到使用单位和具体项目，使军费的分配使用更加公开透明，形成了多层次的监督机制，有效地减少了军费分配上的人为因素，促进了党风廉政建设。

二、预算管理存在的主要问题

1. 预算编制体制不适应后勤保障一体化模式，导致预算监控不力

随着我军大联勤改革的推进，我军后勤走上了一体化保障道路，财务保障由传统的"自成体系"的封闭式保障模式改变为"三军一体"的开放式保障模式，保障模式的变革引发了预算编制改革过程中的新问题。我军目前的预算上报与审批仍是按部队的建制隶属关系逐级实施，各单位年度预算经费不包括代供、联供经费。在大联勤条件下（即军区范围内的三军一体化后勤保障模式），我军的经费供应按照总部—军区联勤部—联勤分部—受供部队逐级实施。也就是说，各军区联勤部、联勤分部除供应建制所属单位外，还供应了区域内总部所属单位、军兵种部队。预算上报、审批体系与预算实施体系不再"合二为一"，而是出现分离，引发了新的问题：具有供应任务单位的预算反映不了本级的实际供应量，有隶属关系的单位预算包含没有供应关系单位的经费量，具有供应任务的单位无权办理所有供应单位预算的审批工作，有权审批的单位不一定有专门机构承办审批预算工作。这些问题导致各保障要素职责不分，监督权限错位，使预算的监督出现空档，预算的监控力度大打折扣。

2. 预"钱"与预"事"脱节影响预算的时效性

当前预"钱"与预"事"脱节集中表现在：一是时间上脱节。部队上年11

月要编制下年度预算，而单位年度工作计划要到年底甚至下年初才能确定，年度工作计划与经费保障安排难以有效衔接，使预算安排的时效性和准确性大打折扣。二是预算要求与工作实际脱节。新的预算方法要求各单位把所有财力都纳入预算安排，而项目经费指标下达的时间比较晚，编制单位预算时缺少一大块经费，集中财力解决问题受到影响。同时，细化预算是预算编制改革的基本要求，但一些经费项目年初难以到位，执行批准的预算时难以准确把握。

3. 配套措施不完善，制约预算职能的进一步发挥

一是经费供应的标准化不完整。现阶段我军经费供应仍有相当一部分开支相对固定的项目经费没有纳入到标准化供应体系，实行的是"粗放式"管理，影响了预算效能的进一步发挥。二是财务法规制度改革滞后。预算编制改革后，军队一些重要财务法规如《预算科目规定》《预算经费管理规定》《会计规则》及《事业部门财务管理规定》等没有及时修订和完善，使预算管理缺少有效的法规依据。三是军队采购制度的改革有待深化。由于军队采购制度是新事物，目前，我军尚未形成统一高效的军队采购制度，采购规模小，透明度不高等问题比较突出。

三、深化预算编制改革的对策

1. 构建经费预算与事业任务的统筹安排机制

许多发达国家，一般提前一年向国会提交一个财年的军费预算，而我国的军费预算年末或年初才提交国家财政部门，每年3月人大会上才能真正确定下来。准确地说，不是预算时间超前了，而是工作任务计划滞后了。因此，应当构建"长远规划—近期计划—年度预算"相衔接的机制。从上到下提前规划、计划，明确什么时间干什么事，干多大的规模、分几个年度实施、达到什么标准，增强工作的计划性和科学性，使预算安排与事业任务紧密衔接。在财力范围内，聚集保障重点，保证重点建设项目按期投入，使部队建设持续、整体发展。减少临时动议、随机拍板而使部队建设计划和预算管理秩序紊乱的现象。

2. 明确预算主体与经费供应主体职责

首先要坚持党委领导下的财务管理制度，以保证军事指挥权与经费决策权相

统一。其次适应联勤保障的需要，按区域组织供应。应当明确：联勤系统的职责重在按标准按预算供应；各级部队的职责重在按级负责、按章办事，严格执行预算。与之相适应，各单位的预算只包括所属单位的经费量，并用相关管理系统，按建制和供应体系分离、提取数据。这样，表面上看，供与管是脱节的，但责任是明晰的。

3. 完善配套措施

首先，进一步扩大经费标准化供应的范围。一是进一步细化标准。从当前经费标准化来看，标准化程度虽然有了明显提高，但还没有达到预算改革要求细化到具体的开支内容，要按预算编制改革的要求，制订细化到每个具体项目的经费供应标准，使经费供应更加有据可行。二是继续扩大标准化供应范围。当前预算编制改革依然存在预算项目明细不够的问题，许多经费还没有供应标准，必须结合部队工作的实际需要，制订科学的经费供应标准，使经费供应标准向全方位扩展，把标准尽量明确到基层。三是处理好普遍与特殊的关系。处理好标准经费供应与预留经费的关系，充分考虑到单位的实际情况和标准是否可行。其次，进一步完善军队采购制度。一是完善军队采购预算约束机制。要把属于军队采购目录确定范围的所有采购行为纳入采购预算管理，将采购对象列入专门的细化预算，财务部门应自始至终参与采购活动，对采购预算的执行情况进行监督和控制。二是健全军队采购信息管理体系。健全采购信息管理系统要科学划分和细化军队采购品目录分类，要建立包括各类物资、工程、服务的价格、质量和性能等信息在内的产品信息库，为细化预算、加强管理提供依据。三是规范军队采购组织管理。要在明确采购机构职责，规范采购行为上下功夫，推行"阳光采购"。最后，修改完善财务法规制度。一方面，对现行的《预算经费管理规定》《事业部门财务管理规定》《会计规则》《预算科目规定》和各大单位制定的财务规章制度、有关经费决算的办法进行修订和完善。另一方面，研究制订《军队预算法》，把预算编制、调整、执行、法律责任和处置措施等通过法律形式确定下来，增强预算的约束力。

制度成本理论框架下我国国防科研投资体制浅析[①]

曹驭日　何正斌

新制度主义经济学的制度成本理论摒弃了制度是外生的、不重要的或者是中性的等新古典假设，引入了制度因素，包括人性、交易的特征、信息不对称及不完全合同等，开拓了一个崭新的经济学领域。制度成本理论认为制度是影响经济效率的一个重要内生变量，不同制度下，人们的交易方式和耗费资源数量不一样，资源配置效率也不同。制度在协调个人行动上起着关键作用。

一、理论内涵及其影响因素

制度成本就是协调运用经济资源制度安排的成本，是包括一切不直接发生在物质生产过程中的成本。制度成本主要是指在市场机制下，在以制度设计为起点，以制度实施为终点的整个制度运行过程中所发生的一切费用，是实现不同经济主体之间因发生经济联系而产生的成本，具有社会关系的意义。在这种情况下，制度成本一般分为两类，即交易双方为签订交易协议而付出的寻找成本、信息成本、谈判成本和用于防止违反契约或协议条款所花费的金钱、时间和精力等。

制度成本是由多种因素综合决定的。这些因素分为两类：一是涉及人类所具有的人性特点即人的要素，如有限理性和机会主义行为倾向；二是涉及有关市场的交易要素，比如交易次数和交易对手的数量等。据此，有限理性、机会主义行为、资产专用性是制度成本的主要影响因素。

---

① 本文原载于《装备指挥技术学院学报》2006 年第 5 期。

1. 有限理性

有限理性指人在知识、预见力、技能和时间上是有限的。在面对现实的复杂性和不确定性时，人们不可能在谈判或者签约阶段考虑到未来所有的可能事件。只有当人拥有充分信息、正确预期和无限理性时，决策结果才可能是唯一的。人虽然在主观上追求理性，但由于人的认知能力十分有限，掌握的信息量较小，因此只能在有限程度上做到这一点。因而，在信息不充分、错误预期和有限理性的情况下，未来结果就有多种可能。

2. 机会主义行为

机会主义行为是指在追求自身利益的过程中，具有投机取巧的行为倾向，由此给交易的另一方带来利益的损失。机会主义行为是经济交易不确定的重要来源。委托人或者代理人可能是不诚实的，可能掩盖偏好、歪曲信息、混淆是非等，欺诈性地追求自我利益，在行为过程中尽可能为己谋取利益。机会主义作为一种潜在的行为倾向，只要具备可能的条件，行为者就会把机会主义适时地转化为现实的行为，在交易过程中发生新的信息不确定性，增加了交易结果的不确定性。因此，机会主义是制度成本增加的极其重要的因素。

3. 资产专用性

资产专用性是指资本、知识和其他资源为支持某项特殊交易而进行的耐久性投资，资产专用性程度越高，在备选用途的范围内，可选择的使用者在不损失资产生产价值的情况下，资产可重新配置的程度越低。因此，这种专用性资产从特定资本品中转换出来的成本往往极其高昂。从而，交易双方的相关性就越高，相互依赖的程度越强，"锁住"现象更明显。因此，一旦交易的一方做出了资产专用性投资，交易双方的相对谈判地位就改变了。在交易的过程中，为抓住资产专用性投资带来的准租金，交易中的双方都可能会撕毁其隐性承诺，在协议条款上讨价还价。因此，对于一次具体的交易来说，如果资产专用性程度很高，那么初始的投标胜利者在完成交易之后的再次投标中，他就具有一定的成本优势（包括人力和物力），这就使得交易的另一方对其依赖程度越强，这种依赖性的加强将直接影响到交易双方的交易效率。

二、国防科研投资体制现状及问题

自 1998 年以来，传统的国防科研投资体制发生了较大的变化。在总装备部统一领导下，实行计划管理与合同管理相结合的分层次管理的管理体制。政府、军队和各科研单位在新的合同中重新定位，总装备部与军兵种和有关管理机构之间是计划管理的关系，军兵种和有关管理机构与国防科研单位之间是合同管理的关系。总装备部业务归口的军队装备使用部门与国防科工委归口管理的军工科研单位是需求和供应的关系，双方按照市场原则进行交易，需求方在市场中寻找科研单位，科研单位积极参与市场竞争。

这些改革使军队科研单位一味地依靠国家供给进行研究的局面得到了改善，军队能够根据自身需求提出装备要求；各科研单位之间的竞争也逐步开始，有实力的科研单位能打破条块分割而加入到国防项目的行列中来，保证了经费资源的集中调配和重点保障，避免了重复研究和浪费，使国防科研投资的运用效率大大提高。但其作为市场经济主体的程度还很小，国防科研投资的制度成本虽有所下降但下降幅度不大。具体表现为以下几个方面。

1. 成本外部化导致制度成本高

国防科研投资成本外部化是指国防科研单位在从事国防科研投资项目的研发时，利用军队资源（包括科技人员、基本设施等）来研发地方产品或者创办公司，使本单位和个人受益，而使国家利益蒙受损失。对于科研单位自身而言，地方产品的研发利润远远大于国防产品的研发利润。某些国防科研单位在强烈的逐利冲动下，国防科研资产成了不需花费代价的个人获利的资本，使得经济活动中的成本很大程度上外部化。

然而，地方产品研制过程中的成本（包括科研人员的工资福利待遇以及基本设施等），却由军队统一发放和投资。因此，科研单位在研发产品时，不必给研发人员再发放工资，也不必再对一些基本设施投资，以上行为使得国家虽然承担科研单位这些成本，却无法得到相应的收益。由于约束制度的薄弱，使得成本与收益之间的联系非常松懈。因此对于科研单位来说，对应于其额外获得的收益的成本就是外部成本，应该内部化的成本被外部化了。

2. 行为双方的地位不平等导致"寻租"成本高

以总装为代表的科研需求方与以科研单位为代表的科研供给方之间的交易地

位存在明显不平等，双方是行政隶属关系。国防科研重点项目，不论大小，主要由主管部门在所属单位内以行政与计划手段安排，以总装为代表的科研投资方在交易过程中占据一定的主动权，而科研单位在交易过程中则较为被动。因此，行为双方地位的不平等使得国防科研投资过程存在一定的寻租空间。一些科研单位认为虽然通过提高本单位自身技术能力和水平，能改善本单位的经济效益，但还要参与和其他科研单位的竞争，而竞争结果又是不确定的，经济利益也只是潜在的，"保存"在上级主管部门那里的租金则是现实的，只要争取，就很快见效，并且能为以后提供长久支持。国防科研投资中这种交易双方不平等的特殊机制，极易导致国防科研投资过程中的不公平现象。因此，"寻租"行为这种非生产性活动，一方面将会导致大量国防经费的浪费；另一方面导致有限的国防资源并未被用于高质、高效、能带来最大效益的项目上，从而使交易成本大大增加。

3. 信息不对称导致额外成本多

目前，我国国防科研单位基本上还是附属于国家的科研机构，科研任务主要由国家配给，因此，一些科研单位特别是实际研发能力低的科研单位，为了自己的利益，不积极地提供自己真实的科研能力。并且，国防科研属于高技术含量的科研活动，国防科研交易的价值在于其内涵信息，作为科研供给方的科研单位在交易过程中不可能将技术的内含信息全部披露。在信息不对称的条件下，投资方不知道科研单位的实际研发能力和他们在科研过程中的努力程度，在不知道技术的全部内含信息时，很难充分肯定它的价值。因此，交易双方的信息不对称使得国防科研投资方获得信息的准确度相当低，从而影响了投资方在众多的科研单位中对最优的投资对象做出的选择和判断。然而，科研单位从自身利益的最大化出发，存在一定的机会主义行为，而这种机会主义行为将会直接影响到国防科研投资产品的进度和质量，使得"钓鱼工程"现象严重，从而增加了国防科研最终交易成果的不确定性，进而增加了履约风险，直接导致了额外成本增多，降低了国防科研投资的运用效率。

4. 军事保密性导致信息成本和执行成本高

以信息技术为核心的新军事变革的蓬勃兴起，在使信息传递速度大为提高的同时，不可避免地导致了军事信息泄密的隐患和漏洞也大为增加。由于国防科研项目关系到国防安全，科研项目的泄密可能对国家的安全造成直接危害，各国都加大了对国防科研项目的保密力度。因此，军事保密费占国防科研费用的比例也相当大。一些新型尖端武器的研制，其保密要求更高。这些科研合同在签订前的正式招标或计划洽谈时就有范围限制。而且在合同签订后，军方保密机关要对准许接触这些密级材料的个人和机构进行登记，其中极其秘密的还受国家有关保密机关的管理和监督。因此，军队的信息安全保密工作，在对外取得很好防范作用的同时，也增加了军内人员获取信息的难度，导致了国防科研投资中获取信息成本和保证项目顺利执行成本增加，从而增加了国防科研投资的交易成本。

5. 资产专用性强导致制度成本高

在现行的国防科研投资体制中，项目合同书里规定，针对当时所签的项目必须购买一些相应的仪器设备，这些仪器设备的资产专用性程度一般比民用产品投资要高，这使得国防科研中专用性资产更容易出现被"锁定"的现象，专用性资产在移作他用时资产的价值损失更多。再者，我国的海、陆、空三军在职能上基本上是相互独立的，按照不同的军种需求进行分块管理。它们之间专用性资产的重复配置，也会导致资源配置的无效性。对于专用性资产的投资一般由总装备部将购买所需经费划拨给科研单位，再由科研单位进行购置。由于国防科研专用性资产是投资方事先对国防科研单位进行的投资，由此导致了一种现象：国防科研单位没有积极性来提高专用性资产的利用率。另外，一旦国防科研投资部门对专用性资产做出了投资，将不可避免地导致国防科研投资方对科研单位具有很强的依赖性。假设科研单位采用机会主义行为，国防科研合同就可能中途停止，最终造成专用性资产利用效率低下，给投资方带来较高的交易成本，降低了经济效率。因此，国防科研投资过程中的高资产专用性使得国防科研投资的制度成本相当高。

三、结 论

在一般的市场交易过程中，交易双方都为交易付出成本，并且当买方市场较小或者买方数量较小时，卖方要承担很大一部分交易成本。与此相反，在我国现行的国防科研投资中，尽管买方市场或者购买者（总装备部）在交易中占据主动地位，然而绝大部分的交易成本却由总装备部承担。或者说，这与只有在买方市场里由卖方承担大部分交易成本的现象大相径庭。我国国防科研资金非常有限，每年用于国防科研的资金仅占国防费的3%左右，迫切需要提高有限的国防科研投资资金的效率，必须要减少制度成本。笔者认为可从以下几方面着手：

1. 实现成本内部化，加强对外部成本的控制

首先，科研单位在保证高质量完成国防科研投资方的科研投资项目的基础上

才能对地方产品进行研制，并把地方产品成本纳入地方产品的研制成本中去，直接反映地方产品的价值。其次，对国防科研投资过程中的成本外部化现象进行严格的外部约束、管理、监督和处罚。特别是在合约签订时，要明确规定科研单位的责任、权利和收益，实施严格监督，并对违反者给予严厉处罚。只有当成本外部化对科研单位或者个人无利可图或者可能导致其负收益时，才能充分提高国防科研投资的配置效率，从根本上抑制成本外部化的出现。

2. 完善法律法规，明确各部门的权力范围

要杜绝"寻租"等现象，必须在相应的领域里建立、完善和更新法律法规体系，增强国防科研管理部门的法律法规意识，明确各机构各部门的权力范围，各自在自己的权力范围内依法进行科研管理，这样才能充分发挥法律法规在国防科研管理方面上的监督作用。同时，权力的互相制衡和监督也有利于保证国防科研投资过程的客观公正，更好地减少可能出现的腐败和合谋现象。

3. 建立良性的投标竞争机制

据估算，国防科研投资中如有足够数量的竞争者参与，仅生产费用就可节约50%～70%，因此，在国防科研投资过程中引入投标竞争机制，对于降低投资的制度成本具有相当重要的意义。在科研投资过程中实行招标制度，能够发挥信息揭示和传播功能，可以有效减少信息不对称程度。在招标方式下，投标方直接处于众多对手的激烈竞争中，并且由于实行一次性报价，投标方的任何虚假信息都有可能丧失交易机会；使得众多的投标科研单位在竞标中市场化的成分增大，中标的风险加大，中标概率下降，成本低、效益高的优质科研单位就会在投标中脱颖而出。

4. 建立信息网络中心，减少信息搜寻渠道

在交易费用的市场化中，理顺交易信息搜集的渠道，培育众多的交易主体是提高投资效率的有效途径，并通过充分利用市场竞争，达到淘汰交易费用高和费用不确定的交易方式、交易对象。我们认为，可建立一个军内信息搜集网络中心，实现信息共享，以保证交易双方都能及时得到国防科研投资供需情况的准确信息，最终降低交易成本。一方面，各科研单位主动向总装备部传递本单位的信息，包括技术力量、科研能力等。另一方面，通过网络中心总装备部能有效地主动搜集信息，比较容易了解到各科研单位的实际情况和交易条件（包括价格及预期科研成果）等，为国防科研投资提供经验，同时还可以通过网络中心向各科研单位发布科研投资的信息，包括价格、质量要求及技术水平等。这样，有助于减

少交易双方的信息不对称程度，从而不断修正对对方的认识，形成一体化的信息传递和信息处理体系，这些信息能够使双方在较短时间内找到交易条件相配的交易对手，并通过简单的谈判达成协议，从而可以节省交易双方的搜索费用，大幅度降低交易成本。

5. 利用"声誉效应"，提高资产利用率

声誉是一方参与人对另一方参与人是何种类型的一种认知，且这种认知不断被更新并包含两者间重复博弈所传递的信息。"声誉效应"实际上是一种隐性契约，通过激发交易主体之间的信任关系来抑制机会主义行为，从而保障合同自动实施，降低交易成本。对于国防科研投资部门对专用性资产的投资，不只是满足当前交易的需要，而是基于对未来长期交易的预期。然而，这又必须以科研单位最大限度提高科研效率和保证科研质量为前提。因此，可通过利用"声誉效应"来提高国防科研单位的资产利用率。因为科研单位的任何行为都取决于他们的预期收益与成本之比，如果科研单位在科研过程中利用国防科研投资部门对专用性资产的投资而采取机会主义行为时，则它必定会以丧失未来收益为代价，声誉遭受损失。因此，科研单位出于声誉以及对未来收益的考虑，就会放弃机会主义行为，采取合作行为。通过提高自身的科研水平和科研效率来实现双方的长期合作，从而提高了专用性资产的利用率，这样双方交易的总成本也就减少了。

参考文献

[1] 迪屈奇·M. 交易成本经济学 [M]. 北京：经济科学出版社，2000.

[2] 魏刚. 武器装备采办合同理论研究与实证分析 [M]. 北京：国防大学出版社，2003.

[3] 埃瑞克·G. F. ，鲁道夫·R. 新制度经济学 [M]. 上海：上海财经大学出版社，1998.

军队预算的新制度经济学分析①

赵宪武　谢玉科

以科斯（Ronald H. Coase）、威廉姆森（Oliver E. Williamson）和诺斯（Douglass C. North）等人为代表提出的新制度经济学，在经济学领域掀起了一场革命，它拓展了经济学的研究范围，将制度作为其主要研究对象，试图运用主流经济学分析方法去解释制度的构成和运行，并探寻制度因素在经济体系运行中的地位和作用。由于该理论弥补了传统经济学的某些缺陷和不足，重新确立了经济理论的研究视角，从而在经济学界产生了重要的影响。目前，新制度经济学的制度分析已经扩展到市场、企业和政府部门等众多领域。本文主要分析新制度经济学中的产权理论、委托—代理理论和交易费用理论在军队预算中的运用。

一、产权理论与军队预算

产权理论是新制度经济学的核心理论之一，它主要研究市场经济条件下产权的界定和交易问题，具体地讲，就是研究产权的内容如何以特定的和可以预期的方式来影响资源的配置和使用。根据产权理论，人类社会发展历史中，产权与行政权是一直存在的两种交替发挥作用的权力。产权产生于经济市场，根源于社会财富的生产分配过程；行政权产生于政治市场，是由政府职能的存在而产生的一种权力。当一个社会的资源配置是由产权决定的时候，就会形成一种"寻利"的社会；当一个社会的资源配置是由行政权决定的时候，就会形成一种"寻租"的社会。如果在一个社会中，产权规则不能成为社会的基本规则，而行政权能够决定资源配置，那么这种社会就很容易变成寻租社会。当一个社会产权失灵的时

---

① 本文原载于《军事经济研究》2006 年第 10 期。

候，人们就会去追求租金的最大化而不是利润最大化，产权失灵所留下来的权利真空就会被行政权所填补。

军队预算是政府以行政权取得收入并由军队再进行资源配置的过程，而行政权决定资源的配置往往容易导致寻租行为。因此，在军队预算管理过程中，要有效抑制寻租行为的发生，就必须把军队的预算权力的行使限制在一定的范围内，而根据产权理论，限制军队预算权力的一种有效方法就是对产权进行清晰的界定，明晰化的产权是约束预算参与者行为的重要途径，明晰化的产权会自动使寻租最大化向寻利最大化转变。然而，目前的现实情况是，就军队预算而言，军队获得并配置的资源是属公共资产，产权并不明晰。产权理论认为，产权的模糊有两种类型：一是产权归属关系不清；二是财产在配置和使用过程中，权利归属不清。根据该观点军队公共资源的产权模糊属于第二种类型，之所以不属于第一种类型，是因为我国法律明确规定，国有资产的最终所有者是全社会公众，其所有者是明确的，只是不是唯一的。由此不难得出，要克服军队预算的寻租倾向，重点要解决第二类型的产权模糊问题，即尽可能地清晰化军队资源配置和使用过程中的军队各部门及个人的权利关系。

二、委托—代理理论与军队预算

委托—代理理论中，委托—代理关系被视为一种契约。在这种契约下，一个或一些人（委托人）授权另一个或另一些人（代理人）为他们权益而从事某些活动，这其中也包括授予代理人某些决策权力。委托—代理关系在现实经济生活中普遍存在。由于委托人和代理人之间存在明显的信息不对称，从而不可避免地会产生"逆向选择"和"道德风险"等问题。委托—代理理论研究的重点就在于探讨如何对代理人的行为予以激励与监控，设计出委托人与代理人之间的最优契约关系。大量研究表明，解决委托—代理问题的总体思路有两条：一是设计激励机制，二是建立监督机制。委托—代理理论在对现代企业组织结构中的委托—代理关系进行分析后发现，由于监督成本过高，以至于不可能对代理人实现有效的监督，但可以运用"激励兼容"机制，使得股东与经理人的利益一致，在实现经理人自身目标的同时，保证委托人的利益最大化，从而解决股东（委托人）和经理（代理人）之间存在的委托—代理关系问题。

军队预算在组织结构上也体现为一系列的委托—代理关系。在市场经济条件下，军队承担着为公众提供国防安全这一公共产品的职能。军队提供上述安全产品，本质上是社会公众委托军队来提供私人部门无法通过市场配置而实现的有效供给。因此，军队实际上是一个国家或社会的代理机构，承担着一种公共受托的责任，亦即提供国防安全，同时，公民需要缴纳各种赋税作为军费的来源，以此来弥补国家安全产品的成本。这样，军队预算就体现为公民、政府、军队和军队内部就军费流动的范围和方向所形成的一种委托—代理关系。但是，与私人部门中委托—代理关系相比，军队预算委托—代理关系有其特殊性。

军队预算所体现出来的是一种多层次的委托—代理关系。军队预算是通过军队预算组织体系来实现，而军队预算体系是由多层次、多种类的委托—代理—关系组成的。作为军队预算初始委托人的社会公众通过国家立法机构（全国人民代表大会）将社会安全事务委托给政府来代理，政府又将社会安全事务委托给军队及各级机构来具体执行，由此形成了社会公众对立法机构、立法机构对政府、政府对军队、军队上级机关对下级机关、机关对所属的具体作战单位和人员的多级委托—代理关系。在长长的委托—代理关系链中，由于委托人与代理人之间存在信息不对称、利益不完全一致和权力不匹配，很容易产生预算资金管理、使用中的代理人问题。

军队预算委托—代理关系中存在着"所有者虚位"和"激励不足"等问题。私人部门的委托—代理关系存在着一个实质上的所有者，这个所有者有意愿且有能力激励和约束代理人，以防止自身权益受到损害。而军队预算体系的委托—代理关系中，最终的所有者是社会公众，而社会公众作为真正的所有者只能是一个抽象的存在，没有任何个人可以自由支配和使用军队的资源和资产，因此，军队预算的委托—代理关系中存在着所有者"虚位"的问题，这在很大程度上削弱了激励的内在动力。同时，由于国防安全产品作为公共产品，国家无法准确核算其价值，自然也就无法以此价值为基础来对军事部门代理人（军事人员）实施令人信服的激励，从而使得军队预算的代理者对激励的敏感性减弱，使激励机制的功效进一步弱化。

上述分析表明，由于军队预算的委托—代理关系激励功效不足，代理人（军队）偏离委托人（社会公众）目标的风险要远远大于私人部门如企业和市场契约的委托—代理风险。要有效地规避风险，在激励机制有限的情况下，应主要依靠建立和加强军队预算监督机制，才能最大限度地缓解社会公众、政府和军队及军队内部各级机构的信息不对称带来的"逆向选择"问题，从而将因代理人在军队预算决策过程中追求个人利益、部门利益行为造成的损失与危害降到最低程度，确保预算资源使用的真实性和合规性。

三、交易费用理论与军队预算

交易费用的思想最早来自科斯，他认为人们任何一项交易都必须付出一定的成本和代价，这个成本和代价便是交易费用。理解交易费用的概念关键在于理解"交易"的内涵。交易费用理论中的"交易"并不是仅指简单的商品交易，而是一般化的"交易"，一般化的"交易"是与正统经济学中一般化的"生产"概念相对应的。著名经济学家康芒斯曾对一般化的"生产"和"交易"有过精辟的论述："生产"活动是人对自然的活动，"交易"活动是人与人之间的活动，"生产"和"交易"活动共同构成了人类的全部经济活动。而且这种"交易"活动被康芒斯视为"制度"的基本单位，也就是说，"制度"的实际运转是由无数次"交易"构成的。

交易费用理论最初是用于解释私人部门中的组织形式，用来分析企业制度为何存在及其变迁的路径。但是，经过巴特尔、马俊、霍恩等多位学者的努力，交易费用理论开始用于公共部门的预算研究中，用来研究如何优化公共部门的预算体系及其预算体系的变迁路径是如何被决定的。由于军队预算过程是不同预算参与者政治经济利益的博弈焦点，军队预算的编制、审议通过、执行和监督等各个环节都充斥着交易行为以及由此产生的交易费用，预算过程中同样充满着机会主义行为、不确定性和信息不对称等现象，所以，交易费用理论非常容易被引入到军队预算研究中。从交易费用理论角度看，军队预算存在交易费用有以下几方面原因：

1. 预算参与者的有限理性

根据交易费用理论，以完全理性行为假设为基础的预算模式只能是理想化的模型，现实中是不存在的，实际上的预算参与者都是有限理性的。比如，军队预算的决策者就是有限理性的，由于信息的不完全性，他无法对军队预算所有的收入和支出作出全面的考虑，因此，他会运用简化的预算规则来进行预算决策，其中最主要的就是仅仅考虑上一财政年度和本财政年度预算建议之间的差别，然后通过差别的分析作出自己的初步决定。有限理性的存在使得军队预算决策的管理交易不可能实现最优，只能达到次优甚至是不优的状态，最优状态降至次优或不优状态所增加的成本支付便构成军队预算的交易费用。

2. 预算参与者的机会主义倾向

所谓机会主义倾向主要指人对自我利益的考虑和追求，意思是，人具有随机应变、投机取巧、为自己谋取更大利益的行为倾向，它所描述的就是人具有追求利润的利己主义本性。机会主义倾向之所以会带来交易费用，是因为它影响了交易的效率。在市场上交易双方不但要保护自己的利益，而且还要提防对方的机会主义行为。每一方都不知道对方是否诚实，都不敢轻率地在对方提供的信息基础上作决定，机会主义的存在使交易费用增加。在军队预算过程中存在的机会主义行为主要包括立法者的预算机会主义和军队内部预算者的机会主义。前者被称为"立法偏差"，后者被称为"官僚偏差"。这些预算机会主义最终都会增加军队预算的交易费用。

3. 资产专用性

资产专用性是指人力资产或实物资产在一定程度上被锁定而投入某一交易关系中。资产专用性在军队预算中就意味着历史预算的惯性存在，且这种存在影响着本年度预算的交易效率。军队预算的资产专用性具体包括：一是政治资产。如果一个政党在一个特定的政策上投入了很多，该政党将成为此项政策的坚定支持者。二是经济投资。如果过去在某一特定的军事项目投入了大量资金，那么，从国家角度看，预算决策者会倾向于对该项目继续提供资金。三是军队发展规划。军队发展规划将会使军队受制于某种政策或项目，这将对未来预算产生影响。四是项目或组织的专用人力资本。对于特定的工作或是机构，所需要的人力资本也是特定的，如果某一军事机构的人力资本具有机构专用性，那么他们就很可能采取各种措施来维持该机构预算的稳定性。

有限理性、机会主义倾向和资产专用性等因素带来了军队预算过程中大量的交易费用。根据交易费用理论，当交易费用为正时，制度便会产生和起作用，因为有效的制度能降低交易中的不确定性、抑制人的机会主义行为倾向，从而降低交易费用。因此，在军队预算的规范研究中，我们可以运用交易理论来对军队预算过程和预算结果进行评判和比较分析，可以用交易费用作为衡量标准，来审视军队预算内部组织制度安排的合理性，以寻求更有效的预算组织结构设计方案。当一种预算制度规则无法有效控制预算参与者的机会主义行为时，就需要依照一定的路径进行预算制度变迁或创新，用新的制度规范军队预算行为，提高军队预算效率。不过，需要指出的是，军队作为一个武装集团，它事关国家政权的稳定，交易的经济效率并不是其追求的唯一目标，军队的某些预算功能更重视的是政治效率、军事效率和社会公平。这就是军队某些预算制度虽然增加了交易费用，但还要继续使用的原因。

参考文献

［1］詹纪木．军队预算管理［M］．北京：海潮出版社，2002.

［2］卢现祥．西方新制度经济学［M］．北京：中国发展出版社，1996.

战争对投资影响的理论
分析与量化评估研究[①]

张　霖　周建设

战争是政治的继续，但战争爆发的根源以及战争胜负的根源却只能到经济领域去寻找。从这个意义上说，战争本身就是一种经济活动，战争配置经济资源，并制约着经济的走向和发展。同时，军事资源的配置影响战争结果，这也正是拿破仑为什么认为战争就是"钱，钱，钱"的原因。战争对经济的影响是深远的。特别是现代战争"高消耗"的特点，对经济实力的要求很高，其破坏性是巨大而深远的。把握战争经济规律，是我们取得战争和经济双赢的保障。所以研究战争与经济问题有重大意义，尤其是研究战争对经济的影响，可以使我们对战争与经济的相互作用关系有更为深刻的认识。研究战争对投资的影响，是研究战争对经济影响的重要组成部分。本文拟从成本角度，以理论分析和量化评估相结合的方式，对战争投资的影响展开研究。

一、文献综述

战争对经济的影响一直很受学术界的关注，很多学者从不同的视角去研究这个问题，近些年在战争成本的研究领域里成果颇多。清华大学经济管理学院课题组（2001）从静态角度对我国"九五"期间国民经济对战争的承受能力进行了研究；美国经济学家对伊拉克战争成本问题进行了深入研究。著名经济学家 William D. Nordhaus 等（2002）发表的"War with Iraq：Costs，Consequences and Alternatives"对可能发生的伊拉克战争成本进行了预测分析。但目前专门分析战争

---

①　本文原载于《军事经济研究》2007 年第 1 期。

对投资影响方面的文献并不多见，主要是因为对战争成本的界定和分类存在分歧。黄瑞新（2001）将战争经济成本分为直接成本和间接成本，这种直接成本和间接成本的分法做定性分析是比较好的分析框架，但是量化评估战争的经济成本就显得比较困难。李刚（2002）认为，现代战争的经济成本是国家为应对战争而支付的经济成本。为便于表述和理解，他将战争经济成本等同于战争耗损，并试图从经济学角度定量描述战争耗损。战争耗损是战时（某一年）用于战争的投入性消耗与当年因战争造成的经济损失之和。这一界定为量化分析战争经济成本提供了一个较好的平台。

从成本角度看，投资作为社会经济发展的重要组成部分，战争对其造成的影响从而引起的国民总收入损失也构成战争成本的重要组成部分。分析战争对投资的影响并建立量化分析平台，将有助于综合评估战争成本，对战争与经济的研究有重要意义。

二、战争对投资影响的理论分析

战争对投资的影响从而造成的经济成本应该算在间接成本中。杜为公（2003）认为，战争经济损失是对战争给经济增长和发展所造成的危害和破坏程度的度量，可分为直接经济损失和间接经济损失。间接经济损失表现为企业或产业部门因战争造成的社会生产的下降程度，主要包括停减产损失和关联产业损失，可用战争当年的国内生产总值的下降程度来衡量。他将战争对投资方面影响造成的经济损失概括为以下两点：一是投资溢价损失，主要指各级政府、有关企业以及个人将原本用于生产性的投资因战争而改变、挪用或放弃所引起的效益缺失；二是对国内投资特别是外商投资活动形成冲击而导致的损失。

事实上，战争对投资的影响从战前、战时到战后始终存在（见图 1）。战争前夕，一方面，国内政治环境恶化，对投资环境形成压力。另一方面，战争的不确定性就像悬在投资者头上的一把剑，这种压力会打击投资者的信心，使投资受到抑制。另外，投资者们追求的是投资回报，在一场可预期的战争面前他们不会投入更多的精力，也就是说战争爆发的可能性越大，对投资的抑制作用也越明显，这势必对经济发展造成影响。如果这种状态持续下去，对国民经济的发展是极为不利的。一旦战争爆发，必然会使政府、企业挪用生产性投资转而保障军事投入；同时，战争造成国内投资环境恶化，进而引起企业家投资热情下降，行业不景气，也会对外商投资活动形成冲击。战后国内经济逐渐复苏，投资水平也会逐渐恢复正常,而战后经济复苏期的投资活动实际上是战后重建费用的一部分。这一时期投资所带来的经济增长可能无法弥补战争所带来的经济损失。假设战争没有发生,经济正常发展时投资活动所带来的经济增长和经济复苏期的投资活动所带来的经济增长之差,反映了战后重建费用的一部分,同时也可以理解为由于战争而引起的投资活动在战后的机会成本。

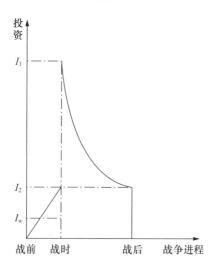

图 1　战争对投资的影响

从另一个角度来看,战争对投资既有短期影响,也有长期影响。战争爆发前,战争爆发的不确定性可能导致战争对投资形成长期影响,人们不确定战争将何时爆发,悬在头上的这把剑使投资者放弃盈利机会,以避免损失,这在外来投资者里表现得更明显,他们在做投资决策时会考虑到其中的政治风险。另外,人们也许会对战争的这种不确定性形成心理预期,在战争爆发前,他们可能会改变以往做法,继续投资,甚至扩大投资,有些投资者会认为其他投资者的信心不足,是他们获取利益的绝好机会。当然,战争爆发会引起社会投资在短期内急剧下降,政府首先会加大军事投入力度,并且动员一部分民间投资转向军事投入,而相当一部分民间投资也会选择放弃生产性投资。现代战争"高消耗、短时间"的特点,使这种状况不会持续太久。但这并不能消除战争对经济造成的长期影响。战争结束后需要收拾战争残局,投资的恢复极有可能是"井喷式"的,战后投资迅速反弹然后逐渐恢复正常,但是从战争爆发到投资环境改善、经济复苏需要相当长一段时间,战争对投资的影响会持续到经济复苏前。现代战争的严重破坏性使得投资对战后重建起了重要的支撑作用,这也正是我们从长远来看时,战争对投资影响所造成的巨大经济损失。

三、战争对投资影响的量化评估模型构建

战争对投资的影响所造成的经济损失，可用战争引起投资增量的变化进而引起国内生产总值的增量发生的变化程度来衡量。根据前文战争对投资影响的理论分析可以看出，战争会从三个方面引起投资增量发生变化：一是战争爆发前对投资增量的不确定性影响，二是战争爆发时对投资增量的短期影响，三是战争结束后对投资增量的长期影响。相应地，国内生产总值的增量将发生变化，下面将建构模型对其进行量化评估。

由于战争爆发前对投资增量的影响具有很大的不确定性，因此很难对其进行准确量化。同时，现代战争一般具有突然性的特点，这意味着战争将会在投资者毫无预期和准备的情况下爆发，战争打响与否并不影响战前投资增量。另外，投资者的风险偏好相对于战争爆发的突然性也显得毫无意义，战争的突然爆发制约了风险偏好的投资者把握投资机会的能力。这样一来，战争爆发前对投资增量的影响就可以不作考虑。

1. 战争爆发时对投资增量的短期影响

战争爆发会影响外来投资，国内投资中会有一部分转移到军事投入中，有一部分外逃至国外，还有一部分选择放弃任何投资。由于国内投资情况复杂，不能对其具体的每一部分准确量化，但战时对总的投资增量的影响是可以量化评估的。如果计算结果为负值，则表示收益。

战争期间，国民经济一方面要保障国防支出，另一方面要承受战争造成的经济损失。因此，战争爆发后，政府、企业、居民将投资与消费的一部分转移到国防支出，引起社会投资额的下降，设战争当年 GDP_w 相对于战争前一年 GDP_0 的比重为 $\eta = \dfrac{GDP_w}{GDP_0}$，则有：

$$GDP_0 = C_0 + (G_0^m + G_0^j) + (I_0^m + I_0^j) + (X_0 - M_0) \tag{1}$$

$$GDP_w = C_w + (G_w^m + G_w^j) + (I_w^m + I_w^j) + (X^j - M^j) \tag{2}$$

其中，C 代表居民消费，G 代表政府采购支出，I 代表全社会投资总额，$X-M$ 代表进出口净值，G^m、I^m 代表民用支出，G^j、I^j 代表军事支出。

将等式（1）两边同时除以 GDP_0，可得：

$$1 = (c_0 + g_0^m + i_0^m) + (g_0^j + i_0^j) + (x_0 - m_0)$$

（其中第一项为战前民用支出占 GDP 的比率，第二项为军事支出占 GDP 的比率）

战争投入由居民、政府和企业共同承担，即居民、政府和企业将消费与投资中的一部分转移到国防支出，且贡献相同的比率，即 $\tau = \dfrac{C_w}{C_0} = \dfrac{G_w^m}{G_0^m} = \dfrac{I_w^m}{I_0^m}$，$\tau$ 的大小表征了战时国民经济非军事领域的萎缩程度。设 d_0 为战前初始年国防支出占 GDP 的比重，μ 为战时国防支出与战前国防支出的比率。

$$d_0 = \frac{(G_0^j + I_0^j)}{\text{GDP}_0}, \ \mu = \frac{(G_w^j + I_w^j)}{(G_0^j + I_0^j)}, \ \text{可得} \ \tau = \frac{\eta - \mu \cdot d_0 - \alpha}{C_0 + g_0^m + i_0^m}\Big(\alpha = \frac{X^j - M^j}{\text{GDP}_0}\Big) \quad (3)$$

而战时民用投资额为 $I_w^m = I_0^m \tau$，战时总投资为 $I_w = I_w^m + I_w^j = I_0^m \tau + I_w^j$，战争造成的投资增量为 $\Delta I = I_0^m(1 - \tau) + I_0^j - I_w^j$，由此造成的 GDP 下降量为：

$$\Delta G = \left[I_0^m(1 - \tau) + I_0^j - I_w^j \right] \cdot k_i \quad (4)$$

（其中 k_i 为该国投资乘数）即战时当期投资下降造成的 GDP 值下降，反映了战时对投资增量的短期影响所造成的经济损失。

2. 战争结束后对投资增量的长期影响

考虑到现代战争的特点是"高消耗、短时间"，如图 2 所示，战争的爆发短时间内引起当期投资急剧下降，同时从战争爆发到投资环境改善、经济复苏需要相当长一段时间，战争对投资的影响会持续到经济复苏前。设战后经济复苏是"井喷式"的，所以战后投资在一个比较高的起点开始，然后随着经济的复苏，逐渐恢复正常。这里引入学习曲线② （见图 2），则有 $d_I/I = -bd\sum g/\sum g$（g 表示 GDP），表示随着投资引起的累计 GDP 产值的增长，投资水平逐渐恢复正常，设 b 为学习指数（$0 < b < 1$），$c = \ln a$，c 为常数，所以有 $I = a\left(\sum g\right)^{-b}$。

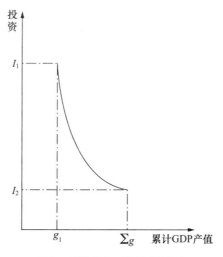

图 2　现代战争对投资的影响

图 1 中 I_w 表示因战争爆发骤减的投资额，战前之所以为直线，是基于现代战争突然性的特点，图 2 中 I_1、I_2 分别表示战争结束后的起始投资值和经济恢复后的正常投资值，并设定经济恢复后的正常投资值与战前初始年的投资值相同，g_1 表示战争结束后投资所引起的 GDP 起始产值，$\sum g$ 表示经济复苏到恢复正常投资所引起的 GDP 累计产值，根据历史数据可以确定 a、b 的值，可以算出：$\sum g = e^{(lna-lnI_2)/b}$。

设正常情况下投资年平均增长率为 λ，$\sum g_0$ 为正常情况下投资所引起的 GDP 累计产值，引入控制变量 t，用来表示战后经济复苏所用时长（单位为年），则有 $\sum g_0 = I_2 \cdot k_i \left[(\lambda + 1)^t - 1 \right] / \lambda$。所以，

$$\Delta g = \sum g_0 - \sum g = I_2 \cdot k_i [(\lambda + 1)^t - 1]/\lambda - e^{(lna-lnI_2)/b} \tag{5}$$

表示战后重建时相对于经济正常发展的经济损失。

综合战争对投资的长短期影响，由式（4）、式（5）可知，战争对投资影响进而造成的经济损失可以表示为：

$$\Delta GDP = \Delta G + \Delta g = \left[I_0^m (1 - \tau) + I_0^j - I_w^j \right] \cdot k_i + I_2 \cdot k_i [(\lambda + 1)^t - 1]/\lambda - e^{(lna-lnI_2)/b}$$

从上式可以看出，可控变量有 τ、$(I_0^j - I_w^j)$、t、b。ΔGDP 与 τ 成反向关系，与 $(I_0^j - I_w^j)$、t、b 成正向关系。从式（3）可以看出，τ 值与 η 值成正向关系，与 μ 值成反向关系。因此，要减小损失，一是增大 τ，即增大 η，减小 μ。η 反映了国民经济抗战争打击的能力，η 值越大，国民经济抗战争打击的能力越强，战时 GDP 损失就越小；μ 反映了战时国防支出与战前国防支出的比率，μ 值越小，民用经济在战时的萎缩程度越小，战时 GDP 损失就越小。二是缩小 $(I_0^j - I_w^j)$，战时与平时的军事投资要尽量缩小差额。一般情况下，战时军事投资要大于平时军事投资，所以 $(I_0^j - I_w^j)$ 值为负值，从 GDP 角度看，表面上产值有所增加，但实际上，军事投资中有相当一部分是非生产性的投资，这是值得我们注意的。三是尽量加快战后重建的同时，在和平时期就要培养经济受挫后快速恢复的能力。

通过分析我们看到，战争对投资的长、短期影响表现为引发投资增量发生变化，并由此造成间接经济损失。在对其进行量化评估后，可以通过控制变量的适当改变来减少该损失。此外，还可以得到如下结论和启示：

首先，要注重国防建设与经济建设协调发展。国民经济抗战争打击能力的提高有赖于战时国民经济产值。战时国防支出与平时国防支出越接近，民用经济在战时的萎缩程度也就越小。而战时国防支出与平时国防支出是否接近，受战争的规模和强度制约，同时也受总体经济实力的制约。因此，要搞好经济建设，只有经济上真正强大了，平时才能增加更多的国防投入，战时才能支撑战争需要。但

也绝不能忽略国防建设，平时忽略国防，战时就会损害经济，国防建设和经济建设要协调发展。

其次，要突出国防投资的战略地位。分析结果显示军事投资额在平时与战时的差额不能悬殊。这表明国防投资在平时的重要性，一方面国防投资对经济增长有贡献；另一方面，国防投资往往和民间投资有互动，特别是国防研发领域，对民用科研有先导和带动作用。

最后，战后重建费用在很大程度上取决于战后重建效益，这是由战后重建时长和投资的学习指数决定的，学习指数反映了经济复苏能力，减小学习指数，有利于经济的快速复苏。因此，平时经济建设过程中要考虑到经济的复苏需要。

注释：

①本研究受国防科技大学研究生学术交流工程专项经费资助。项目名称为"战争成本分析与作战时机选择的建模仿真"。

②学习曲线又名经验曲线，反映累计产量的变化对单位成本的影响，此处设投资引起的累计 GDP 产值与投资保持一定的比例。

参考文献

［1］姜鲁鸣.中国国防经济 2005 ［M］.北京：中国财政经济出版社，2006 年版.

［2］黄瑞新，蔡汉波.战争成本收益论 ［J］.军事经济学院学报 2001 年（2）.

［3］李刚.战争耗损与国民经济承受能力的动态分析 ［J］.中国国防经济，2002 年（2）.

［4］杜为公、刘义银、李学武.西方战争经济损失评估研究综述 ［M］.军事经济研究，2003 年（8）.

［5］杨玉凤、吴秀芹、卜华.学习曲线在成本预测中的应用 ［J］.淮海工学院学报，2000 年（9）.

［6］Hartley, K. The Costs of War ［J］. RUSI Journal，2002（9）.

［7］Alan Mitchell. War：The Long and the Short of It ［J］. Australian Financial Review，2003（2）.

军费关联视角下的我国周边安全研究①

曾 立 朱 博 张允壮 胡庆元

21 世纪以来，主要国家不断增加军费，给我国的安全形势带来了严峻挑战。本文从军费关联的角度，通过建立我国军事需求的局部均衡经验模型，考察周边国家军费增长对我国安全的影响效应。

一、相关理论及文献综述

关于我国周边安全形势的研究，大都从国际关系和战略研究的角度进行定性分析。吴仲柱（2004）认为，地缘政策是一国外交战略的有机组成部分，我国地缘条件的客观复杂性与先天不足，使我国现代化建设面临的周边态势不容乐观。他认为，稳健的地缘战略应以区域安全合作机制为支柱，立足本地区，巩固发展与东南亚和中亚诸国的睦邻友好；正确处理中美合作与斗争，灵活应对并制衡美国的霸权压迫。罗会钧（2005）认为，我国作为一个邻国众多的国家，需要优先考虑的问题是如何营造良好的周边安全环境。冷战结束后，我国周边安全环境发生了深刻而复杂的变化，机遇与挑战并存，为进一步改善我国的周边安全环境，应该采取以下战略性对策：坚持睦邻友好政策；倡导多边主义，加强区域合作；建立共同安全的新安全观；改善中美关系；走和平崛起的发展道路；等等。江山（2005）分别就美国、日本、俄罗斯、印度、巴基斯坦、澳大利亚和我国台湾地区对 2005 年亚太地区军费走势进行了分析。他指出，20 世纪 90 年代初，随着冷战的结束，世界范围内出现了裁军与和平的良好势头，各国军费逐年递减，但自 1997 年开始，以美国为首的西方大国开始率先提高军费，"9·11"事件使这一

---

① 本文原载于《军事经济研究》2007 年第 5 期。

趋势迅速加剧。随着国际安全环境的变化以及国际反恐斗争的加剧，近几年来世界上年均发生局部战争 100 余场，包括恐怖活动在内的非传统安全威胁因素也逐渐增多，各国所面临的威胁以及其对威胁的理解正发生着变化，这一切导致各国军费开支的不断攀升。与此同时，世界各主要国家正在紧锣密鼓地推进新军事变革，军队发展由人力密集型向技术密集型转变，这也拉动了军费的增长。德国"波恩国际转换中心"发表的一份研究报告指出：全球范围内增加军费的新一轮竞赛已全面展开，若按目前的趋势发展下去，世界范围内的军事支出将很快达到冷战时的高峰水平。

关于军费与国家关系关联性的研究，国防经济学中的联盟经济学理论对其也有研究。卢周来（2002）在《剑与犁——当代国防经济的理论与实践》一书中，以澳大利亚 1961 ~ 1979 年的军费开支为例进行了分析。澳大利亚是澳新美联盟中的一员，美国以及新西兰的军费开支溢出是澳大利亚的潜在资源，同时因为澳大利亚又是英联邦中的一员，因此，英国的军费开支也对澳大利亚产生溢出。除此之外澳大利亚还可以享受来自北约的防务溢出，因为澳大利亚的主要盟友都是这个军事组织的成员。通过确定溢出的模式，可以找出北约、美国、英国对澳大利亚的溢出大小，从而推断它们之间对国家安全的战略考量。卢周来利用溢出变量向量表示美英以及北约其他盟国实际军费开支的迟滞，使用最小二乘法计算澳大利亚的军费开支需求。回归结果显示：北约的溢出无关紧要，澳大利亚的军事需求对于其自身 GDP、美国以及英国的溢出反应为正，而且非常明显。美国溢出与英国溢出在系数上存在较大差异，表明溢出不是附加的。而且，溢出项的正系数表示澳大利亚的防务努力与其盟友之间存在着补足性。军事需求的溢出正负大小，从另一个角度说明了两个国家间的战略关系。本文将从我国军事需求的局部均衡角度，通过对军费关联的分析，研究我国周边安全形势的现状。

二、模型构建

研究一国军事需求的局部均衡，可以使用单一方程来计算需求。当把一国放在整个世界安全或周边安全的角度考量时，局部均衡的分析非常适合。在这种情况下，友好国家的溢出水平以及敌手（或不友好国家）的军费开支可以看作外生变量，在一个一般函数形式中，对军费开支（ME）的计算方程可以表述如下：

$$ME = ME(INCOME，SPILL，THREAT，PRICES)$$

在此方程中，ME 表示由实际军费开支水平构成，而不是由人均军费开支或国内生产总值中军费开支的负担构成；*INCOME* 表示对一国收入的测度，比如国内生产总值；*SPILL* 表示友好国家的实际军费开支，*THREAT* 表示敌手的军费开支；*PRICES* 表示防务产品相对于非防务产品的相对价格。

从上述计算公式看出，决定一国军费开支水平的因素及相互关系分别有：

一是防务主体的收入水平。一国收入是决定军费开支的至关重要的因素，当 GDP 上升时，一国就拥有更多的资源与手段来加强自我保护。因此，可以做如下假定：军费开支与 GDP 具有正相关关系，防务产品作为一种公共产品，其需求随着收入的上升而上升。二是溢出。即友好国家防务开支对该防务主体的影响。在使用时间序列数据时，溢出往往迟滞一年。溢出既可以表示友好国家的军事开支总量，也可以表示其他友好国家的军费开支水平的一个向量。溢出的不同反映不同的国家关系或者总体关系。三是威胁。通常由非友好国家的实际防务开支表示。如果超过一个敌手，那么必须将所有敌手的防务花费加总。而且，一般情况下，对手的军费开支也必须有一个迟滞系数。四是军事行为的价格。因为各防务主体没有专门的军事活动的价格指数，因此很难找到关于军事行为价格方面的数据。因而，通常都假定军事行为的价格有与非防务行为一样的通货膨胀率，这样，价格因素就可以从方程中脱离开来。五是结构性变化。比如平战转换的问题，战时和平时的军事开支肯定具有较大差距，为消除这种结构性原因造成的偏离，可以在方程中引进虚拟变量。

本文研究的是我国军事需求的局部均衡，因此，使用时间序列数据进行计算。本文假设俄罗斯和巴基斯坦军费对我国军事开支需求存在着溢出，而日本、印度的军费开支对我们存在着威胁。根据上述一般性函数和分析，本文建立我国军事需求局部均衡的线性模型，表示如下：

$$CHINAME_t = C + \alpha_1 CHINAGDP_t + \alpha_2 CHINAME_{t-1} + \alpha_3 RUSSIAME_{t-1} + \alpha_3 SUM1_{t-1} + \alpha_4 SUM2_{t-1} + \mu$$

其中，变量的下角表示时间期间，*C* 表示一个常数，表示需要计算的系数，为一个随机误差项。*CHINAME* 表示我国军费开支，*CHINAGDP* 表示我国国内生产总值，*SUM1* 为日本和印度军费开支总和，*SUM2* 为俄罗斯和巴基斯坦的军费开支总和。

三、回归结果及分析

本文应用 Eviews 5.0 软件，使用 1990~2004 年斯德哥尔摩和平研究所发布的各国军费数据，这些数据大都来自于各国官方公布的数据，部分国家或部分年份数据由斯德哥尔摩和平研究所在官方数据的基础上推算修正所得。

利用上述线性形式代入数据回归结果并不理想，模型解释变量之间存在着较为严重的多重共线性，而且部分解释变量系数的经济意义无法解释。为消除多重共线性，对模型做如下修正。首先，对 GDP、上期军费开支和俄罗斯上期军费开支，利用时间序列数据进行回归，结果如表 1 所示，模型如下：

表 1　中俄军费回归分析结果

变量	变量描述	系数（t 值）
C	常数项	-6752.608 (-5.149596)
$CHINAGDP$	中国国内生产总值	0.016023 (4.506835)
$CHINAME$（-1）	中国前期国防开支	0.553913 (3.801529)
$RUSS IAME$（-1）	俄罗斯前期军费开支	0.039304 (4.389603)
$R-squared$	0.992763	
$D-W$ 值	1.994745	

$$CHINAME_t = C + \alpha_1 CHINAGDP_t + \alpha_2 CHINAME_{t-1} + \alpha_3 RUSSIAME_{t-1} + \mu$$

上述结果显示，各项指标的显著性水平较高，样本决定系数也达到 99%，且不存在多重共线性。结果表明，中俄军费关联度系数为 0.039，也就是说，俄罗斯每增加 1 美元的军费，我国军费相应增加 0.039 美元，关联度不高且双方军费之间不存在"搭便车"现象。关联度之所以不高，是因为 20 世纪 90 年代以来，中俄不断走向深化合作，2001 年中俄确立了世代友好、永不为敌的和平思想，两国军费互不针对对方是关联度不高的主要原因。而之所以不存在"搭便车"现象，是因为中俄都是有重要战略利益的世界大国，双方战略利益的平衡，决定了双方难以享受对方军费所带来的方便，即"搭便车"现象难以存在。

其次，用巴基斯坦上期军费变量替代俄罗斯上期军费变量，测度中巴军费之间的关联度，模型为：

$$CHINAME_t = C + \alpha_1 CHINAGDP_t + \alpha_2 CHINAME_{t-1} + \alpha_3 RAKISTANME_{t-1} + \mu$$

利用时间序列数据回归结果如表 2 所示。

表 2 中巴军费回归分析结果

变量	变量描述	系数（t 值）
C	常数项	10977.2 (2.243488)
CHINAGDP	中国国内生产总值	0.003521 (1.358202)
CHINAME（−1）	中国前期国防开支	1.161027 (8.463094)
PAKISTANME（−1）	巴基斯坦上期军费开支	−5.187493 (−2.621805)
$R - squared$		0.987744
D−W 值		2.176821

表 2 显示，中巴军费关联度系数为 −5.187493，也就是说，巴基斯坦每增加 1 美元的军费，中国军费相应减少 5.187493 美元，关联度系数甚高，且存在"搭便车"现象。长期以来，巴基斯坦都将中国视为最重要的朋友，双方军事交流频繁，枭龙战机的研发就是双方军事合作的成功典范，因而双方军费之间存在"搭便车"现象不足为奇。

再次，用我国 GDP、我国上期军费开支和俄罗斯、巴基斯坦的军费总和作为解释变量回归，考察俄、巴整体对我国周边安全的影响。模型如下：

$$CHINAME_t = C + \alpha_1 CHINAGDP_t + \alpha_2 CHINAME_{t-1} + \alpha_3 SUM2_{t-1} + \mu$$

表 3 结果表明，俄、巴军费与我国军费之间关联系数为正，关联度并不高。这是因为，相对于俄罗斯军费，巴基斯坦的军费规模较小，2005 年俄罗斯军费为 210 亿美元，而同期巴基斯坦军费只有 32.41 亿美元，双方差距可见一斑，俄、巴军费总和与我国军费之间关联性与俄、中军费关联性趋同也不足为怪。

表 3 中俄巴军费回归分析结果

变量	变量描述	系数（t 值）
C	常数项	−6864.131 (−5.136298)
CHINAGDP	中国国内生产总值	0.016059 (4.499733)
CHINAME（−1）	中国前期国防开支	0.551466 (3.767236)

续表

变量	变量描述	系数（t 值）
SUM2（−1）	俄、巴上期军费总和	0.039423 （4.380167）
R−squared		0.992743
D−W 值		1.988398

下面再考察印度军费开支与我国军费开支的相关关系，经回归发现，如果采用我国 GDP、上期军费开支和印度上期军费开支为解释变量，我国 GDP 的显著性水平很差，而且变量之间存在多重共线性。为消除这些影响，修正后的模型将我国 GDP 变量去掉，回归模型和结果如下：

$$CHINAME_t = C_t + \alpha_1 CHINAME_{t-1} + \alpha_2 INDIAME_{t-1} + \mu$$

表 4 说明，中、印军费之间关联度较高，关联系数为正，即 0.717612，也就是说，印度每增加 1 美元的军费，我国军费相应增加 0.717612 美元。这是因为，中、印双方关系复杂，但 2003 年确立了长期建设性合作伙伴关系，双方不再将彼此视为威胁，关联度系数未能破 1 与此有较大关系。

表 4   中印军费回归分析结果

变量	变量描述	系数（t 值）
C	常数项	−6099.4 （−3.46062）
CHINAME（−1）	中国前期国防开支	0.937731 （10.57757）
INDIAME（−1）	印度上期军费开支	0.717612 （2.929934）
R−squared		0.987467
D−W 值		2.351260

最后，考察印、日军费总和与我国军费开支的相关性关系，同样由于 GDP 在回归过程中的显著性水平不高，重新回归如下：

$$CHINAME_t = C_t + \alpha_1 CHINAME_{t-1} + \alpha_2 SUM1_{t-1} + \mu$$

表 5 表明，印、日军费总和具有和印度自身军费同我国军费相似的关联性特征，印、日军费总和与我国军费的关联度系数为 0.304432。也就是说，印、日双方每增加 1 美元的军费，我国军费将增加 0.304432 美元。关联度系数为正不难

理解，由于日本特殊的历史原因，日本只能防御的国防大纲使其军费的变化对我国军费的影响并不大，而且长期以来日本维持较稳定的高水平军费开支，每年增加较少，这在一定程度上也影响了双边军费关联度系数。

表5　中印日军费回归分析结果

变量	变量描述	系数（t 值）
C	常数项	− 14601.46 （− 1.906315）
CHINAME（−1）	中国前期国防开支	1.010779 （9.776786）
SUM1（−1）	印、日上期军费总和	0.304432 （1.731124）
$R - squared$		0.982797
$D - W$ 值		1.910458

四、结论

一是我国军费与周边国家军费存在较强的关联性，关联度的正负大小说明了双边军事关系的取向。总体来说，俄罗斯和巴基斯坦作为对我国有溢出效应的友好国家的假设是正确的。二是中国和俄罗斯之间军费关联度系数为 0.039，关联度不高且双方军费之间不存在"搭便车"现象，中俄战略协作伙伴关系的存在和中俄战略力量平衡是造成这种现象的主要原因。三是中国和巴基斯坦之间军费关联度系数为 − 5.187493，关联度系数甚高，且存在"搭便车"现象。我国应继续深化同巴基斯坦的军事合作关系，充分发挥双方军事的互补性，促进共同发展。四是中国军费和印度军费的关联性特征与中国和印日军费总和之间的关联性特征相似。中印军费之间关联度较高，关联系数为正，即 0.717612；中国和印日之间军事关联度系数为 0.304432，说明中国具有和印日同步增加军费开支的倾向，但由于中国不参加军备竞赛，因而关联度系数不高。五是总体而言，中国周边安全趋于缓和，中俄战略协作伙伴关系不断深化，中巴传统友谊不断发展，中印关系经过 2003 年的突破性发展后也趋于平稳，中日关系虽然存在诸多不确定性，但合作、友好是两国关系的主流。然而，中国和周边国家间正向的军费关联关系也说明潜在军备竞赛存在的可能性。

参考文献

［1］吴仲柱.我国地缘现状与周边安全［J］.福建公安高等专科学校学报，2004（1）.

［2］罗会钧.进一步改善我国周边安全环境的战略思考［J］.湘潭大学学报（哲学社会科学版），2005（11）.

［3］江山.亚太地区2005年军费走势分析［J］.现代军事，2005（3）.

［4］卢周来.剑与犁——当代国防经济的理论与实践［J］.北京：石油出版社，2003.

军费开支的局部调整模型及对我国军费开支的实证研究[①]

黄朝峰 曾 立 纪建强

一、引言

军费开支是指一个特定国家在一定时期内（通常为 1 年），用于支付士兵以及其他有关常备武装力量人员费用，以及军方购买物品和从民用部门购买服务费用的总和[②]。确定军费需求规模是国防经济学需要解决的首要问题之一。许多学者对此进行了相当深入和广泛的讨论，建立了一批颇具代表性的理论模型。

Richardson（1960）提出的军备竞赛模型认为，一国（或军事联盟）军费增长系数由该国（或军事联盟）军费开支对其对手（或潜在对手）军费增长的弹性系数所决定[③]。Murdoch 和 Sandler（1985）的局部均衡模型假定，一国的军事需求取决于本国收入、政策变化等内部因素和盟国安全度"溢出"、敌对国军事威胁等外部因素[④]。Ostrom 和 Marra（1986）的组织反应模型认为，军费需求是由多个组织的相关决策联合决定的[⑤]。Smith（1989）的新古典军费需求模型假

本文原载于《军事经济研究》2007 年第 8 期。

② ［英］基斯·哈特利，［美］托德·桑德勒. 国防经济手册（第一卷）［M］. 北京：经济科学出版社，2001.

③ Richardson, L. F. Arms and Insecurity：A Mathematical Study of Causes and Origins of War.［M］. Pittsburgh：Boxwood Press，1960.

④ Murdoch, J. C., & T. Sandler［M］. Australian Demand for Military Expenditures：1961 - 1979. Australian Economic Papers，1985（6）：142 - 153.

⑤ Ostrom, C. W. jr. & Marra R. F. US Defense Spending and the Soviet Estimate［J］. American Political Review，1996：819 - 842.

定，国家（政府）是实现社会福利最大化的行为主体，而社会福利函数又取决于军费需求所涉及的国家安全等相关变量，因此国家（政府）必须在总体预算的约束下对来自于军费开支的额外安全福利收益和放弃民用产出条件下的机会成本之间进行权衡，以确定军费支出规模①。Jones Lee（1990）的"愿意支付"模型认为，军费需求与个人偏好相关，每个人都将由于安全改善而带来免受伤亡的期望为"愿意支付"的价值判断依据②。Looney 和 Mehay（1990）的预算最优化模型，则从决策者"最大化其预算规模"出发，说明决策者对国防预算最大化的决策过程，预算最优化水平是战争、和平、国内约束、国外反应、谈判和竞选周期的函数③。有的军费模型已被应用于我国的军费开支研究，如 Qian Sun 和 Qiao Yu（1999）应用局部均衡模型④，卢周来（2005，2006）采用新古典模型和局部均衡模型分别对我国军费开支问题进行了经验研究。⑤

总的来看，上述模型各有其特点和优势，但也存在一定的不足。很多模型在建模过程中假定所研究的对象处于均衡状态，即军费供给等于军费需求，以军费实际开支代替需求量进行回归。事实上，由于信息不完全、技术水平、制度因素、心理原因等方面的限制，军费需求量在很大程度上是一个不可观测的理想值，它与军费实际开支（供给量）并不必然相等，"非均衡"才是供给与需求之间的常态。基于此种考虑，本文将"局部调整假设"引入军费开支模型，并将其应用于我国军费开支问题研究，力求对后者作出更加深入和符合实际的解释。

二、军费开支的局部调整模型

在经济活动中，经常会遇到这类现象：为了适应解释变量的变化，被解释变量有一个最佳值与之相对应。例如，企业的原材料储备与其产量和销售量有关，而对于一定的产量和销售量，也存在着一个最佳库存量与之相对应；一个国家货币需求量的大小与该国经济总量水平密切相关，而对于一定的经济总量水平，也

① Smith, R. Models of Military Expenditure ［J］. Journal of Applied Econometrics, 1989（4）: 345 - 359.

② Jones Lee. Defense Expenditure and the Economics of Safety ［J］. Defense Economics, 1990（1）: 13 - 16.

③ Looney, R. E. & S. L. Mehay. United States Defence Expenditures : Trends and Analysis ［J］. In the Economics of Defence Spending: An International Survey. K. Hartley and T. Sandler, London : Routledge, 1990: 13 - 40.

④ Qian Sun and Qiao Yu. Determinants of China's Military Expenditures : 1965 - 1993 ［J］. Journal of Peace Research, 1999, 36（1）: 23 - 33.

⑤ 卢周来. 现代国防经济学教程 ［M］. 北京: 石油工业出版社, 2006.

存在一个最佳货币量与之相对应。①

与此类似，一国的军费开支与该国国民收入、所面临敌国威胁、盟国防务开支等多个解释变量有关，而对于上述解释变量的现值，被解释变量也存在一个最佳值与之相对应，即军费开支的最佳值是同期解释变量的函数：

$$y_t^* = f(x_{1t}, x_{2t}, \cdots, x_{kt}, u_t) \tag{1}$$

其中，y^* 为军费开支的最佳值，x_i（$i = 1, 2, \cdots, k$）为决定军费开支需求的多个解释变量，u 为随机误差项，下标 t 表示当期。

尽管存在一个最佳值，但由于信息不完全、技术水平、制度因素、心理原因等方面的限制，被解释变量（军费开支）的最佳值只是一个理想值，在短期内难以实现，从而也是不可观测的。局部调整假设认为，因变量的实际变化仅仅是预期变化的一部分，即最佳值与实际值之间的关系可以表示为：

$$y_t - y_{t-1} = \delta(y_t^* - y_{t-1}) \tag{2}$$

式（2）称为局部调整假设，其中 δ 为调整系数，代表调整速度。上式表示，被解释变量的实际变化是被解释变量的最佳变动 $y_t^* - y_{t-1}$ 的一部分。这是因为，要使 y_t 达到所希望的水平，需要进行调整，而调整受到多方面因素的制约，是一种逐步调整的过程。δ 表示调整速度，δ 越接近 1，表明调整到预期最佳水平的速度越快。若 $\delta = 1$，则 $y_t = y_t^* - y_{t-1}$，表明实际变动等于最优变动，调整在当期完全实现。若 $\delta = 0$，则 $y_t = y_{t-1}$，表明当期值与上期值一样，完全没有调整。一般情况下 $0 < \delta < 1$，即本期实现了部分调整。

式（2）也可写成：

$$y_t = \delta \cdot y_t^* + (1 - \delta) y_{t-1} \tag{3}$$

即因变量实际值是本期最佳值与前一期实际值的加权平均数，权数分别为 δ 和 $1 - \delta$。把式（1）代入式（3），得：

$$y_t = \delta \cdot f(x_{1t}, x_{2t}, \cdots, x_{kt}, u_t) + (1 - \delta) y_{t-1} \tag{4}$$

模型（4）即为军费开支的局部调整模型。

三、对我国军费开支的经验研究

1. 我国军费开支的局部调整模型

卢周来在《现代国防经济学教程》中认为，确定影响我国军费开支的解释

---

① 孙敬水. 计量经济学教程 ［M］. 北京：清华大学出版社，2005.

变量主要有：

（1）国民收入。国民收入（通常用国内生产总值 GDP 表示）是决定军费开支至关重要的因素。一个国家的收入越多，保卫自己财富的动机就越强烈，同时保卫财富的能力也越强，因此军费开支与 GDP 应具有正相关关系。

（2）敌对国家的威胁。一个国家所面临的威胁（通常用敌对国家的实际防务开支表示，如果超过一个敌手存在，就需要将所有敌手的防务开支加总）越大，为了应对威胁所需耗费的资源也就越多。因此，军费开支与敌对国家的威胁应呈正相关关系。

（3）军事行为的价格。一般来说，各防务主体没有专门的军事活动的价格指数，因此众多的研究都假定军事行为的价格具有与非防务行为一样的通胀率，这样，价格因素就可以从方程中剥离出来。

（4）结构性变化。例如，国防政策的重大调整。这种结构性变化可以通过虚拟变量的引入来表达。

我国长期以来一直奉行独立防务政策，依靠自身力量维护国家安全，因此不存在盟国防务开支溢出的因素。此外，由于涉及多个国家的防务开支，为了进行比较，各国的军费开支需要通过汇率计算转换为同一个货币形式。

对于式（1）的函数形式，通常使用以下线性形式表示：

$$ME_t^* = \beta_0 + \beta_1 GDPT_t + \beta_2 THREAT_t + \beta_3 POLICY_t + u_t \qquad (5)$$

其中，ME^* 表示对应于相应解释变量的我国军费开支理想值。GDP 为我国的国内生产总值，代表国民收入变量。THREAT 为威胁方的军费加总，代表威胁变量。POLICY 为政策虚拟变量，在 1979 年前为 0，1979 年后为 1。u 为随机误差项。下标 t 表示当期。

将式（5）代入式（4），得到我国军费开支的局部调整模型：

$$ME_t = \delta \left(\beta_0 + \beta_1 GDP_t + \beta_2 THREAT_t + \beta_3 POLICY_t + u_t \right) + (1 - \delta) ME_{t-1} \qquad (6)$$

即

$$ME_t = \delta\beta_0 + \delta\beta_1 GDP_t + \delta\beta_2 THREAT_t + \delta\beta_3 POLICY_t + (1 - \delta) ME_{t-1} + \delta \cdot u_t$$

$$\qquad (7)$$

2. 数据说明

对于我国军费开支经验研究中的数据，本文采用了卢周来《现代国防经济学教程》中的数据，并按照相同的方法，将数据年份补充到 2004 年。各个变量的数据如表 1 所示。

在补充的 2002 ~ 2004 年的数据中，美国、俄罗斯、中国台湾的军费开支数据都来自斯德哥尔摩国际和平研究所（SIPRI）的网站数据库，该网站提供了

1988~2005年以所在国或地区货币表示的名义军费开支数据和以2003年不变美元表示的实际军费开支数据。我国GDP和军费开支都采用了官方数据，根据相应年度的人民币美元汇率将其换算为美元，然后根据网站中美国名义军费数据与以2003年不变美元表示的军费数据的对比，将其分别换算为以2003年不变美元表示的实际GDP和实际军费开支。在获得以2003年不变美元为单位表示的各个解释变量的数据后，通过对比文献与网站数据库重叠年份的数据，换算出相应的乘数，进而将2002~2004年的有关数据全部转化为以1978年不变美元为单位。

表1　回归分析与参数计算结果（1953~2001年）

变量	描述	系数（t统计量）
$\delta\beta_0$	常数项	−1487.893（−2.515129）
GDP	国内生产总值	0.003586（6.024915）
THREAT	威胁方军费开支加总	0.010741（3.074610）
POLICY	政策变量	−1163.730（−3.277940）
CHINA-DEFENCE（−1）	上一期军费开支	0.911513（14.42535）
$R^2=0.970380$，$\bar{R}^2=0.967625$，$F=352.1811$，$D-W=1.780247$		
$\delta=0.088487$；$\beta_0=-16814.8203$；$\beta_1=0.04053$；$\beta_2=0.12139$；$\beta_3=13151.4234$		

需要指出的是，2005年国家统计局利用经济普查资料重新计算了2004年的GDP。重新核算的GDP比利用常规统计资料计算的GDP增加2.3万亿元，提高了16.8%。同时，对2004年以前一定年度的GDP历史数据也进行了修订，并在2006年采用了新的GDP核算方案。为了与卢周来《现代国防经济学教程》的研究进行对比，本文所补充的2002~2004年的GDP数据仍然采用了原有核算方案下的数据。

在确定军费乘数以计算威胁方的军费加总时，考虑到2002~2004年，我国的国际环境和国内政策未发生大的变化，因此这一时期的美国和中国台湾的军费乘数仍然设定为1，俄罗斯的军费乘数为0。各阶段军费乘数如表2所示。

表2　回归分析与参数计算结果（1953~1979年）

变量	描述	系数（t统计量）
$\delta\beta_0$	常数项	−1231.434（−1.871407）
GDP	国内生产总值	0.019369（2.711044）
THREAT	威胁方军费开支加总	0.008525（2.083018）

续表

变量	描述	系数（t统计量）
CHINA-DEFENCE （–1）	上一期军费开支	0.619592（4.359935）
$R^2 = 0.911796$, $\overline{R}^2 = 0.899768$, $F = 75.80736$, $D - W = 1.412013$		
$\delta = 0.380408$；$\beta_0 = -3237.1401$；$\beta_1 = 0.05092$；$\beta_2 = 0.02241$		

3. 回归结果及其分析

应用 EViews 软件，采用广义最小二乘法（GLS）对方程进行回归分析。为了比较改革前后的军费开支情况，分别对 1953 ~ 2001 年、1953 ~ 1979 年、1980 ~ 2001 年三个时间序列的样本数据进行分析。回归分析和参数计算结果分别如表1、表2和表3所示。根据计算结果，三个时间序列中，除 1980 ~ 2001 年时间段的 THREAT 变量未能通过5%显著性水平的 t 检验外，模型在总体上以及各个解释变量均通过了5%的显著性水平检验和自相关性、异方差性检验。

表3 回归分析与参数计算结果（1980 ~ 2001 年）

变量	描述	系数（t统计量）
$\delta\beta_0$	常数项	– 3954.445（– 2.978860）
GDP	国内生产总值	0.003478（4.907625）
THREAT	威胁方军费开支加总	0.017427（1.961482）
CHINA-DEFENCE （–1）	上一期军费开支	0.956493（12.21316）
$R^2 = 0.981127$, $\overline{R}^2 = 0.977982$, $F = 311.9154$, $D - W = 1.384726$		
$\delta = 0.943507$；$\beta_0 = -90892.1553$；$\beta_1 = 0.07994$；$\beta_2 = 0.40056$		

回归分析与参数计算结果表明：

（1）政策变量（POLICY）的系数为负数，表明我国改革开放前后的政策转变与其军费开支之间存在负相关关系，这一点与我国的实际相吻合。

（2）从 t 检验的显著性水平来看，在三个时间段，GDP、上一期军费开支都是影响本期军费开支的主要因素。这一实证结果也准确反映了我国的实际情况：国家经济实力是决定军费开支最根本的因素，从长期来看，军费开支不可能脱离经济实力单独发展。至于上一期军费开支是影响本期军费开支的主要因素则与我国长期实行的"滚动式预算"编制制度相一致。

（3）对于 THREAT 变量而言，1980 ~ 2001 年时间段的 THREAT 变量未能通过5%显著性水平的t检验，表明这一时期威胁方对我国军费开支的影响并不十分显著，或者说我国对威胁方的反应程度较前一时期（1953～1979年）有所降低。这与我国的实际情况相一致：前一时期是我国面临的国际环境最为严峻，国家安全受到威胁最大的时期，不仅国家的发展受到影响，甚至生存都多次面临挑战，因此我国不得不对外部威胁作出反应，军费开支受到威胁方的显著影响就是这种反应的集中体现。后一时期，我国面临的安全环境大为改善，将主要精力致力于国内经济建设，要求"军队建设服从服务于经济建设大局"，军费开支对外界威胁的反应程度也随之下降。

（4）从调整系数来看，前一时期（1953～1979年）的调整系数明显大于后一时期（1980～2001年）和整个时期（1953～2001年），三者分别为0.380408、0.088487、0.043507，表明前一时期国防建设需求的满足程度要高于后一时期，也就意味着这一时期国防建设被放在更加优先的地位，而后一时期的优先程度则明显下降，国防建设需求的满足程度降低。这与我国的实际也高度吻合：1979年之前，我国同时面临多方威胁，且多次卷入地区性战争，大搞备战性质的"三线建设"，经济进入"准战争动员"的轨道，国防建设被摆在最优先的地位，军费开支占GDP的平均比重高达5%以上。而1979年改革开放后，我国实行"以经济建设为中心"和"军队建设服从服务于经济建设大局"的政策，国防建设的重要性相对有所下降，1979年后20年军费开支占GDP的平均比重不到1.3%，远远低于前期的水平，除去通货膨胀因素后，实际军费开支处于负增长状态，国防建设需求的满足程度下降也就成为必然。

从另外的角度来看，反映军费需求满足程度的调整系数在1979年后大幅度下降，也意味着1979年后长期的低水平军费开支使军费需求长期得不到有效满足，从而严重制约军队的建设与发展。从我国的实际情况来看，军队建设明显滞后于经济建设，与世界军事强国的差距更是明显，军事能力的相对弱势已使国家应对外界挑战和处理危机的能力受到损害。因此，为了应对领土和领海安全等多方面的挑战，缩小与军事强国的差距，满足国家发展对安全环境的内外部需要，近几年军费的适度增长是完全必要的。军费的增加意味着调整系数应有所增大。下面将2002～2004年的数据加入，对此进行验证。回归分析与参数计算结果如表4所示。

表4　回归分析与参数计算结果（1980～2004年）

变量	描述	系数（t统计量）
$\delta\beta_0$	常数项	−3063.624　（−2.643928）
GDP	国内生产总值	0.003527（4.855806）

续表

变量	描述	系数（t 统计量）
THREAT	威胁方军费开支加总	0.013586（1.515832）
CHINA-DEFENCE（－1）	上一期军费开支	0.919004（14.96674）
$R^2 = 0.993272$，$R^2 = 0.992311$，$F = 1033.412$，$D-W = 1.424628$		
$\delta = 0.080996$；$\beta_0 = -37824.3864$；$\beta_1 = 0.04355$；$\beta_2 = 0.16774$		

（5）不难看出，1980～2004 年时间段的调整系数比 1980～2001 年时间段的明显增大，这与近几年军费开支增长较快的实际相吻合。尽管如此，比 1953～1979 年时间段的仍然小得多。此外，从 t 检验的结果来看，加入后三年的数据后，THREAT 变量的显著性水平进一步降低，连 10% 的显著性水平检验都未能通过，说明威胁方对我国军费开支的影响进一步下降，这也意味着我国主要是从自身需求着眼进行军队建设，并未与威胁方进行针锋相对的军备竞赛。这两点都表明我国真正在走和平发展道路，西方国家的"中国威胁论"没有根据。

（6）从反映回归模型与样本数据拟合情况的决定系数来看，局部调整模型与卢周来《现代国防经济学教程》中的局部均衡模型相比，在三个样本区间均有显著提高，分别从 0.849202、0.862644、0.821254 提高到 0.970380、0.911796、0.981127。图 1 和图 2 分别是卢周来《现代国防经济学教程》中的局部均衡模型和本文的局部调整模型对 1953～2001 年时间序列的拟合结果。

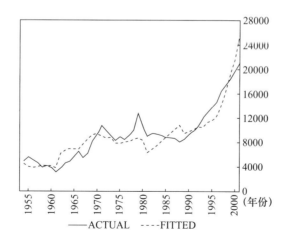

图 1　局部均衡模型的拟合结果

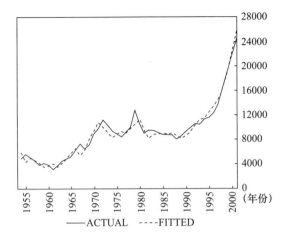

图 2　局部调整模型的拟合结果

四、主要结论及政策含义

本文从供给需求的非均衡状态出发，将"局部调整假设"引入军费开支模型，并将其应用于我国军费开支问题的实证研究。研究结果表明：

第一，GDP 和上一期军费开支与我国本期军费开支呈显著的正相关关系，是后者的主要影响因素。

第二，THREAT 变量的显著性水平、调整系数在 1979 年前后两个阶段的变化，以及政策性变量与军费开支呈负相关关系，都表明我国真正在走和平发展道路，中国威胁论缺乏根据。

第三，反映军费需求满足程度的调整系数在 1979 年后的大幅度下降，表明 1979 年后长期的低水平军费开支已严重制约了军队的建设与发展，近几年军费的适度增长是完全必要的。同时，增加了的调整系数仍然远低于 1979 年前的水平，表明军费的适度增长没有改变我国走和平发展道路的性质。

第四，军费开支的局部调整模型增加了调整系数，该参数的引入使模型能够对现实进行更具说服力的解释和说明。与局部均衡模型相比，局部调整模型的拟合程度也显著提高，表明局部调整模型对于研究我国军费开支具有较好的适用性。

国防预算管理改革的经济学分析①

谢玉科

国防预算管理是指国家和军队对国防预算所进行的系列管理活动，包括国防预算的编制、执行、监督和决算四大环节。在新军事变革推动下，我国国防预算的四大环节正经历着深刻的变革，国防预算管理系统呈现出许多新特征。因此，对国防预算管理系统进行多个理论角度的经济学分析，将有利于我们了解国防预算管理中特有的现象及其本质，并借此进一步探讨我国当前进行国防预算管理改革的深层次原因及未来的改革趋势。本文拟从效率理论、寻租理论、委托—代理理论及博弈论等角度，阐述国防预算管理体系的特征，并揭示我国国防预算管理改革的深层次原因就是为了从制度安排上控制寻租、减少委托—代理链、压缩预算博弈空间，并最终实现对国防的有效预算管理。

一、国防预算管理的效率分析

效率包括两方面内容：一是资源配置效率；二是 X—效率。

1. 国防预算的资源配置效率

国防预算的资源配置效率是指如何在民用领域与军事领域之间分配有限的经济资源，并使军事领域的每一笔经济资源能有效地配置于最适宜的使用方面和方向上，它包含两个层次的含义：一是指国家投入的国防费以多大规模为"最佳"？当一笔经济资源投入到军事领域产生的国防安全产品给人们带来的效用，小于投入到民用领域产生的一般性商品和服务带给人们的效用时，该经济资源应

---

① 本文原载于《经济师》2008 年第 1 期。

退出军事领域并转而投向民用领域，最佳的国防费规模将在两者边际效用水平相等时实现。二是指国防费结构以怎样的投入结构为"最佳"？当国防费在各军事领域内产生的边际战斗力收益相等时，则可以认为此时国防费以最优的结构配置到了最急需的军事领域中。这里的"最佳"，是指实现"帕累托最优状态"，即在资源一定条件下军队整体战斗力最大的一种状态。

国防费的配置效率正是从效用和结构两方面体现出来的，国防预算安排是作为国防费配置的重要手段，近年来改革的重要目的之一，就是提升国防费使用的效用水平和优化国防费的结构。一方面，变革传统的基数预算编制方法，用有着周密项目论证的零基预算方法取而代之。零基预算方法是指一切从零开始，对预算年度内所有经费需求、按照轻重缓急和财力可能再重新安排预算的一种方法。它把军事需求与国防预算有效地连接起来，把经费优先保障重点项目，使有限的经费用在"刀刃"上，大大地提高了国防费的利用效率。另一方面，明晰国防费支出结构，对预算进行科学分类。针对过去国防预算分类笼统、单一的弊端，改革后的预算体系根据国防费不同的开支性质，将国防费划分为维持性经费、建设性经费和代管经费，并针对每类经费的性质和特点，制定了不同的调控措施和管理手段，使国防费分配结构不断趋于优化。

当前，我国国防预算配置效率虽然有了较大的提高，但仍有不少制约因素。比如，预算需求测算不科学、预算与规划计划结合不够紧密、预算科目划分不够科学等。因此，可以设想我国未来国防预算配置效率方面的改革将会在以下方面展开：一是确立科学的国防费需求测算机制。要充分运用自动化技术，引进现代管理的先进理念，借鉴外军 PPBS 的理论和方法，科学地测算国防费的需求规模及项目的经费需求量。二是改革完善预算科目体系。现行预算科目没有反映军兵种特色，且科目设置较粗，科目开支内容交叉，导致相关费用的结构不完全明晰。因此，未来改革的主要方向是建立起按军兵种分类为主要标志的预算科目新体系；同时，进一步细化预算科目的内容和结构。三是结合我军具体实际，进一步完善"长远规划—近期计划—年度预算"相衔接的机制，做到预算安排与事业任务紧密衔接，为安排科学预算创造有利条件。

2. 国防预算管理的 X—效率

国防预算 X—效率就是"怎样支出"的问题，即如何以最少的国防费支出提供最多的国防安全产出。X--效率理论是由哈维·雷本斯坦 1966 年提出，最初用来解释企业中的一些经济现象。当时他发现，传统微观经济学把企业当作一个黑匣子，只考虑产出过程中物质技术关系而忽视企业内部人的行为，这导致企业产出的理论结果与实际结果往往不一致，差异的原因在于企业中个人的目标与企业目标不一致。企业中的人有各自的动机，使得企业成本并非总是最小化，常存在只要稍加努力便可增加产出的可能。他把这种与动机相关的非配置效率称之为X—效率。在国防预算领域，它与资源配置效率二者相辅相成，共同决定国防费的支出效率。

美国经济学家尼斯坎宁（Niskanen）1973年运用"X—效率"理论对公共领域预算行为进行了深入研究，发现追求预算最大化是政府官僚的主要目标和动机。根据公共选择经济学理论，政府官僚也是经济理性人，也有各自的动机，他们并非以实现公共利益或社会福利的最大化和最大效率为其目的，而是以个人效用最大化为目的。尼斯坎宁进一步指出，"可以进入官僚效用函数中的几个因变量有：薪水、职务、津贴、公共声誉、权力、任免权、行政机关的产出、易于更迭与易于管理的机构，除最后两个以外的所有这些变量，都是官僚在办公室任职期间总预算的一个单调正相关函数。"由于这些因变量中有许多都直接与预算规模相关，为追求官僚个人效用最大化，追求最大预算就自然成为官僚的主要目标与动机。

尼斯坎宁"官僚机构目标函数—最大预算"结论能很好地阐释国防预算支出具有潜在膨胀的趋势。虽然国防预算支出增长从根本上是取决于装备技术发展和军事任务的增加，但是，国防系统内"官僚经济人"的自利性所产生的助推作用是不可忽视的。"官僚经济人"在个人效用最大化动力驱使下，总会借助各种权力来最大化其预算规模，造成了预算资金的浪费、效率过低等现象。"X—效率"理论说明国防系统存在支出扩张的内在机制，因而限制和规范国防支出是一国国防预算管理改革都必须考虑的重大问题。可以说，我军正着手进行的综合预算改革、军队资金集中支付制度建设和军队采购制度改革正是适应了这一要求而产生的制度规范性建设。

二、国防预算管理中寻租行为分析

在经济学视野中，国防预算本质上是国防预算资金供求双方在内部市场中进行的交易过程，即国防预算资金使用者在提供国防安全产品的同时，作为交换，获得了预算资金。在内部市场结构中，由于预算资金在供给和需求上都难以完全具备竞争性市场所要求的信息透明等条件，而根据寻租理论，交易双方受"效用最大化"的自利目标的驱使，在划拨和争取"自由裁量资金额"的互动过程中，利用双向信息不对称而采取寻租行为。一方面，国防预算资金使用者在资金运用上具有更多信息优势，凭借其信息优势，并利用国防产出服务于广大民众的正义感召力量，通过各种游说与寻租活动向政府部门施压，人为地扩张其预算需求；另一方面，国防预算决策部门具有资金配给自由裁量权上的信息优势，可以利用资金配给权来影响资金使用者行为，从而通过不断改变预算资金配给的规则与结果，人为地创设超额预算资金配给的分布结构，并以这种"设租"行为，诱导预算资金使用在新的租金分布格局下，展开新一轮寻租活动。资金交易双方的这种影响和互动使得国防预算管理过程中的寻租活动长期存在，且有不断发展的趋势，其最终结果很可能产生使国防预算管理陷于低效率发展路径的"锁住效应"（Lock Effect），那就是各资金使用者通过竞相寻租来获得超额预算资金配给，而不是通过"科学理财"使资源从低效的状态中释放出来，并转入具有高度的军事、经济和社会效益的项目中来，其长期演进的后果将导致国防预算资源的总体配置逐渐演变为一种低效率的格局。

寻租行为的分析，说明了国防预算管理必须强化内部市场的信息透明度，并从制度安排上控制预算决策部门的"自由裁量权"。目前，我军财务系统利用现代信息网络技术，建立现代信息管理系统，有效地提高国防预算资金配给和使用的信息透明度。同时在制度安排上，通过加强对预算编制、审批、执行的控制和监督，硬化预算约束，有效控制了寻租行为发生。但是，我国国防预算系统中存在的"自由裁量权"并未得到有效的治理，"寻租"和"设租"现象依然不同程度地存在。因此，有效地治理国防预算中"自由裁量权"将是未来国防预算编制体制的重要内容之一。具体措施应该是，削减国防预算部门资金配给的自由裁量权，并构建出利益相关主体共同治理的国防预算管理模式。国防预算涉及众多的利益相关主体，包括预算资金使用者、国防预算部门、立法监督机构、军队审计部门、媒体及部队官兵等。现代预算治理模式演进表明，科学的预算需要在不同利益相关主体之间实现有效的整合，在国防预算系统中，就要将上述的利益相关主体及彼此之间的互动影响及相互制约的关系，整合于一个彼此衔接、相互制衡、权责明确和激励兼容的共同治理结构之中，以增强预算的编制和执行中的公众参与程度，从机制上减少国防预算管理过程中的寻租现象。

三、国防预算管理的委托—代理分析

委托—代理理论是对如何解决代理人问题的研究与探索，该理论认为，解决代理问题的最佳办法，一是在不影响总目标实现的前提下尽可能减少委托—代理的层级；二是建立一套既能够有效地约束代理人的行为，同时又能激励代理人按委托人的旨意设立目标而努力工作，以减少代理成本，实现委托人与代理人双方的"帕累托最优"。国防预算在组织结构上也体现为一系列的委托—代理关系，国防预算实际是国民、国家立法机关、军队各级机关及军队各级机关的具体职能部门之间就国防经济资源投入范围和方向及运行管理所形成的委托—代理关系，它由以下五个层次的代理关系构成：①国民将国防预算管理权委托给国家立法机构；②国家立法机关将国防预算权力委托给军队（总部）；③军队各级机关又接受总部的委托进行国防预算的管理；④军队各级机关通过职能划分将国防预算管理事务委托给军队各级财务部门具体执行；⑤军队各级财务部门凭借预算分解和职责分工，将具体的预算管理权利继续委托给各级部门机关、事业单位和具体的负责人员等，形成不同层次的委托代理关系。从总体上看，它有两大基本特征：一是委托—代理链条长。根据委托—代理理论，由于代理人和委托人的目标函数并不总是一致，代理的层次越多，代理链条越长，初始委托人最终的实现目标与理想目标的偏差就会越大，因为代理人在信息不对称条件下有可能会滥用职权、以权谋私，其行为不断偏离委托人的目标。二是委托—代理采取授权而非产权方式。经济领域中的委托—代理关系，有着明确的财产关系，因此，委托方有充分的动力和策略对代理方实施激励和约束，而国防预算形成的资产属于全体人民，国防预算委托—代理关系是依授权方式建立的，如从初始委托人国民到立法机关的授权，再从立法机关到最终的军队各机构人员授权。这种多层次的"双向"和"授权"式的委托—代理关系没有具体的所有者和委托主体，所有者"缺位"使得委托—代理关系中内在的激励和约束动力不足。激励和约束动力不足极易诱发代理人的工作惰性或腐败行为。

为了避免委托—代理机制所带来的不良反应（如各级代理人的腐败行为），就需要提高监督力度，减少国防预算管理中的委托—代理层次，强化国防控管和监督约束机制，让委托人能尽量直接监督代理人，降低代理成本。为实现这一目标，国防预算管理中开始采用军队直接采购制度、军队资金集中支付制度及有效的、严格的预算监督机制等。这些措施虽然有效地提高了国防经济资源的运行效率，但是它只在"预算支出"环节上强化了对代理人的监督，而"预算形成"环节由于委托—代理层次多依然存在着高昂的代理成本，如代理人为了本部门利益最大化，不断虚列支出，导致预算不实等。因此，减少"预算形成"环节的委托—代理层次理应成为国防预算改革的重要方面，也就是说，国防预算改革要与我军编制改革和后勤保障改革联结起来，在军队组织结构"扁平化"和后勤保障"一体化"的大背景下，通过减少"预算形成"过程的委托—代理层次，来强化对代理人的监督。具体地说，把过去从团开始的"团、师、军、军区、总部"由下至上的五级预算形成模式,改革为"团、地区保障部、总部"三级预算形成模式(其中地区保障级设一个由其保障对象的主管组成的委员会,该委员会负责制定本级预算),三级预算形成模式的优点在于:一是有效减少了国防预算的委托—代理层次,从"预算形成"环节强化了对代理人的监督;二是实现了预算与具体使用单位适度的"分离",有效抑制了有些单位为追求自身利益最大化不断虚列预算的现象。

四、国防预算管理的博弈分析

博弈理论是动态上描述预算形成过程及其结果的最好工具。预算过程中的各利益主体的博弈均衡不仅决定了资源的配置结构,同时也界定了各利益主体对资源的权利。1964年美国政治学家、公共决策和公共管理学家瓦尔达沃斯基(Aaron Wildavsky)在其著作《预算过程中的政治学》中运用博弈论的基本原理对预算管理行为进行了研究。他发现在预算的编制与执行过程中存在着资金的管理者和使用者的双人博弈关系。一方面资金使用者由于其"经济人"特性,都会坚守自己的立场,声明自己坚持的支出是如何的重要和必要,会不断寻求预算的扩大;另一方面资金的管理者又局限于整体资源的稀缺性及有限性,不得不对各项支出进行压缩,在各个资金使用者之间进行权衡。瓦尔达沃斯基认为,只有存在利益冲突且经过职能专门化的资金管理者和使用者之间的博弈,经过利益交锋和制度协调而形成的预算才是最理想的。但在国防预算中这种双人博弈理论并非完全合理。由于国防预算资金属于"公有产权",预算资金的管理者与使用者并不存在根本上的利益冲突,因此,资金使用者和资金管理者在追求各自利益最大化条件下,往往会利用与国家之间的信息障碍(信息不足与信息不对称)而违背双方之间的管理与被管理角色,可能不去结成博弈联盟,而是相互勾结,形成非法联盟,与国家和军队进行博弈并侵害国家"公有产权"。如极少数国防资金管理者与使用者一起合谋,虚增预算、贪污腐败、挥霍公款等。

国防预算管理活动中博弈负面现象的存在,正是国防预算资金"产权"不明的结果。因此,要提高整个国防预算效率就必须明确"国防预算资金产权",从制度安排上规范博弈、约束行为,尽可能地压缩预算博弈发生的平台空间,将一切预算博弈行为纳入制度约束,明确资金的归属和使用范围,严格地界定预算博弈局中人的责任和权利。具体地说,我国当前和未来的国防预算需要做的是:一是真正做到细化部门预算。预算中分配给部队的经费,要完全明确到具体的使用单位和项目，同时，各单位、各部门直接开支的经费要详细列出开支项目和经费数额，从而使国防预算资金有明确的"产权归属"和使用范围，以防发生合谋侵害国家利益现象。二是制定科学、合理的预算支出标准体系，要进一步扩大维持性经费标准化范围，一些不便于标准化的内容，则采取定额供应方式。三是严格预算申报、审核、审批程序，重点要明确各级预算决策机构的权利和责任，做到权责相称。四是规范预算执行以及建立严格的预算监督约束机制。

参考文献

[1] 王金秀. 国家预算委托—代理关系的理论分析 [J]. 财政研究，2002 (1).

[2] 高伟明，马笑渊. 预算博弈现象以及对策分析 [J]. 财政研究，2003 (4).

[3] 谢玉科，李湘黔. 军队预算的新制度经济学分析 [J]. 经济师，2007 (1).

战时投资需求变动影响的量化评估研究[①]

张允壮　凤旻　曾立　刘永民

一、引言

现代社会，高新技术以前所未有的广度和深度向战争渗透，极大地改变了现代战争的物质基础和战争的技术构成，使战争的能量大大增强，高消耗、高投入已经成为现代战争的基本特点之一。然而，战争资源是稀缺的，社会经济联系是广泛而紧密的，只要切断现代经济固有的联系，就可以瘫痪社会经济。在四部门国民经济中，消费、投资、政府支出和进出口贸易是拉动国民经济增长的"四驾马车"。从以往的经验来看，战争可能造成战时物价上涨，严重地形成通货膨胀，直接对消费产生影响。战时为支援战争机器高速运转，大量的民用投资被挤占以满足战争的物质需求，更甚者，大量的民间资本为躲避战争影响转向国外，国内投资结构和规模会发生相应的变化。战争同时也会造成进出口贸易的锐减，当面临经济制裁的时候，进出口贸易甚至会长期中断。战争对经济造成的影响，部分从属于战争的间接经济损失，可以从消费、投资和贸易三个方面进行考虑。因为投资对国民经济发展有重要影响，本文试图从投资需求变动的角度，量化评估战时投资变动所造成的经济损失。

---

① 本文原载于《西安财经学院学报》2008 年第 1 期。

二、文献综述

战争对投资需求变动影响所造成的经济损失，是战争成本研究的重要内容。一般认为，战争经济成本包含直接成本和间接成本两部分。直接成本包括战争中人力、物力、财力的消耗以及战争直接导致的对生产设施的破坏等，间接成本则是战争导致的资产减少、消费影响、投资变动及贸易锐减所造成的经济损失。

在国内，由于长期受一些因素的影响，我国军事理论研究和实践中不同程度地出现忽视成本问题，甚至根本不计成本代价，只求战争胜利。近年来，我国比较重视国防建设经费投入与产出的效益问题，战争成本和战争经济承受力、支持力问题日益受到学术界的重视。杜为公等（2003）按时间顺序从战争直接经济损失和间接经济损失、战争对经济系统物质和制度方面的影响、战争经济损失评估模型三个方面，对西方国防经济理论中的战争经济损失评估研究进行了综合论述。清华大学经济管理学院课题组（2001）通过对国民经济可动员总量和战争耗损的一般分析，在比较近年来两场局部战争的消耗和我国未来局部战争中可能的战争耗损的基础上，对2001年我国国民经济的最大战争承受能力进行了测算，并对国民经济对战争的承受能力指数进行了探讨。马欣（2003）从金融市场的角度，综合各方对美国—伊拉克战争经济成本（直接经济成本和间接经济成本）的分析，认为受伊拉克战争结束后能源价格回落、消费者信心和企业信心有所恢复以及布什当局的减税措施等措施的推动，速战速决将在短期内对美国经济产生积极影响，但战争积极影响消退后美国经济前景仍不容乐观。

在国外，尤其是在伊拉克战争前后，经济学家对战争成本问题进行了广泛而且深入的研究。英国约克大学国防经济研究中心 Keith Hartley（2002）撰文 *The Costs of War* 分析了可能发生的伊拉克战争对英国造成的短期经济成本和长期经济影响，其成本效益框架涵盖军事成本、民用成本和收益。本文通过对过往冲突成本的历史进行研究认为，参加科索沃或者海湾模式的战争对英国造成的经济成本在8.75亿~30亿英镑（2001年不变价格）。著名经济学家 William D. Nordhaus 等（2002）发表的 *War with Iraq：Costs，Consequences and Alternatives* 从美国国家安全的角度，通过分析美国攻击伊拉克的军事力量、战略和意义，对可能发生的伊拉克战争成本和经济后果进行了预测分析。美国布鲁金斯研究所的学者 Warwick J. McKibbin 和国际经济学中心的 Andrew Stoeckel（2003）在伊拉克战争进入第二年时进行的一项研究表明，如果战争拉长，即超过5年，将对世界经济产生全面的负面影响，对投资、增长、消费、利率及资本市场都将产生严重影响。

三、投资需求变动规模测算

任何经济研究，总是离不开一些基本假定，研究战争造成的经济损失亦是如此。为量化评估投资需求变动造成的经济损失提供前提，本文做出以下两个基本假定，并以此作为下面分析的基准。

假定1（总投资假定）：战争通过减少国内总投资对国内经济发生负面作用。

假定2（私人投资假定）：战争造成私人投资的下降幅度大于公共投资。

根据我国具体情况，并结合战争特点，本文从政府军事财政扩张的挤出效应和资本外逃两个方面，衡量测算战争所造成的投资需求变动规模。

1. 挤出效应

挤出效应（Crowding – Out Effects）是指政府实行扩张性的财政政策，引起利率上升和借贷资金需求增加的竞争，导致民间部门支出减少，从而使财政支出对经济的刺激作用部分或全部被抵消。与挤出效应概念相对应，在经济学理论中还有一个挤入效应（Crowding – In Effects）的概念。所谓挤入效应，是指在考虑投资组合时，政府支出的增加可以导致投资增加的一种情况。由于战时人们的心理预期普遍不如平时，政府支出又多为战争支出，民间投资很难跟进政府投资，故本文暂不考虑挤入效应。

挤出效应的作用机理可分为两种：一种解释是财政支出扩张引起实际利率上升，利率上升抑制民间支出，特别是抑制民间投资；另一种解释是政府支出扩张引起政府和民间部门在借贷资金需求上的竞争，减少了民间部门的资金供应。在我国，由于名义利率是固定利率，上述作用机制均不能反映财政扩张与利率确定的量化关系，利用回归方法也难以直接寻求到利率与财政支出的定量关系模型，但 IS – LM 模型却提供了建立利率与财政支出定量关系的间接方法。在 IS – LM 模型中，利率不是名义利率，而是实际利率。本文在徐明华（2004）建立的IS – LM 评估模型基础上，使用《中国统计年鉴》（2006）的数据扩展样本区间，进行参数估计。评估模型如下：

$$Y = C + i + g + nx$$
$$C = aC(-1) + bY_0$$
$$i = i_0 + i_1 I$$

$$I = \eta_1 C + \eta_2 G + \eta_3 I(-1) - \eta r$$
$$g = g_0 + g_1 G$$
$$nx = X - M$$
$$Y_0 = Y - (T - TR)$$
$$M = mY$$
$$T = tY$$

其中，Y 取支出法确定的 GDP，C 为居民消费，取值为居民最终消费，i 为资本形成总额，I 是私人投资，为全社会固定资产投资减国有经济投资，g 为政府消费，G 为财政支出，nx 为净出口，M 为进口，X 为出口，Y_0 为中间变量，取值 GDP 与净税收（税收 T – 转移支付 TR）的差额不等于个人可支配的收入。转移支付 TR 取值价格补贴之和与抚恤和社会福利救济再加出口补贴，r 为实际利率，等于名义利率减物价指数，名义利率取三年期贷款利率。

（1）IS 曲线的相关变量模型参数估计。

1）$C = \alpha C(-1) + bY_0$

采用最小二乘法回归，样本区间为 1995 ~ 2001 年，回归结果如下：

$C = 3457.228 + 0.622766c(-1) + 0.176928Y_0$

   （2.683383）（6.163092）   （4.773286）

R – squared = 0.996791，F – statistic = 1087.350

Durbin – Watson stat = 1.672493

回归结果中各项检验均通过 5% 显著性水平下的检验，拟合优度很高，模型回归结果良好。

2）$I = \eta_1 C + \eta_2 G + \eta_3 I(-1) - \eta r$

回归样本区间为 1991 ~ 2005 年，结果如下：

$I = -0.097404C + 0.325024G + 1.238747I(-1) - 180.3167r$

   （-2.790558）（2.00843）（12.81928）   （-3.016421）

R – squared = 0.996647

Durbin – Watson stat = 1.668677

回归结果中，除解释变量 G 满足 10% 显著性水平下检验以外，其他均满足 5% 显著性水平下的检验，拟合优度很高，模型回归结果良好。

3）$i = i_0 + i_1 I$

回归样本区间为 1995 ~ 2005 年，结果如下：

$i = -15485.87 + 0.904751I$

   （-14.14468）（38.24483）

R – squared = 0.993884，F – statistic = 1462.667

Durbin – Watson stat = 1. 396108

解释变量的回归检验均达到 5% 的显著性水平，拟合优度较高，模型回归结果良好。

4）$g = g_0 + g_1 G$

回归样本区间为 1995 ~ 2005 年，结果如下：

$g = 5185. 058 + 0. 629913 G$

（14. 75345）（34. 82090）

R – squared = 0. 992632，F – statistic = 1212. 495

除 D – W 检验外，解释变量的回归检验均达到 5% 的显著性水平，拟合优度较高，模型回归结果可以采用。

5）$T = tY$，$M = mY$

现实中，税收占 GDP 的比重（$t = T/Y$）逐年上升，如表 1 所示。

表 1　税收占 GDP 的比重

年份 指标	1996	1997	1998	1999	2000	2001	2002	2003	2004	2005
T	6909. 82	8234. 04	9262. 8	10682. 6	12581. 5	15301. 4	17636. 5	20017. 3	24165. 7	28778. 5
Y	74163. 6	81658. 5	86531. 6	90964. 1	98749. 0	108972	120350	136399	160280	186701
t	0. 0932	0. 1008	0. 1071	0. 1174	0. 1274	0. 1404	0. 1465	0. 1468	0. 1508	0. 1541

注：数据来源于《中国统计年鉴》（2006）。

由于 t 表现递增，$T = T_0 + tY$ 的不变弹性参数难以估计，这里取 $t = T/Y$。$M = m_0 + my$ 的参数估计取 $M = mY$。

（2）LM 曲线模型设定与参数估计。

确定 LM 曲线模型核心问题是货币需求函数的设定，在徐明华（2004）基础上，本文建立的修正模型如下：

$M2 = e^{\theta_1 + \theta_2 + \theta_3 r} M2 \ (-1)^{\delta}$

取对数为：

$\ln M2 = \theta_1 + \theta_2 \ Y - \theta_3 r + \delta \ln M2 \ (-1)$

其中，根据中国实际选取 M2（M1 + 定期存款 + 居民储蓄）来衡量货币需求，影响货币需求函数的解释变量为 Y 和 r、δ，θ_1、θ_2、θ_3 为待定参数。采用最小二乘法回归，样本区间为 1991 ~ 2005 年，回归结果如下：

$\ln M2 = 1. 343741 + 1. 03E - 0. 6Y - 0. 004383r + 0. 89126 \ln M2 \ (-1)$

（4. 364797）（1. 998169）（ – 2. 966112）（28. 39977）

Durbin – Watson stat = 2. 134869

该模型的模拟情况如图 1 所示。

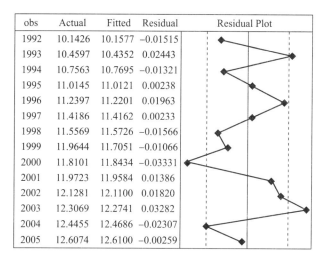

obs	Actual	Fitted	Residual	Residual Plot
1992	10.1426	10.1577	-0.01515	
1993	10.4597	10.4352	0.02443	
1994	10.7563	10.7695	-0.01321	
1995	11.0145	11.0121	0.00238	
1996	11.2397	11.2201	0.01963	
1997	11.4186	11.4162	0.00233	
1998	11.5569	11.5726	-0.01566	
1999	11.9644	11.7051	-0.01066	
2000	11.8101	11.8434	-0.03331	
2001	11.9723	11.9584	0.01386	
2002	12.1281	12.1100	0.01820	
2003	12.3069	12.2741	0.03282	
2004	12.4455	12.4686	-0.02307	
2005	12.6074	12.6100	-0.00259	

图1　拟合值、实际值与残差图

模拟情况较好，除解释变量 Y 显著性水平为 10% 外，其他各变量均达到 5% 的显著性水平，该模型可以较为准确地反映我国的货币需求。

（3）IS – LM 模型。

由上述相关模型解得中国 IS 曲线模型如下：

$$Y = \frac{(1+i_1\eta_1)ac(-1)+(1+i_1\eta_1)bTR+i_1\eta_3I(-1)+g_0+(i_1\eta_2+g_1)G+X}{1-(1+i_1\eta_1)b(1-t_n)+m} -$$

$$\frac{i_1\eta}{1-(1+i_1\eta_1)b(1-t_n)+m}\times r$$

LM 曲线模型：

$$Y = \frac{\ln M2}{\theta_2}-\frac{\theta_1}{\theta_2}+\frac{\theta_3}{\theta_2}r-\frac{\delta}{\theta_2}\ln M2\ (-1)$$

由上述 IS – LM 模型可以求得均衡利率模型如下：

$$r = \frac{\theta_2\left[(1+i_1\eta_1)ac(-1)+(1+i_1\eta_1)bTR+i_1\eta_3I(-1)+g_0+(i_1\eta_2+g_1)G+X\right]}{\theta_3\left[1-(1+i_1\eta_1)b(1-t_n)+m\right]+\theta_2 i_1\eta} +$$

$$\frac{\left[\theta_1+\delta\ln M2(-1)-\ln M2\right]\left[1-(1+i_1\eta_1)b(1-t_n)+m\right]}{\theta_2\left[1-(1+i_1\eta_1)b(1-t_n)+m\right]+\theta_2 i_1\eta}$$

（4）财政扩张对私人投资效应的测算。

在其他条件不变，财政支出增加使 IS 曲线右移，实际利率上升导致私人投资减少的情况下，由均衡利率模型和私人投资模型可以推导出财政扩张对私人投资的挤出效应：

$$\Delta CI = \frac{\eta\theta_2(i_1\eta_2 + g_1)}{\theta_3[1 - (1 + i_1\eta_1)b(1 - t_n) + m] + \theta_2 i_1\eta} \times \Delta G$$

有学者分析指出，我国的国防支出主要受内部因素影响，显著性因素包括前一期的国防支出和收入，而且无论长期和短期，国防支出关于 GDP 都缺乏弹性，长期弹性更低。我们应用 Eviews 5.0 软件，使用《中国统计年鉴》（2006）公布的 1989～2007 年国防支出数据，建立国防支出与国内生产总值和上一期国防支出的对数回归模型，依据亚洲开发银行预测的我国经济增长速度，预测正常状态下 2008 年我国国防支出为 687.86 亿美元。爆发局部战争，依据军事投入结构的价值平衡式估算的我国军事投入为 3593.2 亿美元，新增国防支出 2905.34 亿美元。IS－LM 曲线模型中各参数已在相关模型估计中确定，代入上述挤出效应公式得：$\Delta CI = 0.03 \times \Delta G = 90.56$ 亿美元。[①] 从测算的结果看，我国财政支出对民间投资的挤出效应不明显，这也与中国财政部部长项怀诚（2001）的论点相似。

2. 资本外逃

"资本外逃"是描述资本跨国流动的一种特殊的经济现象，这种资本流动可能是出于担心国内经济的不稳定、政府政策的不确定、投资环境的恶化、货币的贬值、罚没性税收、战争、政治动荡以及其他因素。这种形式的资本流动，其特殊性在于：第一，完全出于自发，不受政府监控，收益不向政府纳税；第二，没有正常、如实地反映在国际收支平衡表中；第三，对宏观经济的波动异常敏感；第四，带有很强的突发性，"羊群效应"十分明显。国外理论界对于资本外逃成因诠释的文献，主要有资产组合理论、人力资本理论、政党轮流执政理论、公共地悲剧理论和政治风险理论，这些理论从不同角度诠释了资本外逃产生的原因及其内在机制。"政治风险论"是解释资本外逃一种比较传统的理论，金德伯格（Kindleberger）认为资本外逃是由于政治不稳定、战争、革命等因素引发的，第二次世界大战期间的资本外逃用这一理论可以得到很好的诠释。基于对资本外逃不同的理解，其测算方式也各不相同，有卡丁顿（Cuddington）首创的通过国际收支平衡表中包含资本外逃项目直接相加的直接法（Direct Method），有世界银行根据国际收支平衡表"资金来源＝资金运用"的基本原则提出的余额法（Residual Method）等。

牛晓健等（2005）根据卡丁顿的直接法测算了经济转型时期中国资本外逃的规模，对影响中国资本外逃的主要因素进行了实证检验，并利用影响资本外逃最优的回归方程，预测了局部战争时期资本外逃的规模。文章假定我国未来爆发局

---

① 平均税率 t_n 和进口收入比 m 套用 2006 年经济数据，根据 2006 年统计公布得 $t_n = 0.18$，$m = 0.35$。

部战争，经济并非完全实行军事化管制，在战争进行的同时，经济、金融能够正常运转。战争持续时间较短，在半年至一年时间内结束。战争支出较大，在战时及战争结束后，面临较长时期的经济制裁。现有的一些制度环境一直持续到战争爆发时保持不变，如（实际上的）固定汇率制、资本账户管制、利率管制等。就资本外逃来说，战争的最大影响是使不可预测的国内风险大大增加。本文归纳了我国资本外逃规模放大的诱因可能包括以下几类：第一，实际汇率贬值。第二，战时我国国际储备的规模可能急剧下降，导致资本外逃增加。第三，战争时期不可避免地发生通货膨胀。军事开支引发的财政赤字和国债余额的剧增，可能使公众产生较高的通货膨胀预期，为寻求较好的套期保值手段，公众会倾向于持有国外资产，进而出现资本外逃。

为了衡量投资减少引致的战争成本，需要建立测度投资流量减少的计量回归模型。本文借鉴牛晓健等的研究成果，在他们研究的基础上，进行若干修正和改造，以期尽可能真实地反映战争造成的当年资本外逃数量。本文使用牛晓健等（2005）的计量回归模型（如下公式），该模型具有较高的拟合优度，调整后的样本决定系数达到 0.927，F 值为 41.957，通过了置信度为 99% 的条件下的 F 检验和 Durbin – Watson 检验。

$$CF3 = -123.126 + 54.998 - 0.439 - 5.308$$
$$(28.723)\ (5.303)\ (0.068)\ (1.374)$$

我们仍然假定战争时期人民币实际汇率贬值 20% ~ 30%（现行人民币对美元汇率按 7.6 计算），国际储备减少 30% ~ 50%，通货膨胀率上升至 7% ~ 10%。2007 年 3 月国家外汇管理局公布的国家外汇储备为 12020.31 亿美元。假设战争爆发时国家外汇储备为 13000 亿美元，汇率贬值 1.52 ~ 2.28，外汇储备减少 3900 亿 ~ 6500 亿美元，则局部战争爆发，我国每年的资本外逃将在现有基础上增加 1758.5 亿 ~ 2925.8 亿美元，取中间值为 2342.15 亿美元。外商直接投资等外来资金和国内资金一样，受我国汇率、通货膨胀率、国际储备等因素影响，因此，本文将外商直接投资撤回的规模归入资本外逃的规模之中，不再单独测算。相比牛晓健等（2005）的测算结果，由于近年来人民币升值和国家外汇储备大幅上升的因素，战时资本外逃的规模也大幅增加。

四、投资需求变动造成的经济损失评估

我们假设，如果 2008 年我国发生局部战争，它会造成国民经济民间投资流量减少的巨大损失。根据国家统计局 2006 年统计公报的数据显示，2006 年全社会固定资产投资 109870 亿元，人民币兑美元汇率按 7.62 计算，战时国民经济民间投资流量减少 18537.3 亿元，约占 2006 年全社会固定资产投资的 16.9%。一方面，国防费用方面的政府支出增加 $\Delta G = 2905.34$ 亿美元；另一方面，民用投资减少约 $\Delta I = 2432.71$ 亿美元，由于政府支出的投资乘数小于民间投资乘数（民间投资效率更高），因而政府支出增加对经济的正面作用与民用投资减少对经济的负面效应孰大孰小，尚须考证。

凯恩斯主义乘数理论认为，投资和政府支出增加时，国民收入会相应增加，收入增量与投资增量的比例被称为投资乘数或政府购买乘数。其中，投资乘数 $K = 1/(1-\beta)$，政府购买乘数 $kg = 1/[1-\beta(1-t)]$，β、t 分别为边际消费倾向和边际税收倾向。根据乘数理论，投资变化所造成的 GDP 变动 $\Delta GDP_2 = kg \times \Delta G - k \times \Delta I$。

用《中国统计年鉴》（2006）数据，选取 1978~2005 年样本区间进行回归，得到最终消费方程：

$C = 3526.607 + 0.352409y$

    (0.863407)（6.501069）

R – squared = 0.99942

F – statistic = 12644.51

Durbin – Watson stat = 1.862411

AR（1）= 1.865815

AR（2）= - 0.930011

由于《中国统计年鉴》（2006）数据区间一定，对于税收收入方程的估计我们选取 1989~2005 年样本区间，估计结果如下：

$T = -3624.043 + 0.170804Y$

    (-2.445724)（13.91254）

R – squared = 0.998075

F – statistic = 1901.178

Durbin – Watson stat = 2.153517

AR（1）= 1.52669

AR（2）= - 0.736481

在计算出边际消费倾向和边际税收倾向后，可以计算投资乘数和政府购买乘数：

$k = 1/(1-\beta) = 1.54$

$k_g = 1[1-\beta(1-t)] = 1.41$

由此可以测算出投资变化所造成的 GDP 变动 $\Delta GDP = k_g \times \Delta I - k \times \Delta I = 350.2$，即军事投资增加抵消民用投资减少部分，仍可拉动 GDP 增长 350.2 亿美元。

五、结论

战争状态下，由于受资产破坏、投资和消费减少以及进出口贸易受阻等因素影响，国内生产总值会产生不同程度的减少。投资需求变动所造成的战争成本方面，受挤出效应和资本外逃等因素影响所造成投资变化对 GDP 增长带来一定的负面效应，然而综合考虑战时政府购买支出扩张所引致的投资增加等因素，测得战时投资变动并未造成国内生产总值的大滑坡，由于政府投资的大幅增加抵消了消费和投资市场的变化，GDP 在原有基础上有所增长，GDP 变动 $\Delta GDP = 350.2$ 亿美元。其中，因为战争需要而进行的财政扩张所引致的挤出效应并不明显，而由于投资环境恶化、心理预期下降所造成的资本外逃数量庞大，初步估算达到 2342.15 亿美元，约占 2005 年私人投资总额①的 30.2%。

战争对投资的作用机制和影响大小具有高度的复杂性和不确定性，本研究所建立的模型是一个基本分析模型，只是为将来继续研究战争成本问题提供原型，其研究方法也只是提高继续研究的思路。关于政策建议方面，本文认为为降低战时投资需求变动所带来的经济影响，应在提高国防投资效率和防范资本外逃方面下功夫。战时，政府军事扩张的财政政策能否熨平战争带来的经济戕害，关键看政府的战时国防投资是否具有效率，是否可以转换为较大的投资乘数，拉动经济保持增长，渡过难关。资本外逃是转型国家普遍存在的一种现象，战时尤甚。尽管本文测算的战时资本外逃的规模、影响力尚没有危及我国国民经济发展的总体步伐，没有给战时经济造成无可挽回的、灾难性的后果，但通过分析我们也已经认识到资本外逃对于我国战时国民经济安全有潜在的危害性。对于未来可能面临的局部战争，政府可以通过稳步实施人民币汇率的市场化改革、充分利用税收等财政金融工具、强化对非法方式资本外逃的防范、监控和追缴等措施，防范大规模的资本外逃，保持国际收支的可持续性，稳定战时经济的内外平衡。

参考文献

[1] 方正起. 战争成本效益概论 [M]. 北京：中国经济出版社，2004.

---

① 私人投资仍采用全社会固定资产投资减去国有经济投资的近似值。

［2］罗敏．中国国防经济学 2006［M］．北京：中国财政经济出版社，2007.

［3］Asian Development Bank. Asian Development Outlook 2007：Growth amid Change［EB/OL］．2007：349. http：//www. adb. org/Documents/Books/ADO/2007/default. asp.

［4］张允壮．战争的经济成本与经济承受力研究［D］．长沙：国防科技大学，2007.

［5］项怀诚．积极财政政策没有对民间投资产生挤出效应［J］．经济研究参考，2001（87）：14－15.

［6］Kindleberger, C. International Short－term Capital Movement［M］．New York：Columbia University Press，1937：156－179.

［7］Keith Harti E. Y. The Costs of War［R/OL］．http：//www. york. ac. uk/depts/eoon/documrents/research/war. pdf.

［8］Warwick J. Mckibbin, And Rew Stoeckel. The Economic Costs of a War in Iraq［R/OL］．March 2003. http：//vienna. usembassy. gov/en/download/pdf/econ－cost. pdf.

［9］William D. Nordhaus. The Economic Consequences of A War with Iraq［R］．National Bureau of Economic Research Working Paper Series，2002：9361.

［10］中华人民共和国国家统计局．中国统计年鉴：2006［M］．北京：中国统计出版社，2006.

［11］清华大学经济管理学院课题组．我国国民经济对战争的承受能力分析［D］．清华大学经济管理学院，2001.

［12］牛晓健，张德勇．局部战争时期资本外逃的规模预测及防范建议［J］．军事经济研究，2005（9）：9－13.

［13］马欣．伊拉克战争对美国经济的影响［J］．国际金融研究，2005（3）：70－73.

［14］徐明华．我国财政挤出效应的定量研究［J］．湖南文理学院学报（社会科学版），2004（1）：44－47.

［15］杜为公，刘义银，李学武．西方战争经济损失评估研究综述［J］．军事经济研究，2003（8）：26－30.

国防科技成果转化风险资本引入的契约设计①

杨艳军 张伟超

一、企业决策权与剩余索取权配置是风险资本引入契约的核心

20 世纪 70 年代以来，风险投资在全球范围内掀起了一股热潮，对推动世界经济尤其是科技成果的转化发挥了重要作用，其优势在于能较好地解决转化资金和管理问题。目前，我国国防科技成果转化管理体制不顺、缺乏中试、开发资金已经成为一个普遍现象。刘治平（2004）在对全军未转化的 73 项非装备类成果和 80 项装备类成果的调查中就指出管理和资金因素是影响国防科技成果转化的首要因素。如何在我国国防科技成果转化中引入风险资本，建立合理的风险投资契约，推动国防科技成果转化，是当前的一个重大课题。

国防科技成果转化具有极大的不确定性，并直接引发了缔约双方的双重道德风险：国防风险企业掌握项目的核心技术，拥有大量风险投资家无法验证的私人信息，可能做出夸大成功率、隐藏项目进展等有损风险投资者利益的行为；而风险投资家也有可能不尊重知识产权，利用项目套牢国防风险企业等不利于国防风险企业的行为。这种双重道德风险使得国防科技成果转化风险资本引入契约所涉及的因素复杂化，但国防风险企业中的所有权配置，是能否在国防科技成果转化内成功引入风险资本的首要问题，这里的所有权是指风险企业的决策权及剩余索取权。如何兼顾国防风险企业和风险投资者的激励，配置国防风险企业的决策权及剩余索取权，解决国防风险企业与风险投资者对项目转化成功带来的收益分配

---

① 本文原载于《科技成果管理与研究》2008 年第 1 期。

问题，是国防科技成果转化风险资本引入契约的核心。

目前国外关于国防领域风险投资的文献主要集中在国防风险投资适用的技术类型（Held，Bruce，Kenneth P. Horn，2002），国防风险投资的机构设置（David R. Graham，2003），风险投资机构的人员激励（Bruce Held，Ike Chang，2001）这几个方面；国内的文献主要还停留在对国防领域引入风险资本的必要性的探索阶段，有的是定性分析（王笑，2004；吴玉广，2002），有的是通过实证研究得出结论（刘治平，2004）。本文立足我国国防科技成果转化的具体实践，探讨我国国防科技成果转化中风险资本的引入契约，以期能为我国利用风险资本促进国防科技成果转化提供一点有益的参考和启示。

二、国防科技成果转化的风险资本引入契约的模型分析

在国防科技成果转化风险投资中，国防风险企业是由拥有人力资本的 EN（企业内部成员）和拥有物质资本的 VC（风险投资者）组成，EN 有一个项目需要外部融资，且所需的融资 I 是常数。假设有两期投资，在时期 0，VC 通过首轮投资 I_1，双方签订合同（d，γ），VC 获得风险企业的股权比例 $1 - \alpha$ 和控制权比例 $1 - \gamma$。EN 根据合同来决定自己的最佳努力程度 e，时期 2 需继续投资 I_2，在时期 3 实现投资收益并进行分配（不考虑时间折现），基本时序如图所示：

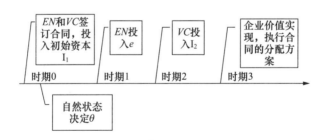

图1　国防科技成果转化风险投资时序

对国防科技成果转化项目所在的风险企业而言，投资收益的实现包括两个部分 $F = R + S$，其中 R 为项目的经济收益，S 为国防收益，其中经济收益 R 为可证实的货币收益，其分配可以通过合同中索取权的规定在 EN、VC 之间分配，而国防收益 S 是不可证实的收益，是国防科技企业的专署性收益。项目经济收益函数

与国防收益函数的定义为：

$$R = R(\theta, e, I, \lambda)$$

$$S = S(\theta, e, I, \lambda)$$

$\theta \in [\underline{\theta}, \overline{\theta}]$ 表示国防科技成果转化项目的自然状态，e 为企业内部成员的努力程度，$I = I_1 + I_2$ 是指风险投资者所有但由企业使用的资本，λ 为军事资产专用性度量。

假设 1：R、S 是 e、I 单调递增的凸函数，是 θ 的递增函数。即 $\frac{\partial R}{\partial x} > 0$，$\frac{\partial^2 R}{\partial x^2} \leq 0$，$x = e$，$I$，$\frac{\partial R}{\partial \theta} > 0$，对所有 λ，有 $\frac{\partial R}{\partial \lambda} < 0$，$\frac{\partial S}{\partial \lambda} > 0$，表明资产的军事专用性越高，获经济利益的空间越小，而国防收益的预期越大。

假设 2：企业内部与风险投资者的利润分配呈线性关系：

$$y_{EN} = \alpha R + S$$

$$y_{VC} = (1 - \alpha) R$$

假设 3：假设 S 与 R 之间是可以转换的，这种转移不存在任何损耗，对于 EN 而言，$\alpha R < S$ 价值转移，获得的国防收益大于按照持股比例分摊的货币利益损失，因此 EN 具有追求 S 的激励。

假设 4：风险投资者是根据报告利润而非实际利润获得剩余，企业内部成员在一定的控制权下能操作利润账户，从而影响风险投资者所能分享的利润，R^0 为报告利润，$R^0 = \delta(\gamma) R$，这里 $0 < \delta(\gamma) \leq 1$，$\frac{\partial \delta}{\partial \gamma} > 0$，$\delta(0) = 1$，$R - R^0$ 为剩余。EN 所能得到的总收益与控制权 γ 正相关，同时 VC 拥有控制权后，将对风险企业进行监控，$c = c(\gamma)$，$\frac{\partial c}{\partial \gamma} < 0$，$VC$ 随着自己所拥有控制权的增大，所付出的监控成本不断增加。

假设 5：企业内部成员与风险投资者都是风险中性者。

因 S 与 R 之间是可以转换的，当企业内部成员的控制权足以使得自己所能获得的剩余利润大于项目本身具备的国防收益的时候，企业内部成员将选择操纵利润账户，以最大化剩余；而当企业内部成员的控制权使得自己所能获得的剩余利润不足以弥补项目本身具备的国防收益的时候，将选择不操纵账户，而按照实际利润进行分配。据此企业内部成员与风险投资者实际利益分配方式为：

$$y_{EN} = \begin{cases} \alpha R^0 + (R - R^0) = [1 - \delta(1 - \alpha)]R, & \delta(\gamma) \leq 1 - \dfrac{S}{R} \\ \alpha R + s, & \delta(\gamma) > 1 - \dfrac{S}{R} \end{cases}$$

$$y_{VC} = \begin{cases} (1-\alpha)R^0 = \delta(1-\alpha)R, \; \delta(\gamma) \leqslant 1 - \dfrac{S}{R} \\[3mm] (1-\alpha)R, \; \delta(\gamma) > 1 - \dfrac{S}{R} \end{cases}$$

根据风险中性假设，企业内部成员与风险投资者实际利益分配方式的效用函数可分别定义为：

$$U_{EN} = y_{EN} - C = \begin{cases} [1 - \delta(1-\alpha)]R - C(e), \; \delta(\gamma) \leqslant 1 - \dfrac{S}{R} \\[3mm] \alpha R + s - C(e), \; \delta(\gamma) > 1 - \dfrac{S}{R} \end{cases}$$

$$U_{VC} = y_{VC} - C = \begin{cases} \tau[\delta(1-\alpha)R - I - c(\gamma)] + (1-\tau)G(\gamma), \; \delta(\gamma) \leqslant 1 - \dfrac{S}{R} \\[3mm] \tau[(1-\alpha)R - I] + (1-\tau)G(\gamma), \; \delta(\gamma) > 1 - \dfrac{S}{R} \end{cases}$$

$C(e)$ 是工作努力程度的成本函数，满足：$\dfrac{\partial C}{\partial e} > 0$，$\dfrac{\partial^2 C}{\partial e^2} > 0$，风险投资者的效用函数由两个加权项构成，第一部分是货币形式的剩余，第二部分是非货币形式的剩余。因风险投资者在国防科技风险投资过程中，并非是初始委托人，风险投资者拥有中间委托人和中间代理人的双重身份，有在投资过程中追求租金收入的激励，而这个效用函数，就表示了风险投资者在追求租金收入依赖于某种程度上直接行使决策权，我们用 τ 来表示初始委托人的所有权约束和风险投资者直接侵吞租金的可能性。

1. 间断性分析

企业内部成员与风险投资者都是风险中性者的效用函数，均为以 $\delta(\gamma) = 1 - \dfrac{S}{R}$ 为间断点或线的分段函数，首先分析这个间断处，令

$$F(\alpha, \gamma) = \delta(\gamma) + \frac{S(\theta, e, I, \lambda)}{R(\theta, e, I, \lambda)} - 1$$

因 $R = R(\theta, e, I, \lambda) \geqslant 0$，$S = S(\theta, e, I, \lambda) \geqslant 0$，$\gamma \in [0, 1]$，$\delta \in (0, 1]$，当 $\gamma = 0$ 时，$\delta(0) = 1$，$F(\alpha, 0) = 1 + \dfrac{S(\theta, e, I, \lambda)}{R(\theta, e, I, \lambda)} - 1 = \dfrac{S(\theta, e, I, \lambda)}{R(\theta, e, I, \lambda)} > 0$。

F 对 γ 求导，得 $F' = \dfrac{\partial \delta}{\partial \gamma} + \dfrac{S}{R}$，当 $\dfrac{\partial S / \partial e}{\partial R / \partial e} > -\dfrac{\partial \delta}{\partial \gamma}$ 时，即国防收益与经济收益的变化率之比大于财务操纵力与控制权比率时，$\dfrac{\partial F}{\partial \gamma} > 0$，而当 $\dfrac{\partial S / \partial e}{\partial R / \partial e} < -\dfrac{\partial \delta}{\partial \gamma}$ 时，即国防收

益与经济收益的变化率之比小于财务操纵力与控制权比率时，$\frac{\partial F}{\partial \gamma} < 0$。

当 $\gamma = 1$ 时，$\delta(1) \to 0$，此时，$F(\alpha, 1) = \frac{S(\theta, e, I, \lambda)}{R(\theta, e, I, \lambda)} - 1$，若 $S(\theta, e, I, \lambda) > R(\theta, e, I, \lambda)$，即国防收益大于经济收益的时候，$F(\alpha, 1) > 0$，若 $S(\theta, e, I, \lambda) \le R(\theta, e, I, \lambda)$，即国防收益不大于经济收益的时候，$F(\alpha, 1) \le 0$。

因此，当 $\frac{\partial S / \partial e}{\partial R / \partial e} < \frac{\partial \delta}{\partial \gamma}$ 时，即国防收益与经济收益的变化率之比小于财务操纵力与控制权比率时，$\frac{\partial F}{\partial \gamma} < 0$，此时又可分为两种情况：

（1）国防收益大于经济收益时，$F(\alpha, \gamma) > 0$。

（2）国防收益不大于经济收益时，存在一个点 γ^0，使得 $\delta(\gamma^0) = 1 - \frac{S(\theta, e, I, \lambda)}{R(\theta, e, I, \lambda)}$，当 $0 \le \gamma < \gamma^0$ 时，$F(\alpha, \gamma) > 0$，当 $\gamma^0 < \gamma \le 1$ 时，$F(\alpha, \gamma) < 0$。

而当 $\frac{\partial S / \partial e}{\partial R / \partial e} > -\frac{\partial \delta}{\partial \gamma}$，$\frac{\partial F}{\partial \gamma} > 0$，$F(0) > 0$，此时 $F(1) \le 0$ 不成立，舍弃，也就是说，当 $\frac{\partial S / \partial e}{\partial R / \partial e} > -\frac{\partial \delta}{\partial \gamma}$ 时，国防收益一定大于经济收益，$F(\gamma) > 0$ 在 $\gamma \in [0, 1]$ 恒成立。

综上所述，我们可以得到如下结论：

（1）国防收益大于经济收益的项目所在的风险企业中，$F(\alpha, \gamma) > 0$，即 $\delta(\gamma) > 1 - \frac{S}{R}$，企业内部成员与风险投资者的效用函数为：

$U_{EN} = \alpha R + s - C(e)$

$U_{VC} = \tau[(1 - \alpha)R - I] + (1 - \tau)G(\gamma)$

（2）国防收益不大于经济收益的项目所在的风险企业中，存在一个点 γ^0，使得：

$\delta(\gamma^0) = 1 - \frac{S(\theta, e, I, \lambda)}{R(\theta, e, I, \lambda)}$，当 $0 \le \gamma < \gamma^0$ 时，$F(\alpha, \gamma) > 0$，$\delta(\gamma) > 1 - \frac{S}{R}$，当 $\gamma^0 < \gamma \le 1$ 时，$F(\gamma) < 0$，$\delta(\gamma) \le 1 - \frac{S}{R}$，企业内部成员与风险投资者的效用函数为：

$$U_{EN} = y_{EN} - C = \begin{cases} [1 - \delta(1 - \alpha)]R - C(e), & 0 \le \gamma < \gamma^0 \\ \alpha R + s - C(e), & \gamma^0 < \gamma \le 1 \end{cases}$$

$$U_{VC} = y_{VC} - C = \begin{cases} \tau[\delta(1 - \alpha)R - I - c(\gamma)] + (1 - \tau)G(\gamma), & 0 \le \gamma < \gamma^0 \\ \tau[(1 - \alpha)R - I] + (1 - \tau)G(\gamma), & \gamma^0 < \gamma \le 1 \end{cases}$$

2. 决策权与剩余索取权分配模型分析

在 (α, γ) 既定的情况下，企业内部成员能选择的最优努力程度由一阶条件决定。

（1）$S > R$ 的转化项目所在风险企业的 (α, γ) 分配。当 $S > R$ 时，企业内部成员能选择的最优努力程度的一阶条件为：

$$\frac{\partial C}{\partial e^*} = \alpha \frac{\partial R}{\partial e^*} + \frac{\partial S}{\partial e^*}$$

显而易见，此时，企业内部成员的工作努力程度与企业持有的决策权无关，而是随企业持有的剩余所取权份额的增加而增加。

当 (α, γ) 的分配要解决的问题是：

$$\max_{\{\alpha, \gamma\}} U_{VC} = \tau \left[(1 - \alpha) R - 1 \right] + (1 - \tau) G(\gamma)$$

$$\text{s. t.} \rightarrow \frac{\partial C}{\partial e^*} = \alpha \frac{\partial R}{\partial e^*} + \frac{\partial S}{\partial e^*}$$

通过整理一阶条件，我们得到：

$$\alpha^* : (1 - \alpha) \frac{\partial R}{\partial e^*} \frac{\partial e^*}{\partial \alpha} = R$$

$$\gamma^* : (1 - \tau) \frac{\partial G}{\partial \gamma} = 0$$

式中 $\frac{\partial e^*}{\partial \alpha}$ 是根据一阶条件定义的。根据结论，我们分别来分析 (α, γ) 的增加所带来的边际收益和边际成本，当二者相等，就决定了风险投资者最优的 (α, γ)，用 (a^*, γ^*) 来表示。α 增加带来的边际收益是通过激励相容约束，对企业成员的努力程度所造成的影响，但增加后，风险投资者所拥有的剩余份额减少，这是边际成本，而由约束条件可知，γ 对企业内部成员工作努力程度不产生作用，边际成本则是对风险投资者利用决策权进行寻租活动的影响。

我们把一阶条件整理为以下形式：

$$\Lambda = (1 - \alpha) \frac{\partial R}{\partial e^*} \frac{\partial e^*}{\partial \alpha} - R = 0$$

$$\Gamma = (1 - \tau) \frac{\partial G}{\partial \gamma} = 0$$

就 $\Lambda (\alpha, I, \lambda)$，分别对 α、I、λ 求偏导，得到：

$$\frac{\partial \Lambda}{\partial \alpha} = -\frac{\partial R}{\partial e^*} \frac{\partial e^*}{\partial \alpha} + (1 - \alpha) \left[\frac{\partial R}{\partial e^*} \left(\frac{\partial e^*}{\partial \alpha} \right)^2 + \frac{\partial R}{\partial e^*} \frac{\partial^2 e^*}{\partial \alpha} \right] - \frac{\partial R}{\partial e^*} \frac{\partial e^*}{\partial \alpha} < 0$$

$$\frac{\partial \Lambda}{\partial I} = (1 - \alpha) \left(\frac{\partial^2 R}{\partial I \partial e^*} \frac{\partial e^*}{\partial \alpha} + \frac{\partial^2 R}{\partial e^{*2}} \frac{\partial e^*}{\partial I} \frac{\partial e^*}{\partial \alpha} + \frac{\partial R}{\partial e^*} \frac{\partial^2 e^*}{\partial \alpha \partial I} \right) - \frac{\partial R}{\partial e^*} \frac{\partial e^*}{\partial I} - \frac{\partial R}{\partial I}$$

$$\frac{\partial \Lambda}{\partial \lambda} = (1 - \alpha)\left(\frac{\partial^2 R}{\partial \lambda \partial e^*}\frac{\partial e^*}{\partial \alpha} + \frac{\partial^2 R}{\partial e^{*2}}\frac{\partial e^*}{\partial \lambda}\frac{\partial e^*}{\partial \alpha} + \frac{\partial R}{\partial e^*}\frac{\partial^2 e^*}{\partial \alpha \partial \lambda}\right) - \frac{\partial R}{\partial e^*}\frac{\partial e^*}{\partial \lambda} - \frac{\partial R}{\partial \lambda}$$

因 $\frac{\partial \Lambda}{\partial I}$，$\frac{\partial \Lambda}{\partial \lambda}$ 的符号无法判断，这表明风险投资者的投资量和国防科技成果项目资产的军事专用性对企业最优剩余份额的影响方向是不确定的。经过进一步观察我们发现，企业内部成员的努力程度与风险投资者的投资量及国防科技成果项目资产的军事专用性之间的混合偏导越大，则 $\frac{\partial \Lambda}{\partial I}$，$\frac{\partial \Lambda}{\partial \lambda}$ 为正的可能性就越大，换言之，如果企业内部成员的努力程度对剩余份额的变化越敏感，企业内部成员应当占有的剩余份额就越大。

我们再把 $\Gamma(\gamma、\tau)$ 依次对 γ、τ 求偏导，可以得到：

$$\frac{\partial \Gamma}{\partial \gamma} = (1 - \tau)\frac{\partial^2 G}{\partial \gamma^2}$$

$$\frac{\partial \Gamma}{\partial \tau} = -\frac{1}{\tau^2}\frac{\partial G}{\partial \gamma} > 0$$

这两个公式表明：随着风险投资者自身直接占有剩余可能性的提高，风险投资者会给予企业更多的自主权。

因此，在 $S > R$ 的转化项目所在的风险企业中，企业内部人员的工作努力程度与企业持有的决策权无关，而是随企业持有的剩余索取权份额的增加而增加。而对风险投资者而言，对决策权的掌握可以影响其寻租的能力，所以博弈的均衡结果为 $\gamma^* \in \min\gamma$，又因为 $\gamma \in [0, 1]$，γ 分配的最终结果为 $\gamma^* = 0$，即决策权完全由风险投资者所有，以调动其投资参与企业管理的积极性。企业的剩余索取权 α^*，由企业内部成员的努力程度对剩余份额的变化敏感程度决定，企业内部成员的努力程度对剩余份额的变化越敏感，企业内部成员应当占有的剩余份额就越大。

（2）$S \leq R$ 的转化项目所在风险企业的 (α, γ) 分配。当 $\gamma^0 \leq \gamma \leq 1$ 时，企业的剩余索取权与决策权的安排与 $S > R$ 的相同，企业的剩余索取权 α^* 由企业内部成员的努力程度对剩余份额的变化敏感程度决定，企业内部成员的努力程度对剩余份额的变化越敏感，企业内部成员应当占有的剩余份额就越大。但是决策权分配则与前略有不同：$\gamma^* \in \min\gamma$，而此时 $\gamma^0 \leq \gamma \leq 1$，所以企业内部成员所能得到的决策权为 $\gamma^* = \gamma^0$，风险投资者所得到的决策权为 $1 - \gamma^0$。

当 $0 \leq \gamma < \gamma^0$ 时，企业内部成员与风险投资者的效用函数为：

$$U_{EN} = (1 - \delta(\gamma)(1 - \alpha))R - C(e)，\quad 0 \leq \gamma < \gamma^0$$

$$U_{VC} = \tau[\delta(\gamma)(1 - \alpha)R - I - c(\gamma)] + (1 - \tau)G(\gamma)，\quad 0 \leq \gamma < \gamma^0$$

企业内部成员能选择的最优努力程度的一阶条件为：

$$[1-\delta(\gamma)(1-\alpha)]\frac{\partial R}{\partial e^*}=\frac{\partial C}{\partial e^*},\ 0\leqslant\gamma<\gamma^0$$

此时，企业内部人员的工作努力程度随企业持有的决策权与剩余索取权份额的增加而增加。决策权影响最优努力程度的途径有两个方面：一是影响利润函数，二是通过操作账户来影响实际剩余份额，对于任意给定的(α,γ)，若企业操作账户的能力较强，则其努力程度必然提高。因此(α,γ)的决定要解决的问题是：

$$\max_{\{\alpha,\gamma\}}U_{VC}=\tau[\delta(\gamma)(1-\alpha)R-I-c(\gamma)]+(1-\tau)G(\gamma),$$

$$\mathrm{s.\,t.}\rightarrow\frac{\partial C}{\partial e^*}=(1-\delta(\gamma)(1-\alpha))\frac{\partial R}{\partial e^*}$$

我们把一阶条件整理为以下形式：

$$L=(1-\alpha)\frac{\partial R}{\partial e^*}\frac{\partial e}{\partial\alpha}-R=0$$

$$\prod=\delta(\gamma)(1-\alpha)\frac{\partial R}{\partial e^*}\frac{\partial e^*}{\partial\gamma}+\frac{\partial\delta}{\partial\gamma}(1-\alpha)R+\frac{(1-\tau)}{\tau}\frac{\partial G}{\partial\gamma}-\frac{\partial c}{\partial\gamma}$$

就$L(\alpha,I,\lambda)$分别对α、I、λ求偏导，得到：

$$\frac{\partial L}{\partial\alpha}=-\frac{\partial R}{\partial e^*}\frac{\partial e^*}{\partial\alpha}+(1-\alpha)\left[\frac{\partial R}{\partial e^*}\left(\frac{\partial e^*}{\partial\alpha}\right)^2+\frac{\partial R}{\partial e^*}\frac{\partial^2 e^*}{\partial\alpha^2}\right]-\frac{\partial R}{\partial e^*}\frac{\partial e^*}{\partial\alpha}<0$$

$$\frac{\partial L}{\partial I}=(1-\alpha)\left(\frac{\partial^2 R}{\partial I\partial e^*}\frac{\partial e^*}{\partial\alpha}+\frac{\partial^2 R}{\partial e^{*2}}\frac{\partial e^*}{\partial I}\frac{\partial e^*}{\partial\alpha}+\frac{\partial R}{\partial e^*}\frac{\partial^2 e^*}{\partial\alpha\partial I}\right)-\frac{\partial R}{\partial e^*}\frac{\partial e^*}{\partial I}-\frac{\partial R}{\partial I}$$

$$\frac{\partial L}{\partial\lambda}=(1-\alpha)\left(\frac{\partial^2 R}{\partial\lambda\partial e^*}\frac{\partial e^*}{\partial\alpha}+\frac{\partial^2 R}{\partial e^{*2}}\frac{\partial e^*}{\partial\lambda}\frac{\partial e^*}{\partial\alpha}+\frac{\partial R}{\partial e^*}\frac{\partial^2 e^*}{\partial\alpha\partial\lambda}\right)-\frac{\partial R}{\partial e^*}\frac{\partial e^*}{\partial\lambda}-\frac{\partial R}{\partial\lambda}$$

因$\frac{\partial L}{\partial I}$，$\frac{\partial L}{\partial\lambda}$的符号无法判断，这表明风险投资者的投资量和国防科技成果风险企业资产的军事专用性对企业最优剩余份额的影响方向是不确定的。经过进一步观察我们发现，企业内部成员的努力程度与风险投资者的投资量及国防科技成果风险企业资产的军事专用性之间的混合偏导越大，则$\frac{\partial L}{\partial I}$，$\frac{\partial L}{\partial\lambda}$为正的可能性就越大，换言之，如果说企业内部成员的努力程度对剩余份额的变化越敏感，企业内部成员应当占有的剩余份额就越大。我们再把$\prod(\gamma,I,\lambda,\tau)$依次对$\gamma$、$I$、$\lambda$、$\tau$求偏导，可以得到：

$$\frac{\partial\prod}{\partial\gamma}=\delta(\gamma)(1-\alpha)\left[\frac{\partial^2 R}{\partial\gamma\partial e^*}\frac{\partial e^*}{\partial\gamma}+\frac{\partial R}{\partial e^*}\frac{\partial^2 e^*}{\partial\gamma^2}+\frac{\partial R}{\partial e^*}\left(\frac{\partial e^*}{\partial\gamma}\right)^2\right]+2\frac{\partial\delta}{\partial\gamma}(1-\alpha)\frac{\partial R}{\partial e^*}\frac{\partial e^*}{\partial\gamma}+$$

$$\frac{\partial^2\delta}{\partial\gamma^2}(1-\alpha)R+\frac{(1-\tau)}{\tau}\frac{\partial^2 G}{\partial\gamma^2}-\frac{\partial^2 c}{\partial\gamma^2}<0$$

$$\frac{\partial \prod}{\partial I} = \delta(\gamma)(1-\alpha)\left[\frac{\partial^2 R}{\partial I \partial e^*}\frac{\partial e^*}{\partial \gamma} + \frac{\partial R}{\partial e^*}\frac{\partial^2 e^*}{\partial I \partial \gamma} + \frac{\partial R}{\partial e^*}\frac{\partial e^*}{\partial \gamma}\frac{\partial e^*}{\partial I}\right] + \frac{\partial \delta}{\partial \gamma}(1-\alpha)$$

$$\left(\frac{\partial R}{\partial I} + \frac{\partial R}{\partial e^*}\frac{\partial e^*}{\partial I}\right) > 0$$

$$\frac{\partial \prod}{\partial \lambda} = \delta(\gamma)(1-\alpha)\left[\frac{\partial^2 R}{\partial \lambda \partial e^*}\frac{\partial e^*}{\partial \gamma} + \frac{\partial R}{\partial e^*}\frac{\partial^2 e^*}{\partial \lambda \partial \gamma} + \frac{\partial R}{\partial e^*}\frac{\partial e^*}{\partial \gamma}\frac{\partial e}{\partial \lambda}\right] + \frac{\partial \delta}{\partial \gamma}(1-\alpha)$$

$$\left(\frac{\partial R}{\partial \lambda} + \frac{\partial R}{\partial e^*}\frac{\partial e}{\partial \lambda}\right) > 0$$

$$\frac{\partial \prod}{\partial \tau} = -\frac{1}{\tau^2}\frac{\partial G}{\partial \gamma} > 0$$

这四个公式表明：

1）当混合偏导数 $\frac{\partial^2 R}{\partial I \partial e^*}$，$\frac{\partial^2 R}{\partial \lambda \partial e^*}$，$\frac{\partial^2 R}{\partial \gamma \partial I}$，$\frac{\partial^2 R}{\partial \gamma \partial \lambda}$ 较大时，在范围 $\gamma^* \in [0, \gamma^0)$ 内，风险投资者会给资产军事专用性比较强的企业更多的自主权。

2）当混合偏导数 $\frac{\partial^2 R}{\partial I \partial e^*}$，$\frac{\partial^2 R}{\partial \lambda \partial e^*}$，$\frac{\partial^2 R}{\partial \gamma \partial I}$，$\frac{\partial^2 R}{\partial \gamma \partial \lambda}$ 较大时，随着风险投资者投入资本的增加，在范围 $\gamma^* \in [0, \gamma^0)$ 内，风险资本家会给企业内部成员更多的自主权，调动其工作积极性，以最大限度地提高总利润量 R。

3）随着风险投资者自身直接占有剩余可能性的提高，风险投资者也会给予企业内部成员更多的自主权。

三、企业决策权与剩余索取权的合理配置模式

有效的国防科技成果转化风险资本引入契约，有助于解决委托—代理问题，消除"道德风险"，协调风险资本家与国防风险企业内部成员之间的关系，对双方形成合理的激励与约束机制，是解决利益冲突、克服权利与义务不对称及减少代理人问题的重要制度安排。而契约的有效程度，取决于企业决策权与剩余索取权配置的对称程度，本文针对这一问题，做了初步的探讨，通过分析得出以下结论：

一是国防风险企业中的剩余索取权和决策权配置应该分离，而且控制权在双方之间配置的比重，随着风险企业发展绩效的变化，在风险投资者与国防风险企业内部成员之间作出动态调整，表现出一种状态依存特征。

二是国防风险企业控制权的分配：国防效益越大的项目，决策权因为尽量多

地分配给风险投资者，以降低投资者风险，调动其投资参与企业管理，但随着风险投资者直接占有剩余可能性的提高，投入资本的增加，以及企业资产军事专用性的增强，决策权将会逐渐转移分配给企业内部成员，以调动其工作积极性，最大限度地提高总利润量。

三是国防风险企业剩余索取权的分配：剩余索取权的分配随着企业内部成员的努力程度对剩余份额的弹性而变化，企业内部成员的努力程度对剩余份额越敏感，企业内部成员应当占有的剩余索取权就越大。

实际上，在国防科技企业中，决策权与剩余索取权的安排问题本身就非常复杂，一旦引入风险资本，各式各样的控制权还必须参与企业和风险投资家之间的分配，信息不对称、技能、参与约束、努力和控制权收益以及讨价还价能力和随机变量的实现等诸多因素，都将对分配结果产生巨大的影响。因此在引入风险资本的过程中，要仔细辨明国防科技成果的各种情况，在引入契约中加以区别对待，以实现国防科技成果转化综合效益的最大化。

参考文献

[1] 张维迎：企业的企业家［M］．上海三联书店，上海人民出版社，1995.

[2] 张维迎：博弈论与信息经济学［M］．上海三联出版社，上海人民出版社，1996.

[3]［美］O. 哈特：企业、合同与财务结构［M］．上海三联书店，上海人民出版社，2006.

[4] 桂林：中国军工企业产权改革的目标模式［M］．经济科学出版社，2004.

[5] 李月平、王增业．风险投资的机制和运作［M］．经济科学出版社，2002.

[6] Gompers P. A., J. Lener. 1999, The Venture Capital Cycle. Cambridge, MA：MIT Press.

[7] Held, Bruce, Kenneth P. Horn, etc., 2002, Seeking Nontraditional Ap2 proaches to Collaborating and Partnering with Industry. Contract DASW012962 C20003. Santa Monica CA：RAND.

[8] David R. Graham etc. 2003, Defense Venturing Process：A Model for Engaging Venture Capitalists and Innovative Emerging Companies. Institute for Defense Analyses.

[9] Bruce Held, Ike Chang., 2001, Using Venture Capital to Improve Army Research and Development. www. rand. Org.

发展国防风险投资
促进国防科技成果转化[①]

杨艳军　张伟超

国防科技成果转化是指国防科技工业部门为加强国防建设和提高生产力发展水平而对在军品研制和民品开发过程中所产生的具有实用价值的科技成果所进行的后续试验、开发、应用、推广直至形成新产品、新工艺、新材料，发展新产业等活动。国防科技成果转化是一个需要大量且稳定的资金投入的过程，建立一个良好、稳定的资金保障体系，保证国防科技成果转化过程中资金到位是保障国防科技成果转化的一个重要组成部分。目前政府投资、金融融资等方式的局限性，很难满足科技成果转化的需要，而部队经费短缺又是一个不争的事实，"资本缺口"已成为制约我国国防科技成果转化的重要因素。

一、资本缺口是制约国防科技成果转化的重要原因

由于国防科技企业的成长是一个连续的过程，根据企业成长特点将国防科技企业的生命周期分为四阶段：研究开发阶段、产品化阶段、商业化阶段和产业化阶段，每一个阶段的风险程度、收益程度都有所不同，总体而言，资金需求呈现规模大、周期长的特点，而一般的投资往往以风险最小化和资金收益最大化为目标，这直接导致了国防科技成果转化呈现出来源单一化和投资短期性的特征。这种矛盾促成了国防科技成果转化"资本缺口"的形成。

---

① 本文原载于《国防科技》2008 年第 4 期。

1. 国防科技成果转化资金需求规模大、周期长

国防科技成果转化是一个多阶段的长期过程，不同阶段的资金需求及风险分布存在较大的波动性，主要表现在融资主体的多层次性和资金占用的长期性。从资金需求规模看，国防科技成果转化对资金的需求数额巨大。一项新技术从研究开发、试产到商业化各阶段的资金需求量之比为1∶10∶100。国防研发费用通过历年数据归纳后可以认为，占国防费中的比例大致为发达国家国防研究与发展比例的1/2 ~1/3，照此估算，我国国防研究与发展经费在国防费中的比重为5% ~ 7%。据《2006年中国的国防》提供的数据，中国的国防费2006年年度预算为2838.29亿元，根据这些数据（即高新技术产品的商业化费用十倍或数十倍于研究开发费用），考虑一定的增长率，可以初步估算出我国高新技术企业发展所需的资金每年在1700亿元以上，表现出巨大的资金需求。

2. 我国国防科技成果转化融资呈现单一化、短期性

我国国防科技成果转化融资与一般成果转化融资的差异源于国防科技成果的特殊性。国防科技成果与国防建设息息相关，经费来源主要为军费，即依靠国家财政拨款。国家根据自身的国防建设需求将资金投入不同的军品生产企业，从而体现出调拨资金的配置导向。

表1　各种融资方式的意愿及可获得性

融资方式	意愿系数			可获得系数		
	初创期	成长期	成熟期	初创期	成长期	成熟期
银行贷款	0.92	0.73	0.63	0.28	0.21	0.25
发行债券	0.67	0.53	0.43	0.08	0.19	0.17
外资	0.61	0.64	0.62	0.21	0.27	0.32
私人股权投资	0.61	0.50	0.38	0.42	0.30	0.38
上市融资	0.80	0.65	0.71	0.06	0.20	0.23
自有资金	0.64	0.67	0.44	0.14	0.36	0.40

注：其中意愿系数越接近于1，意愿程度越高；可获得性系数越接近于1，越容易获得。

从表1中可以看出，各类资金投入呈现出短期性，大多集中在国防科技成果转化的产业化阶段投入，而风险大、周期长的研发阶段，产品化、商业化阶段则缺乏资金，这就导致了各融资方式的资金供给与国防科技转化各阶段资金需求的结构性矛盾，即在企业融资意愿系数低的阶段，资金可获得系数高，而在企业融

资意愿系数高的阶段，资金可获得系数低。20世纪90年代以来，随着国家对军工企业财政拨款的控制和紧缩，资金短缺的情况日益明显，国防科技成果转化融资走入困境。这些情况共同引发了当前国防科技成果转化的资本缺口（见图1）。

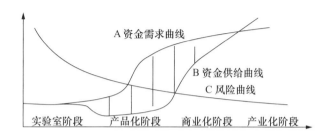

图1　国防科技成果转化资本缺口

目前，国防科技成果转化的"资本缺口"主要表现为资金供求的结构失衡，即产品化阶段和商业化阶段的"缺口"，这两个阶段技术经济风险虽较实验室阶段降低了，但随着政府投资的撤出和资金需求规模的增大，因缺乏后续开发经费和小试中试资金，造成大量的国防科技成果因成熟性不够等原因而未转化。

二、国防科技成果转化资本缺口的成因

国防科技成果转化资本缺口的存在并不是近几年我国才出现的新情况，只是在市场经济条件下，国防科技工业体系相对封闭，市场经济发展的步伐相对缓慢，行政计划配置资源的色彩浓厚，而资本市场则要按照市场经济的规律运行，导致国防科技成果研究开发与生产的资金供求矛盾激化。目前，国防科技成果转化的特殊性及现有国防科技融资格局，引发了资金供给方面的问题。

1. 国防科技成果转化的逆向选择导致资金配给结构不合理

对于一般资本而言，在风险和受益的平衡中更注重风险的大小，在以现金流量作为衡量企业是否具有还本付息能力和选择贷款项目的标准下，很多资本会选择投入到有稳定收入、风险较小的项目或者阶段，有些项目即使有较大的盈利发展前景，但因国防科技成果转化中的信息不对称，而无法得到足够的资金投入，这就是国防科技成果转化初期阶段融资中的"逆向选择"。传统理论解释资本市场时，总认为利率会调节资金的供给和需求，使资本市场最终产生均衡利率。在均衡利率水平上，借款人的需求得到满足。但是，在现实的资本市场上，利率并不能完全引导资本的供给。在许多情况下，即使借款人愿意接受更高的利率，同时资本市场也有继续提供信贷的能力，还是不愿意提供信贷，这在国防科技成果转化中是很常见的现象。

2. 国防科技成果转化的高风险性导致资金来源小规模化

在国防科技成果转化的不同阶段，国防科技企业的资金供给取决于企业向资金供给者显示有效信息的能力。因而在转化的不同阶段，存在着与该阶段特征相适应的特定的金融结构和金融发展程度，国防科技成果转化能否顺利从一个阶段过渡到下一个阶段，必须依赖于金融结构的转型和金融发展程度的提高。对于国防高技术企业来说，在其技术转化的初期需要大量的外部资金，但产品存在很大的技术和经济风险，未来收益高度不确定性，这些不确定信息与银行愿意提供贷款的三个条件：盈利性、流动性、安全性相悖，在国防科技成果转化资金来源单一化的条件下，这直接导致了资金来源的小规模化。

3. 国防科技成果转化信贷软约束导致资金来源单一化

由于国防科技工业的特殊性，政府投资和银行信贷资金为国防科技成果转化外源融资的主要方式。在政府银行主导型融资制度下，政府通过财政拨款和国有商业银行集中的大量资金，投入国防科技工业的重点产业和重点建设项目，突出了国家的资源配置重点。但由于我国国防科技工业是国家兴办的企业，国家是军工企业的所有者、监管者，同时也是经营失败的责任承担者。在这种特殊身份的背景下，政府投资、银行信贷资金对军工企业呈现软约束的特点，主要体现为国防科技工业对银行信贷资金的需求主要取决于其投资需求，银行利率对其并无很强的约束力。在这种情况下，国防科技工业能够获得低成本的外源资金，使得它们缺乏进行自我积累的内在动力，更倾向于向外（向上）寻求各种低成本资金，进一步加大了对信贷资金的依赖。

三、发展国防风险投资是解决国防科技成果转化资本缺口的有效途径

解决国防科技成果转化资本缺口的主要途径就是拓宽融资渠道，实现多元化融资，但国防科技成果转化过程中的逆向选择、高风险及信贷软约束等特点，又

在一定程度上限制了融资多元化进程。而国防科技成果转化投资作为一种高风险、高收益的投资领域，必然存在着一种风险分担、利益分成的投资方式来满足其资本需求，这就是风险投资。风险投资作为一种参与企业管理，分担风险的权益性投资，与国防科技成果转化过程中的特性及我国长久以来的国防科技工业管理体制有着天然的相容性，对解决我国国防科技成果转化"资本缺口"的问题有着得天独厚的优势。

1. 风险投资有较强的风险承受能力

风险投资可以通过组合投资和分阶段投资等多种投资工具来分散和化解国防科技成果产业化各阶段的风险，有较强的分险承受能力。组合投资包括两个方面的内容：一是风险投资家通过投资不同的风险项目来达到分散风险的目的，具体来讲，是指以某些成功项目所取得的高额回报来弥补另外一些项目的亏损；二是多个风险投资家联合投资于一个或若干个风险项目，风险投资家之间通过信息交流，相关行业知识的优势互补以达到互通有无的目的。不同的风险投资家对同一项目的各自不同评价会达到集思广益的效果，这有利于更加全面客观地做出判断，确保高质量的项目投资，降低项目的投资风险。

2. 风险投资能进行充分的信息沟通

风险投资家投资于相关行业的多个风险项目，信息收集有规模效率，且风险投资家更重视潜在的前瞻性企业信息，如市场趋势和发展策略，而不是已成为过去的财务报表的数据。风险投资家重视技术、产品以及组织运作的非财务信息，这些信息能帮助风险投资家做出更好的预测。同时，提供资金后，风险投资公司就承担了风险企业的部分风险。同时风险投资对企业的投资多为 5~7 年，在这个过程中，一直跟踪企业的发展，从最初的企业创立到逐步地发展壮大，都有风险投资家的参与，他们拥有更充分的企业信息。

3. 风险投资作为一种股权融资对企业具有较强的约束力

对国防科技成果转化而言，风险投资并不只提供资金，作为一种权益性投资，提供资金后，风险投资公司就承担了风险企业的部分风险，从而激励风险投资家积极参与对风险企业的经营管理，尤其是资金管理，监督投资对象的资金运作，避免浪费，减少损失。风险投资家在企业决策中占有重要地位，帮助企业制定发展策略，对管理层的经营决策有充分的影响力，从而可以对企业施加较强的约束力。

从国外的经验来看，世界军事大国为了应对国防支出下降的窘势，并最大限度地利用新经济的崛起给科技发展带来的有利契机，在国防科技领域已经逐步开始了风险投资的实践。美国国会于1998年提出了两用技术（DUST）计划，国防部针对小企业创新研究（SBIR）计划的固有缺陷，发展了快速跟踪计划（the Fast Track Program）和商业化资助计划（the Commercialization Program），海军于1999年成立了商业技术转移办公室，中情局（CIA）甚至还成立了自己的风险投资机构，美国军队内部也出现了不同形式的风险投资的探索等。虽然这些措施和计划形式各异，但它们的目的却是统一的，即实现科技投入的多元化，最大可能地利用民间科技资源，促进政府和国防部门的技术创新，它们在一定程度上促进了国防科技的发展，节约了军方在国防科技发展中的成本。目前，我国风险投资一般不直接介入国防领域，但对国防经济运行基础和产业支持作用十分显著，带来很高的"国防溢出效应"。对于军民两用高技术和共有潜在国防和军事再开发价值的项目，国家通过财政补贴、税收优惠、政府担保、贷款贴息等方式，引导和支持风险投资适时介入，以解决国防科技成果转化过程缓慢等问题。

参考文献

[1] 蔡莉. 风险资本市场的生成与演进研究［M］. 北京：中国社会科学出版社，2003.

[2] 郝军英. 中国军工企业融资行为研究［D］. 首都经济贸易大学硕士学位论文，2005.

[3] 贺灵. 风险投资与高新技术成果产业化互动机理及绩效研究［D］. 湖南大学硕士学位论文，2005.

[4] 周寄中. 科技学术创新管理［M］. 北京：经济科学出版社，2002.

[5] 杨艳军. 国防科技成果转化风险投资契约研究［D］. 国际科技大学硕士学位论文，2007.

[6] Molzahn, Wendy. The CIA's In – Q – Tel Model：Its Applicability［J］. Acquisition Review Quarterly, 2003（Winter 10）：46 – 61.

不确定性条件下国防科研投资风险及其规避[①]

李鹏飞　张伟超

　　投资的主要目的是获得更大的经济利益，但是，由于国防科技工业的特殊性，国防科研投资的收益却不能完全用经济价值来衡量。目前国内外的投资与不确定性理论主要在实物期权的研究上，相关模型很少被运用到国防科研投资的理论分析上。近年来，随着德尔菲法、系统模糊决策法、层次分析法等方法的发展，国防科研投资的不确定性分析也有了工具模型。但在国防经济领域，专门针对不确定性下国防科研投资的分析还不多。

　　由于国防部门与民用部门在科研目的等方面的区别，使得国防科研投资表现出一些与一般投资不尽相同的特点。国防科研投资一般周期比较长，投入比较大，且收益很难量化，又因其国防专有性从而投资可比性低，有很强的不可逆性。国防科研投资的这些特点使整个投资过程产生了更大的不确定性，不确定性带来的风险成为投资决策的重要参考因素。根据不确定性的来源及风险程度，对一定时期投资总量中所含各要素的构成及其数量比例关系进行合理调控，实现资源的优化配置并降低风险，是国防科技工业要解决的重要问题。虽然国防科研投资并不完全是为了盈利，更多的是维护国家安全的目标，但依然存在显著的投入产出关系，取得更高的投资效益仍是投资的主要目标之一。如何预防不确定性带来的风险，并针对不确定性来优化投资结构，是本文的主要考量。

一、国防科研投资风险来源于各种不确定性

　　国防科研投资的目标是实现成果的转化，而国防科技成果转化风险的来源是

---

① 本文原载于《科技与管理》2008 年第 5 期。

多方面的，就转化过程的直接相关因素来看，风险来源可以概括为以下三个主要方面。

1. 成果转化外部环境的不确定性

国防科研一般周期比较长，这必然带来很多的不确定性。在国防科研整个过程中，需求是否必要是投资决策风险的首要来源。一般来说，国防投资要符合整个国家的战略要求并服务于军队建设。整个武器装备系统的建设要有协同性，某段时期的作战任务的特殊要求等都会影响需求的变化。由于国际国内形势的剧烈变化，军方的需求可能会发生变动，产品的性能指标、定价和技术寿命周期以及替代产品都会影响最终的决策，投资收益的预测变得复杂，不确定性因素成为投资决策的重要因素。国防科研投资从立项论证到研制、成果转化实现，是一个连续的过程，但其价值很难量化，受到外部环境的影响。国防科研投资主体主要是政府，但具体实现却涉及很多部门，协调难度大，其中又涉及产权的归属问题，收益的分配问题，任何一个环节的中断都会影响投资效率。并没有统一的机构去管理整个投资过程，装备采办中本身就存在信息不对称的因素，军方、科研方及生产方之间的博弈都可能导致投资外部环境的不确定性。

2. 生产和技术方面的不确定性

科研方在研制开发过程中，倾向于提高技术指标，提高科研成果的先进性，这种倾向会影响技术的成熟性和生产性。生产方在实现成果转化量产时，首先要考虑生产能力，如果科技成果的要求太高，目前的技术条件与之不适应，就会影响成果转化过程从而导致整个投资过程失败，技术前景的不确定性、技术精度和技术寿命的不确定性等同样会使投资失败。有些国防科技成果瞄准前沿，而相关的技术配套却跟不上相应指标，即使中试成功也很难量化生产，这种情况下科研成果不能转化为生产力，也就没有投资收益。很多国防科研成果都是高技术含量的，就需要大量的高素质人才配备，对生产人员要求比较高，而这可能得不到满足。另外，原材料供应、生产设备技术支持等因素也构成了生产影响因素集。技术对需求的满足程度、技术创新度、技术储备度等都是投资决策需要考虑的因素，科研成果转化要经过中间试验的过程，这一阶段风险大、投入多，如果不具备一定的生产能力，即使投资很大可能也完不成既定指标，使得投资失败的可能性增大。国防科技投资基本是完全不可逆的，从立项论证到成果转化，中间的任何一个环节停止都可能会导致整个投资成为沉没成本。立项论证阶段不可能预测到所有的生产和技术方面的问题，所以生产和技术方面不确定性是风险的重要来源。例如，我国发动机的技术储备不够就直接影响飞机、坦克等的技术指标。

3. 转化中经济因素的不确定性

经济方面因素是国防科研的一个重要约束条件，一个国防科研投资项目是否具有风险，风险有多大，都是一个经济问题。国防科技投资的来源主要是政府拨款，需要国家经济实力的支撑。我国的军费不充裕，所以每个科研项目会有严格的预算约束。许多国防科研项目最终下马，原因并非技术上无法实现，而大多是经济上无法承受。很多项目需要很长时间才能取得利润或收益，这无形增加了投资的周期，使得前期利润（收益）率偏低。在国防科研项目立项论证之初，会确定总的预算限制，而在研发阶段，费用可能已经接近甚至超过总预算，导致无法完成科研成果的实现。美国的"科曼奇"中途下马，耗资巨大是一个重要原因，"科曼奇"项目多年来屡遭经费超支和研发延期的困扰，共进行了 6 次结构性调整，还是难逃厄运。

二、对国防科研投资风险的简要分析与评估

国防科研投资是一项复杂的系统工程，影响它的不确定性因素很多。按国防科研投资项目的运作过程来看，将风险阶段分为立项论证、研发、科研成果转化三个阶段。国防科研投资的风险来源在各个阶段都会存在，但在不同阶段可能有不同的分布，分布规律存在明显差异。例如，立项论证时期投资约束可能更多地来自需求而非经费限制。因此，需要对风险分阶段、分类别地进行分析。从整个国防科研项目投资的过程来看，各个阶段的风险大小及风险特征是在不断变化的。根据国防科研投资风险的来源分析，风险评估的指标体系建立层次结构进行分析。设定目标层（国防科研投资的不确定性）、主因素层（外部环境、生产和技术、经济因素）及指标层（具体的不确定性因素），构成树状层次结构模型，如图 1 所示。

国防科研成果可能是一种尖端技术，没有先例可循，也没有同类产品的比较，因此在投资决策之前对其所面临风险发生的概率进行预测。通常采用德尔菲法对风险发生的概率以及相应的权重进行预测。向所有有关专家、学者、企业领导和管理人员提出所要预测的问题及有关要求，并附上有关这个问题的所有背景材料，有关专家、学者、企业领导和管理人员进行打分，第一轮中成员打分的反应非常分散，将打分情况进行汇总再分发给相关人员，以后各轮通过信息反馈，成员的分散反应将逐步集中，经过处理之后反应值会趋向精确。根据实际情况设

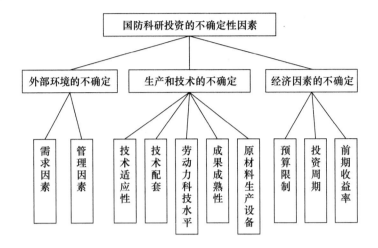

图1 国防科研投资的不确定性因素结构

定成员打分情况的均方差规定值，当几轮过后测定的风险数据的均方差小于规定值，就达到要求。把评估工作数量化，所有的指标值综合归纳为一个总值进行综合评估。

首先有关专家、学者等评估成员对指标层的风险评估值和每个指标权重打分，经过修正处理后，风险评估值记为（r_{11}，r_{12}，r_{21}，r_{22}，r_{23}，r_{24}，r_{25}，r_{31}，r_{32}，r_{33}），每个指标权重记为（w_{11}，w_{12}，w_{21}，w_{22}，w_{23}，w_{24}，w_{25}，w_{31}，w_{32}，w_{33}）。则每个因素层的风险预测评价分数为 $R_1 = \sum_{i=1}^{2} r_{1i}w_{1i}$，$R_2 = \sum_{i=1}^{5} r_{2i}w_{2i}$，$R_3 = \sum_{i=1}^{3} r_{3i}w_{3i}$。然后对主因素层的权重进行打分，记为（$W_1$，$W_2$，$W_3$）。综合评估采用线性加权法，即 $R = \sum_{i=1}^{3} R_i W_i$。将国防科研投资风险分为几个等级，例如低风险、较低风险、一般风险、较高风险、高风险5个等级，将评估分数归入各个等级中，根据等级级别确定对策。各个阶段风险程度不同，风险特征也不同。当然，具体应对风险时，要综合考虑各指标层的风险状况，以确定应对方案，而不仅仅是根据总的风险状况。德尔菲法还是以主观判断确立依据，为尽量减小误差，除了恰当选择评估人员外，还应对科研项目投资的上游产业以及同类相关产业进行相关分析。

三、国防科研投资风险的回避、控制、转移与分散

国防科研投资高风险的特点使得制定相应的风险对策非常重要，对于不同的风险来源要采取相关的应对措施。国防科研投资过程的风险对策主要有风险回避、风险控制、风险转移与分散3种。风险回避，就是推迟或否决国防科研投资的投入，对于一些风险较高的项目，可以考虑暂缓转化，待时机成熟或者进行适当的调整后再进行投资。风险控制，就是降低风险发生的可能性，制定相关措施完善制度建设，项目立项论证时考虑到技术、生产要求等各种因素，完善评估体系等都可以减少不确定性。风险转移与分散，就是将风险转移给多方承担避免一方因转化失败带来太大损失，引入风险投资、多方入股都能分散风险。

高风险往往与高收益并存，军事航天的投入可能投资很大且风险很大，但一旦成功便可以带来巨大收益，一些军民通用性强的项目可能民品市场已经分担了大部分风险，但其国防收益还比较低。根据整个国防建设的需要，结合不确定性风险的评估，对整个投资使用结构进行评估调整。为应对风险，需要对科研项目本身及科研项目各阶段进行投资管理。

首先，根据项目总的风险评估值决定各个投资项目的投资使用，有选择地使用风险回避、风险控制、风险转移与分散的方式，优化整个国防科技工业科研投资的结构。针对不同的风险特征，采取针对措施，对一些高风险的项目就需要加强立项论证的投入，使得论证更充分，预测所有可能的不确定性，防止投资失败损失更大的沉没成本；对于一些生产及技术方面带来的风险，就需要加强人才及设备的配备，加强相关产业的开发等；对于一些经费方面的限制，就需要做好整个项目的规划甚至整个国防工业产业国防投资结构的规划；对于一些需求方面的不确定性，则需要及时准确评估，在立项论证时期的风险可以有选择地放弃投资，在研制或生产阶段的需求变动可以减少后期投资，只形成技术储备。通过国防科研投资结构的适时变化，使其适应国防科技工业发展的客观规律，并针对不确定性带来的风险，对国防科研投资结构进行调整，可以实现更大的投资效益。

参考文献

[1] 果增明，曾维荣，丁德科. 装备经济学 [M]. 北京：中国统计出版社，2006.

［2］傅毓维，谷德斌. 国防高科技项目投资风险决策分析［J］. 技术经济，2003（8）：57－58.

［3］王彤，郭琛. 投资项目的不确定性与风险分析［J］. 化工技术经济，2002（1）：35－40.

基于投入—产出模型的国防科技投资区域经济效应研究[①]

李湘黔 戴全生

一、问题的提出

我国的国防科技投资属于装备费的一部分，约占国防费的 5% ~7%，近几年来有不断增加的趋势。21 世纪头 20 年是世界新军事变革的关键时期，国家确定了"国防建设与经济建设协调发展"的方针，国防装备也将进行信息化建设的战略性调整，实现全面的升级换代，技术水准和装备水平严重落后的局面将会发生根本转变。伴随着国防建设方针和装备建设战略的调整，国家对国防建设的投入力度将会不断加大，作为国防开支重要组成部分的国防科技投资的规模也将随之增加。

国防科技投资对我国区域经济的发展有重要影响。湖南省是我国国防科技工业布局的重点地区之一，经过 50 多年的建设和发展，已形成武器研制门类较全、主辅配套的地域性国防科技工业体系，拥有一批承担国家重大国防科研任务的军工企业、高等院校和科研院所，科研装备水平先进，国防科技投资的集中度较高。密集的国防科技投资对这些区域的产出、收入和就业等经济社会发展的诸多方面产生了积极的重要影响。

随着投入—产出表编制和分析技术的日臻完善，投入—产出技术与其他数量经济方法如经济计量学、数学规划和数理统计等日益融合，投入—产出技术的应用领域日益扩大。基于以上背景，本文试图在已有研究成果的基础上，充

---

① 本文原载于《国防技术基础》2008 年第 12 期。

分运用投入—产出的最新技术，进一步从定量方面对国防科技投资的区域经济效应作出评估。

二、文献综述

国防科技投资对区域经济的影响是当前国防经济研究的重要问题之一，国内外学者对此进行了许多有益的探索。

从国外的研究来看，国防经济学界评估军费开支对地区的影响，通常采用的方法是经济基础模型、地区乘数评估、地区投入—产出分析以及更加复杂的经济计量模型。大量的研究数据表明，国防就业的地区乘数一般为 1 ~ 2。如韦斯和古丁（1968）以美国新罕布什尔州的朴次茅斯地区数据为样本，计算出美国 1968 年海军造船厂就业乘数为 1.55；空军基地的就业乘数为 1.35；制造业的就业乘数为 1.78。用于评估国防开支变化的地区经济效应的另一个著名的经验模型是投入—产出分析。列昂惕夫运用 1958 年的数据为样本，将美国划分成 19 个经济区域，设美国军备削减 20%，并同时补偿性地增加非军事需求，则有 10 个地区的就业人数将减少，9 个地区的就业人数增加。其中，加利福尼亚州失业人数将增加 1.85%。目前而言，最常用的区域投入产出模型是美国商业部经济分析局开发的估计区域投入—产出乘数的"区域行业乘数系统"和"区域投入—产出模型系统"。例如，运用此模型，以美国亚利桑那州 2000 年的数据为样本进行评估的结论是：军事相关人员的购买和消费是该州经济发展、就业、政府收入增长的重要推动力，共创造 56.64 亿美元的产值、83506 个就业机会、2.34 亿美元的各种税收收入。

从国内研究来看，国内学者定量化研究我国国防支出对地区经济影响的文献比较少见。相关的研究有：姜鲁鸣、王碧波（2005）估算出我国国防研发经费的边际生产力为 0.331 ~ 0.362。丰艳、许远立 2005）构建了国防科技投资对经济增长效应的理论模型，但并未展开实证分析。

综上所述，国内外已有的研究侧重于关注全部的国防开支对整个国家或者地区经济的影响，而鲜有运用现代经济学的方法专门研究国防科技投资的区域经济效应问题的文献，相关研究迫切需要进一步深入。

三、理论和模型

1. 投入—产出分析法

1933 年美国经济学家沃西里·列昂惕夫（W. W. Leontief）提出投入—产出分析理论与方法，其研究的是经济系统各个部分（作为生产单位或消费单位的产业部门、行业、产品等）之间表现为投入和产出的相互依存关系，其理论基础是一般均衡理论。投入—产出分析从一般均衡理论中吸收了有关经济活动的相互依存性的观点，认为这种相互依存既表现在产出（横向）方面，也表现在投入（纵向）方面，并用代数联立方程体系来描述这种相互依存关系。根据列昂惕夫的研究，在考察部门间错综复杂的投入—产出关系时，投入—产出分析能够发现任何局部的最初变化对经济体系各个部分的影响。20 世纪 50~60 年代，伊萨尔德进行了重要发展，将该方法拓展于研究地区经济需求推动的变化所产生的效应。区域投入—产出模型可用来估算一系列区域经济乘数，以分析需求变化对区域经济的影响。

我国在 20 世纪 60 年代开始研究和宣传投入产出技术。目前我国已经编制了 1992 年、1997 年和 2002 年的三张全国投入—产出表，各省市也相继编制出了自己的投入—产出表，我国投入--产出核算的水平达到了一个新的高度，这些都为研究地区经济的需求变化效应提供了重要的支撑。

2. 模型与矩阵

（1）基本假定。

同质性假定。同质性假定是假定每个产品部门只生产一种同质（投入结构相同）产品，不同产品部门的产品之间不能相互替代。该假定要求：每个生产部门只有一个相同的投入（消耗）结构；归入某一部门内的所有产品在用途上可以相互替代；不同产品部门的产品之间没有可替代性。

比例性假定。亦可称为规模收益不变假定。即假定每个部门的产出量与对它的各种投入量呈正比例关系，从而保证产出与投入呈线性函数关系。

相加性假定。或称为无交互作用假定，即几个部门的产出合计等于对这几个部门分别投入量的合计。此假定的实质是假定各部门在生产活动中，不存在本身生产活动之外的"外部经济（非经济）因素"的影响。

同质性假定涉及一个重要的问题——部门分类。本文根据研究的需要，在 GB/T 7454-2002《国民经济行业分类》部门分类的基础上，将地区部门划分为地区的第一产业、第二产业、第三产业（其中第三产业不包括科研事业部门）以及国防科技部门四个部门。因为国防科研部门是科研事业部门的重要组成部分，并且两者存在着很大的相似性，所以国防科技部门就用科研事业部门代表。

（2）投入产出的基本模型。

$$X = (I-A)^{-1}Y$$

其中，X 代表总产出列向量；Y 代表最终需求列向量；A 代表直接消耗系数（部门产出与投入的比）矩阵；$(I-A)^{-1}$ 代表列昂惕夫逆矩阵，记为 B，B 矩阵元素用 b_{ij} 表示。

在投入—产出基本模型的基础上，建立国防科技投资的产出乘数、所得乘数、感应度系数和影响度系数。

（3）产出乘数。

国防科技投资的产出乘数是国防科技部门最终产出变化对区域经济总产出产生的直接和间接的影响程度，即：

$$\mu_j = \sum_{i=1}^{n} b_{ij} \quad j = 1, 2, 3, \cdots, n$$

其中：μ_j 代表国防科技部门单位需求变化的产出乘数；$\sum_{i=1}^{n} b_{ij}$ 代表国防科技部门列昂惕夫逆系数总和。

（4）所得乘数。

国防科技投资的所得乘数是国防科技部门增加单位最终产出时，对区域居民收入产生的直接或间接的引致增量，即：

$$\lambda_j = \sum_{i=1}^{n} V_{ij} b_{ij} \quad i, j = 1, 2, 3, \cdots, n$$

其中，λ_j 代表国防科技部门单位需求变化的所得乘数；V_{ij} 代表各部门的劳动报酬系数。

（5）感应度系数。

国防科技部门对区域经济发展的感应程度用感应度系数来度量，表示当区域内所有产业部门之最终需要都变动一单位时，对国防科技部门之产品需求的总变动量的影响。即：

$$E_i = \frac{\sum_{j=1}^{n} b_{ij}}{\frac{1}{n} \sum_{i=1}^{n} \sum_{j=1}^{n} b_{ij}} \quad i, j = 1, 2, 3, \cdots, n$$

（6）影响度系数。

国防科技部门对区域经济其他部门的影响程度用影响度系数来度量，表示国防科技部门最终需求增加一个单位时对区域内各部门产生的需求影响程度，反映该部门对整个区域经济的推动作用。即：

$$F_j = \frac{\sum_{i=1}^{n} b_{ij}}{\frac{1}{n}\sum_{i=1}^{n}\sum_{j=1}^{n} b_{ij}} \quad i,j = 1,2,3,\cdots,n$$

四、实证分析

运用湖南省 2002 年 42 部门投入—产出表，对表中细分部门的数据按照上述四个部门划分的假定进行汇总处理，如表 1 所示。

表 1　湖南省四部门列昂惕夫逆系数和劳动报酬系数

部门	第一产业	第二产业	第三产业	国防科技部门
第一产业	1.2539	1.8390	0.6625	0.0246
第二产业	0.3617	50.9323	8.6215	0.4882
第三产业	0.2488	10.7100	22.9778	0.5831
国防科技部门	0.000041	0.0020	0.0072	1.0025
劳动报酬	0.0342	1.1253	1.8348	0.0603

计算出湖南省国防科技部门的相关乘数和系数如下：

（1）产出乘数。

$\mu_j = 0.0246 + 0.4882 + 0.5831 + 1.0025 = 2.0984$

（2）所得乘数。

$\lambda_j = (0.0342, 1.1253, 1.8348, 0.0603) \times (0.0246, 0.4882, 0.5831, 1.0025)^{\mathrm{T}} = 1.6805$

根据式（1）和式（2）计算结果，假设增加国防科技投资 1 亿元，可增加湖南省区域产出和居民收入各约 2.1 亿元、1.7 亿元。

（3）感应度系数。

$E_i = 0.0406$

（4）影响度系数。

$F_j = 0.0842$

根据式（3）和式（4）计算结果，国防科技投资部门的感应度系数和影响度系数均小于1，表明国防科技投资部门对区域经济的感应度和影响力比较小，该部门既不易带动其他产业起飞，也不易因其他产业发展而受影响，是关联效果较低的部门，说明在一定程度上还存在着国防部门和民用部门的分割现象。

五、结论

本文建立起基于投入—产出模型的反映国防科技投资的区域经济效应的产出乘数、所得乘数以及感应度系数和影响度系数，并利用湖南省2002年投入—产出表中的相关数据进行了较为细致的实证分析，具有以下结论和政策含义：①国防科技部门对国防科技投资分布密集的地区存在着重要影响。②进一步处理好国防部门和民用部门之间的关系，畅通军民融合渠道，改革国防科技体制，推动更多的国防科技成果向民用部门扩散，充分发挥国防科技对地区经济的影响。③本文只是简单地将国防科技部门与一般的科研部门相等同，但国防科技部门有其独特性，这种独特性及其在投入—产出表中的反映值得探讨。另外，国防科技投资是一种高科技投资，其对地区经济的技术溢出效应需要进一步研究。

参考文献

[1] 基斯·哈特利，托德·桑德勒. 国防经济学手册 [M]. 姜鲁鸣，沈志华，卢周来等译. 北京：经济科学出版社，2001：497-499.

[2] Weiss, S., E. Gooding. Estimation of differential employment multipliers in a small regional economy [J]. Land Economics, 1968 (44)：235-244.

[3] 沃西里·列昂惕夫. 投入产出经济学 [M]. 崔书香译. 北京：商务印书馆，1980：142-161.

[4] 杜为公. 西方国防经济学研究 [M]. 北京：军事科学出版社，2005：259.

[5] 姜鲁鸣，王碧波. 中国国防支出（1980~2003）对经济综合影响的量化分析 [M] // 姜鲁鸣. 中国国防经济2005（论文集）. 北京：中国财政经济出版社，2006：52-77.

[6] 丰艳，许远立. 国防科研投资对经济增长效应的模型分析 [J]. 军事经济研究，2005（7）.

全寿命投资：高新技术装备建设的长效机制①

张伟超　许先刚

经济机制表示一定经济机体内各构成要素之间相互联系和作用的制约关系与功能。投资机制就是投资行为体内部主体间相互联系和作用的方式，及其与外部环境相互影响和作用的方式。在实际经济运行中，投资机制是在投资过程中按照特定的运行方式，根据各构成要素间的相互关系发挥特定的投资功能，并调节整个投资活动的机理。随着新技术革命的深化和社会主义市场经济制度的逐步完善，在高新技术装备建设领域，亟须加快投资体制改革，建立与之相适应的长效机制——全寿命投资机制。

一、背景
新技术革命与投资体制改革的双重推动

科学技术的迅猛发展引发了科技领域的深刻变革，推动着经济与社会跨越式发展。随着经济发展的规模扩大与质量提升，我国对高新技术装备的需求越来越大。目前，技术装备的更新换代速度越来越快，装备建设对经济的依赖程度也越来越高，装备投资对国民经济的发展则越来越重要。高技术装备比一般装备凝聚着更多的科技知识含量和物化劳动，无论是民用装备还是军事装备的发展，尤其是其中的大型装备，其研制费用、采购价格和维修费用非常高。高新技术装备投资有着投入大、风险大的特点，如果不能很好地统筹规划整个投资过程，有可能形成很大的投资沉没成本或造成资源浪费。提高高新技术装备的经济效益，要求建立与高新技术发展相适应的新的投资机制。

---

① 本文原载于《求实》2008 年第 2 期。

改革开放以来，我国的装备建设取得了很大进步。随着社会主义市场经济的逐步完善和现代企业制度的逐步建立，装备管理系统组织内外部环境都发生了根本变化。传统的装备建设投资体制和组织模式暴露了诸多弊端和不足，难以适应技术发展和市场风险的挑战。无论是民品还是武器装备投资，其目的都是增加收益且降低成本。我国装备投资建设费用并不是很宽裕，高新技术装备研制投资更应在满足既定需求前提下，不断提高投资效率。现阶段很多装备投资项目出现超预算，后期经费不足的情况，装备制造和运营成本太高，其中虽有一些不可预见的风险因素，但更主要的原因是没有建立起一套长效机制。因此，建立高新技术装备投资的长效机制尤显重要。

国务院2004年颁发了《关于投资体制改革的决定》，对进一步深化投资体制改革提出了指导意见。国防科工委2007年3月出台了《深化国防科技工业投资体制改革的若干意见》，明确指出"随着社会主义市场经济体制的不断完善，现行的国防科技工业投资体制还存在诸多不适应，特别是政府投资的领域和重点需要进一步明确，投资全过程监管需要进一步加强，投资效益需要进一步提高"。提高我国高新技术装备建设的水平和效益，建立一套全寿命投资的长效机制，对于明确投资重点，加强投资监管，提高投资效益具有极其重要的作用。

二、内涵

从全寿命费用到全寿命投资的全面跃升

装备建设领域的全寿命投资机制问题，是从全寿命费用转化而来的，也就是用全寿命经济的相关理论分析投资过程，建立高新技术装备建设投资的长效机制。

20世纪60年代初，美国最早提出了全寿命费用的概念。1970年颁布了《寿命周期费用估算采购指南》（LCC-1）和《装备采购中的寿命周期费用估算实例汇编》（LCC-2）两个文件，并于1971年首先应用到装备采办中，建立了有效的全寿命费用管理机制。英国于20世纪70年代创立设备综合工程学，以追求设备寿命周期费用的经济性作为设备综合管理的目标，以寿命周期费用方法为基础，把设备技术管理与经济管理结合起来，加以拓宽、综合和工程化。日本设备工程师协会于1978年成立了寿命周期费用委员会，以研究和推动寿命周期费用方法的应用。到了20世纪80年代，寿命周期费用方法已在国际上得到公认，其标志就是国际电工委员会（IEC）在1985年委托可靠性和维修性技术委员会拟制草案的基础上，于 1987 年 11 月颁布了《寿命周期费用评价——概念、程序及应用》标准草案，使寿命周期费用方法上升为国际标准。改革开放以来，我国积极引进国外的先进科学技术，寿命周期费用方法已在许多军事和民用单位取得了一批成果。中国设备管理协会于 1987 年成立了设备寿命周期费用委员会，致力于推动寿命周期费用方法的研究和应用。

全寿命成本及全寿命经济性概念首先应用于装备采办，并迅速被推广到民用企业。现阶段理论主要研究全寿命费用的控制，强调全寿命费用的全过程控制和全系统控制。从 20 世纪 80 年代开始，人们开始研究建设项目的全寿命成本优化问题，从成本的角度提出全寿命管理的观念，并在实际投资中得以运用。以美国为首的一些国家，率先针对道路、桥梁等基础设施项目提出了"全寿命经济分析"，关于全寿命的设计理论和原理也写入了美英桥梁设计的有关规范和手册，如美国的 LCC Analysis Handbook1999。从 90 年代末开始，我国逐步在建设项目中实施全过程投资控制管理，工程造价由计划经济时代的事后审价方式开始步入影响投资决策的造价咨询方式，积极意义的造价控制开始贯穿项目建设全过程。

高新技术装备建设的全寿命投资是从全寿命费用转化而来的，但又不同于全寿命费用。全寿命费用管理是运用系统工程的原理，统筹预测、规划与控制装备建设全寿命期间所支付的全部费用投入。全寿命投资是指装备建设决策在估价了装备系统的全寿命费用之后作出的，并以最少的全寿命费用达到给定的工作效能的原则来选择投资。因此，全寿命的基本用途是在整个装备系统的各个阶段决策中评估每一项投资决策对全寿命投资的影响，并作出相应反应。装备建设全寿命投资研究，是在对装备建设各阶段投资优化基础上，通过整合各阶段目标效用，实施统一配置装备建设投资；确立各阶段整体投资效用最大化，确定各阶段装备实力和承包商能力最优需求；确定各阶段的最优投资量，找出实现整体优化并实现各阶段优化的条件，提出实施各阶段投资策略。

高新技术全寿命投资机制，是指投资系统在高新技术装备建设全寿命周期过程中所包含的各个阶段及构成要素之间相互制约、相互作用并统筹运作，使投资活动在整个寿命期内整体决策的制衡机理。把握全寿命投资机制的内涵应从以下几个方面来理解：武器装备全寿命投资的决策层次与结构；武器装备全寿命投资各利益主体之间的关系，包括投资的激励机制和约束机制；有效实施投资活动全过程管理。建立全寿命投资机制，需要明晰投资者的决策职能，理清决策层次与结构，统一规划分配资金。建立全寿命投资机制，需要确定适当的激励机制，使投资各利益主体统一到最大程度获得投资收益的目标。同时，制约因素也应是多方面的，如资金预算、投资风险、技术先进度、竞争条件和投资主体的长短期发展战略等。建立全寿命投资机制，要对全寿命投资活动的全程实施管理，主要包括投资目标的选择、投资规模的安排、投资资金的调度与分配、投资方式的确定、投资风险的预测、投资活动的协调等实行有效控制。

三、特点

寿命周期特殊与投资机制特别同时存在

高新技术装备投资建设的全寿命投资机制，强调投资主体的主导地位，强调从全系统、全过程的角度动态适时地调整投资策略，并协调各参与主体的利益分配，通过完善竞争机制、监督机制、激励机制、评价机制，提高投资效益。

影响高新技术装备寿命的主要因素，包括有形磨损（如物质磨损、腐蚀、疲劳、老化等）和无形磨损（技术逐渐落后、使用效益降低等）两个方面。这些装备因其本身的特殊性，从最初研制到最后淘汰的时间较长，比一般商品的寿命分析也更为复杂，共有三种寿命：一是使用寿命，指高新技术装备从制造完成到出现不可修复的故障或不能接受的故障率时的寿命单位数。使用寿命的主要影响因素是物质形态的有形磨损，包括自身的可靠性和使用维修的条件。二是技术寿命，即高新技术装备自使用之日起，因技术落后而被淘汰所经历的时间。在现代科技迅速发展的今天，技术发展的时代线相对缩短，装备的技术寿命也比较短，通常低于使用寿命。三是经济寿命，高新技术装备自投入使用到因有形和无形磨损，如果继续使用已不经济而被停止使用所经历的时间。经济寿命有时可能低于物理寿命。

高新技术装备作为一种寿命周期特殊的产品，其建设投资及其机制有着与一般投资及机制不同的特点。一是投资周期长、风险高。高新技术装备投资项目的技术复杂程度一般比较高，涉及众多学科门类，追求装备技术含量水平的提高成为装备投资的重要目标，且随着时间的推移，技术复杂程度还在迅速增加，其研制生产制造期往往比较长，这都使得装备的投资周期加长。在相对较长的投资周期内，各种不确定因素也直接导致了装备投资的高风险。无论从技术方面还是从经济方面，都可能直接导致装备投资的失败，收不到预期效益。二是投资金额大。随着信息化时代来临，高新技术装备日趋昂贵，一方面，现代装备需要昂贵的原材料和设备；另一方面，在研制、生产及维护各个阶段都要投入更多的人力资源。高新技术装备投资项目金额一般比较大，在高技术时代各国不得不加大装备建设投资力度。三是投资继生费用比例大。高新技术装备性能日益完善，不但研制、生产成本巨大，使用和维护费用等继生费用也不断增长，甚至比获取费用更大。四是投资融资渠道比较单一。同一般的生产投资不同，高新技术装备建设投资由于经费大、风险大、筹资难，其投资来源主要是政府拨款和大财团投资，来源于一般的民间资金比较少。

四、意义

理念上的更新与实践中的突破并行不悖

高新技术装备建设，创新性强、涉及面广、技术复杂、研制周期长、风险大、费用昂贵，投资具有很强的不确定性和不可预见性。为了尽可能避免投资决策失误，保证高新技术装备论证、研制、生产、使用保障环节衔接顺畅，提高投资利用率，有必要在整个装备建设投资中，树立全寿命投资观念，实践全寿命投资机制。

高新技术装备全寿命投资机制的建立，在理论上可以更好地促进我国投资体制改革及投资理论的深化和发展。我国的装备投资体制改革近年来取得了重要进展，但仍存在不少问题，全寿命投资机制的理念有利于丰富和完善装备投资理论、投资成本控制理论，从根本上解决这些问题。全寿命投资机制的理念可以较好地解决投资主体缺位的问题，实行对装备建设投资的全程主导。高新技术装备投资主体已向多元化发展，但以政府为主要投资方的现状一时改变不了，而在装备投资各阶段，即使作为投资方的政府，也因为执行部门的不同而存在利益不一致、信息不对称的情况，这就使得投资效率低下，资源浪费，投资得不到预期收益。全寿命投资机制的理念可以从体制上逐步解决好此类问题。装备投资尤其是高新技术装备投资的研发、生产、维修各阶段在我国并不完全是由统一的部门来执行，这必然存在各阶段不重视全寿命的问题。各部门可能首先考虑自身利益，造成整体的投资收益下降，效率降低。全寿命投资机制的理念可以从体制上逐步解决好此类问题。我国市场化程度正逐步提高，但计划体制的影响依然存在，政府与承包商之间的博弈更加复杂。树立全寿命投资理念，可以更好地维护国家利益，提高财政使用效率。

高新技术装备全寿命投资机制的建立和运行，可以更好地实行"全系统、全寿命、全费用"管理，在实践中更好地解决高新技术装备建设投资领域的超概算、涨费用等实际问题。通过全寿命投资机制设计及寻求成本控制方法，全寿命周期集成投资控制，实现装备投资各阶段的联动优化，可以解决投资各阶段关系各方利益不一致带来的投资效率问题及委托—代理问题。装备建设投资是一项系统工程，分阶段管理的装备投资体制，造成条块分割，各部门之间的脱节，除了必要的技术资料交接，缺少有效的协调、交流和制约机制，难以对装备投资的最终结果进行合适的综合评价。实行分阶段管理的装备投资体制，装备研制过程缺乏有力的监督与激励机制，承制方没有主动降低成本的动力；生产过程缺乏有效的成本控制机制造成武器装备价格不合理上涨；使用保障过程缺乏有效的指导与约束机制，造成维护费用居高不下甚至某些部门坐吃维修费的现象。建立高新技术装备全寿命投资机制，可以解决现阶段的投资体制的激励措施不够的问题，消除普遍存在的"拖、降、涨"现象，消除互相推诿扯皮、失职渎职现象，实现投资效益的提高及投资费用的节约。

美国国防科研投资的经济效应分析[①]

李湘黔

国防科研投资对一国经济运行有着重要影响。本文以美国为例，通过理论模型和实证研究，评估其国防科研投资的经济效应，观察分析国防科研投资对经济运行的影响。

一、理 论 模 型

国防科研投资的经济效应具体表现为资本形成效应、技术转移与扩散效应以及就业效应等。这几种效应的结果实际上可以直接体现在经济增长上。因此，研究国防科研投资与经济增长的关系可以较好地捕捉其产生的经济效应强弱。同时，由于国防科研投资属于国防开支，因此可以借鉴国防开支与经济增长的相关模型。目前，用于分析国防开支与经济增长关系的模型主要有凯恩斯主义模型、外部性模型和公共产品模型。其中外部性模型应用最为广泛，它主要用于分析国防部门产生的外部性对经济增长的影响，其优点在于通过将国防开支对经济增长的影响区分为直接影响和间接影响，能有效识别国防开支对经济增长的直接规模效应和外部性。现代国防开支理论中，较具代表性的外部性模型当属费德尔—拉姆模型。本文将运用这一模型分析国防科研投资产生的经济效应。

假定一个封闭经济体中存在三个部门：国防科研部门（为分析方便，忽略了国防部门中科研部门以外的其他部门）、非国防公共部门和民用部门（因为是封闭经济，故不考虑进出口部门）。三个部门的产出分别用 D、Q 和 N 表示，这里：

$$D = D(K_D, L_D) \tag{1}$$

---

① 本文原载于《军事经济研究》2009 年第 1 期。

$$Q = Q(K_Q, \ L_Q, \ D) \tag{2}$$

$$N = N(K_N, \ L_N, \ D, \ Q) \tag{3}$$

其中，K_i 表示各部门的资本投入，L_i 表示各部门的劳动力投入，且总产出

$$Y = D + Q + N \tag{4}$$

而资本与劳动力的要素总投入可以表示为：

$$K = K_D + K_Q + K_N \tag{5}$$

$$L = L_D + L_Q + L_N \tag{6}$$

由上式可知，三个经济部门的产出决定因子存在着差别。原因在于：国防科技投资会对其他经济部门产生外部性影响，可能为正，也可能为负；由于各个经济部门的投入要素生产率各异，导致了资源转移与国防科研投资的规模效应。各部门的差额生产率表示如下：

$$\frac{D'_{K_D}}{N'_{K_N}} = \frac{D'_{L_D}}{N'_{L_N}} = 1 + \delta$$

$$\frac{Q'_{K_Q}}{N'_{K_N}} = \frac{Q'_{L_Q}}{N'_{L_N}} = \frac{Q'_D}{N'_D} = 1 + \gamma$$

其中，δ 代表资本与劳动力要素的生产率在国防科研部门与民用部门之间的差额，而 γ 则代表了资本与劳动力要素的生产率在非国防公共部门与民用部门之间的差额。

对式(4)全微分，可得：

$$Y = N'_{K_N}(K_D + K_Q + K_N) + N'_{L_N}(L_D + L_Q + L_N) + \delta N'_{K_N}K_D + \delta N'_{K_N}L_D +$$
$$\gamma N'_{K_N}K_Q + \gamma N'_{L_N}L_Q + (2 + \gamma)N'_D D + N'_Q Q$$

设投资为 I，注意到 $I = K_D + K_Q + K_N$，$L = L_D + L_Q + L_N$，并将两边同时除以 Y 得：

$$\frac{Y}{Y} = N'_{K_N}\frac{I}{Y} + N'_{L_N}\left(\frac{L}{Y}\right)\left(\frac{L}{L}\right) + \left(2N'_D + \frac{\delta}{1+\delta}\right)\frac{D}{Y} + \left(N'_Q + \frac{\gamma}{1+\gamma}\right)\frac{Q}{Y} \tag{7}$$

由于式(7)中 $\frac{D}{Y}$ 的系数 $2N'_D + \frac{\delta}{1+\delta}$ 和 $\frac{Q}{Y}$ 的系数 $N'_Q + \frac{\gamma}{1+\gamma}$ 是要素生产率与外部性的综合体现，因此，为便于分析两种因素的影响力，有必要对其进行分解。

将国防科研投资的外部性参数 N'_D 变换为民用部门产出对国防科研投资的弹性系数 $N'_D \frac{D}{N}$，非国防公共部门的外部性参数 N'_Q 变换为民用部门产出对国防科研投资的弹性系数 $N'_Q \frac{Q}{N}$，此时令 $\theta_1 = N'_D \frac{D}{N}$，$\theta_2 = N'_Q \frac{Q}{N}$，则有：

$$N'_D \frac{D}{Y} = \theta_1\left(1 - \frac{Q}{Y}\right)\frac{D}{D} - \theta_1 \frac{D}{Y} \tag{8}$$

$$N'_Q \frac{Q}{Y} = \theta_2\left(1 - \frac{D}{Y}\right)\frac{Q}{Q} - \theta_2\frac{Q}{Y} \tag{9}$$

将式（8）与式（9）代入式（7），可得：

$$\frac{Y}{Y} = N'_{K_N}\frac{I}{Y} + N'_{L_N}\left(\frac{L}{Y}\right)\left(\frac{L}{L}\right) + 2\theta_1\left(1 - \frac{Q}{Y}\right)\frac{D}{D} + \left(\frac{\delta}{1+\delta} - 2\theta_1\right)\frac{D}{Y} +$$

$$\theta_2\left(1 - \frac{D}{Y}\right)\frac{Q}{Q} + \left(\frac{\gamma}{1+\gamma} - \theta_2\right)\frac{Q}{Y} \tag{10}$$

式（10）中的最后四项系数 $1 - \frac{Q}{Y}$（修正后系数）表示国防科研投资产生的经济效应会受到非国防公共部门支出影响；$\frac{\delta}{1+\delta} - 2\theta_1$ 表示国防科研部门的要素投入对整体经济产生的规模效应；$1 - \frac{D}{Y}$（修正后系数）与 $1 - \frac{Q}{Y}$ 的含义类似，它意味着非国防公共部门支出产生的经济效应同样会受到国防科研投资的影响；$\frac{\gamma}{1+\gamma} - \theta_2$ 表示非国防公共部门要素投入对整个经济实体产生的规模效应大小。

表1　美国国防科研投资经济效应模型变量原始数据

年份	国内生产总值（10亿美元）Y	国防科研投资（亿美元）D	非国防公共部门产出（亿美元）Q	投资（10亿美元）I	劳动投入（万人）L	当期美国财政支出（10亿美元）FE	国防支出（亿美元）DE
1985	4220.25	440.60	3175.70	849.40	10715.00	720.20	4026.30
1986	4462.82	460.40	3913.80	871.40	10959.70	776.10	3847.20
1987	4739.47	473.40	4451.90	912.00	11244.00	815.20	3700.10
1988	5103.75	476.60	4906.00	947.50	11496.80	852.85	3622.50
1989	5484.35	461.40	5439.75	1016.40	11732.60	901.38	3574.00
1990	5803.07	430.60	6146.80	1016.50	11879.30	964.40	3497.20
1991	5995.92	412.60	6996.10	966.10	11771.80	1014.15	3145.40
1992	6337.75	406.80	7331.90	1032.30	11849.20	1047.87	3146.80
1993	6657.40	411.90	7828.80	1123.00	12025.90	1072.18	2893.00
1994	7072.23	365.80	8393.30	1271.40	12306.00	1104.13	2648.00
1995	7397.65	364.90	8768.00	1332.60	12490.00	1136.50	2597.00
1996	7816.82	350.00	8888.90	1440.70	12670.90	1171.12	2822.30
1997	8304.33	379.10	9357.60	1605.60	12955.80	1216.55	2807.90
1998	8746.98	403.20	9816.70	1735.70	13146.40	1255.95	2742.80
1999	9268.43	396.10	10589.70	1874.30	13348.80	1334.03	2750.60
2000	9816.97	391.40	11314.20	2000.80	13689.10	1417.10	2856.80
2001	10127.90	377.10	12202.20	1898.90	13693.30	1501.65	2814.30
2002	10469.60	426.30	13034.70	1883.00	13648.50	1616.88	3134.10

在式（10）中增加一个常数项 α_0 以及随机扰动因子 ε，并令 $\alpha = N'_{K_N}$，$\beta = N'_{L_N}\left(\dfrac{L}{Y}\right)$，则有：

$$\frac{Y}{Y} = \alpha_0 + \alpha\frac{I}{Y} + \beta\left(\frac{L}{L}\right) + 2\theta_1\left(1 - \frac{Q}{Y}\right)\frac{D}{D} + \left(\frac{\delta}{1+\delta} - 2\theta_1\right)\frac{D}{Y} +$$

$$\theta_2\left(1 - \frac{D}{Y}\right)\frac{Q}{Q} + \left(\frac{\gamma}{1+\gamma} - \theta_2\right)\frac{Q}{Y} + \varepsilon \tag{11}$$

利用式（11）进行经验研究，可得国防科研部门和非国防公共部门的外部性系数 θ_1 与 θ_2 以及两个部门要素投入的规模效应 $\dfrac{\delta}{1+\delta} - 2\theta_1$ 与 $\dfrac{\gamma}{1+\gamma} - \theta_2$。

二、实证分析

这里选取美国 1985～2002 财年数据（见表 1）进行经验分析。其中，国内生产总值变量数据来自 IFS Online "美国主要经济数据"；国防科研投资的数据来自陈剑利（2004）提供的资料，且 1985～1995 财年按 1996 财年不变美元价格计算，1996～2002 财年按 1998 财年不变美元价格计算；非国防公共部门产出等于当期美国财政支出减去该国相应年份国防支出；投资数据根据 Gross Capital Formation 整理；劳动投入等于当期全国经济活动人口总量，数据来自 IFSonline "美国主要经济数据"，取该期平均值；当期美国财政支出变量数据来自 IFSonline "美国主要经济数据" 的 Government Consumption Expend 数据；国防支出变量数据与国防科研投资数据来源相同，且 1985～1995 财年、1996～2002 财年数据也是分别按照 1996 财年和 1998 财年不变美元价格计算。

假设式（11）中的随机扰动因子 ε 满足古典假定，运用 Eiews 软件对式（11）做 OLS 参数估计，可得：

$$\frac{Y}{Y} = 0.055774 - 0.080010X_1 + 1.182905X_2 - 0.246541X_3 - 2.568736X_4 +$$

$$0.278449X_5 - 0.282236X_6$$

其中，解释变量 X_1 代表 $\dfrac{I}{Y}$，X_2 代表 $\dfrac{L}{L}$，X_3 代表 $2\left(1 - \dfrac{Q}{Y}\right)\dfrac{D}{D}$，$X_4$ 代表 $\dfrac{D}{Y}$，X_5 代表 $\left(1 - \dfrac{D}{Y}\right)\dfrac{Q}{Q}$，$X_6$ 代表 $\dfrac{Q}{Y}$，被解释变量 $\dfrac{Y}{Y}$ 表示经济增长率。

从回归结果看，方程的拟合优度为 0.778516，调整后拟合优度为 0.645625，说明回归方程总体上拟合较好；统计量 F 为 5.858321，能较好通过该项检验；从各变量的估计值看，X_1 的系数为 -0.080010，说明投资对经济增长率的影响为负；X_2 的系数为 1.182905，表明劳动力对经济增长有一定的贡献；X_3 的系数为 -0.246541，意味着国防科研投资对其他部门具有负的外部性；X_4 的系数为 -2.568736，表明国防科研投资对国民经济的规模效应也为负，说明样本区间内，国防科研投资不仅对其他经济部门的发展产生了负的外部效应，而且对国民经济的整体发展也不利；X_5 的系数为 0.278449，表明非国防公共部门对其他经济部门的产出具有正外部性；X_6 的系数为 -0.282236，表明非国防公共部门的规模效应为负，即它对其他经济部门产生了挤出效应。两部门产生的外部性与规模效应如图 1 所示。

	对其他经济部门的外部性	对国民经济的规模效应
国防科研部门	负	负
非国防公共部门	正	负

图 1　两部门的外部性与规模效应

实证结果表明，样本期间，美国国防科研投资部门对其他经济部门产生了负的外部性。这种负外部性的产生有可能是在增加国防科研投资的同时，在一定程度上挤占了社会资源，而国防科研投资部门相对其他经济部门来说，其要素生产率较低，从而对其他经济部门的产出造成了负面影响。国防科研投资对国民经济的负规模效应，说明其对国民经济也具有不利影响。相反，非国防公共部门对其他经济部门产生的是正的外部效应，说明非国防公共部门并没有出现明显的挤占社会资源现象。其较高的要素生产率、投入资源的合理使用以及有效的市场运作，使得它对其他经济部门的产出具有正面影响。然而，与国防科研投资一样，它对国民经济的规模效应也为负，说明其对国民经济也产生了不利影响。

参考文献

陈剑利. 论冷战后美国国防科技发展战略 [D]. 国防科技大学硕士学位论文，2004.

优化财力资源配置
加速推进战斗力生成模式转变[①]

张允壮　熊国卫

新军事变革条件下，依靠科技进步和创新，加快推进战斗力生成模式转变，关键在于把有限的财力资源科学配置到最需要、最迫切的重点建设上，科学决策，统筹规划，优化财力资源配置，努力走出一条投入较少而效益较高的质量建设之路。

一、优化财力资源配置是战斗力
生成模式转变的重要推动力

战斗力是指军队在一定的条件下履行其根本职能的实际能力，即巩固国防、抵御侵略、保卫祖国、维护国家的稳定和发展的能力。从系统论的角度来看，战斗力是多因素综合形成的整体力量，战斗力的核心构成是人和武器的有机结合，主要是由军人和武器的数量、质量及一定的编制体制等因素决定。以武器装备为主体的军事资产是军队战斗力的物质载体，它是形式上的战斗力，以军人的数量和质量为核心的军事人力资本是把形式上的战斗力转化为真正的战斗力的"转换器"，二者通过一定的军队编制体制有机地结合而形成军队的战斗力。战斗力是军队的整体作战效能或战斗能力的综合反映，它既有量的规定性，又有质的规定性。战斗力量的规定性反映战斗力在数量上的大小，主要取决于投入到军队中的人员和军费数量。战斗力要素投入量越多，现实战斗力越大。战斗力质的规定性决定了其强弱不仅与投入的军事人力和军费数量有关，而且与战斗力形成的质量

密切相关。根据战斗力的主要生成要素——人、物、编制体制以及它们之间的比例关系，可以构建如下的战斗力生成函数：

$$\begin{cases} P = (R^{\alpha} W^{\beta} Z^{\gamma}) \times (NG)^{\gamma} \\ \alpha + \beta + \gamma = 1 \\ N,\ G > 0,\ 0 < \alpha,\ \beta,\ \gamma < 1 \end{cases}$$

其中，P 代表战斗力，R 代表人力因素，W 代表物力因素，Z 代表编制体制，N 代表军事人力的数量，G 代表军费规模，α、β、γ 分别代表人力 R、物力 W、编制体制的相关权重，也就是三种因素在战斗力生成过程中的重要程度。其中 $(R^{\alpha} W^{\beta} Z^{\gamma})$ 表示战斗力的质的规定性，$(NG)^{\gamma}$ 表示战斗力生成的量的规定性，分别从质和量的方面决定战斗力生成的大小。

战斗力生成模式则指军事系统中，由与战斗力生成相关的一系列要素构成的有机体系，是战斗力构成要素的结构方式、战斗力形成的过程表现出来的特征。战斗力生成模式是战斗力生成的根本源泉，也是衡量军事系统效能状况的重要指标，对军事发展有着十分重要的意义。

军事财力资源配置，是指按照军事战略方针、作战任务的要求，在一定的时空范围内对军事财力所作的分配与安排。动态来看，军事财力资源配置科学与否，在战斗力生成函数中表现为：参数 R、W、Z 的不同变化趋势和变化幅度，决定着战斗力 P 的生成和提高；静止来看，纵然军事财力资源的总量规模一定，即 G 一定，但不同的财力资源配置方式，决定了 R、W、Z 的不同数值，在权重 α、β、γ 的既定影响下，生成的战斗力 P 大小必然不同。这就说明，军事财力资源的配置方式，不仅关系到后勤保障的效率，决定着战斗力的生成和提高，还关系到军队建设的成败，影响着新军事变革的进程，是战斗力生成模式转变的重要推动力。

二、科学编制预算是推进战斗力生成模式根本转变的重要途径

科学编制预算是统筹资源、集中财力的基本手段，也是从根本上推进战斗力生成模式转变的一条重要途径。科学编制预算，要在预算决策、编制、执行以及配套措施等方面进行设计与创新，细化预算内容，提高经费分配透明度，加强执行预算过程中的监督制约等措施，合理分配经费，保障重点建设，减少损失浪费，为推进战斗力生成模式转变创造条件。

加强财力资源统筹配置，要以战斗力生成构成要素需求为牵引，以零基预算为核心，抓好分类预算、分项预算、细化预算等内容的配套改革，从而建立起财权财力集中、资源分配科学、项目具体透明、投向投量合理的预算新模式，提高军事经济效益；要坚持以成本效益分析为依据，将任务需求与经费供给紧密相连，以支出效益为准绳，提高预算的效率和效能，增强党委宏观统筹调控能力和预算的科学性，从根本上克服基数预算方法下预算编制与战斗力生成的长远规划和中期建设的制定相脱节等因素的不良影响；要大力搞好经费、资金和资产的预算统筹，经费是国家直接投入军事部门用于建设和作战等军事目的的费用，也是资金的主要来源，资产是军队所有或占有的能够形成军事能力或战斗力的实物资产，是军事能力生成的物质技术基础，三者在一定程度上可以相互转化，只有统筹配置经费、资金和资产的分配、流转和消费，才能真正实现财力向保障力、战斗力的转化。

党委、部门在安排年度预算和决定大项经费开支时，应充分考虑财力资源统筹配置对战斗力生成的重要作用，优先解决有利于战斗力生成模式转变方面的经费所需，重点做好训练配套设施、器材、装备配套库房、人才培养、演习训练等经费保障。相关部门在编制预算时，要优化军费使用结构，将有限的经费投向重点方向、重点部队，把质量建军放在首位，这是财务保障工作的重中之重。

三、加快结构调整是推进战斗力生成模式根本转变的现实要求

军队财力资源是军队建设的物质基础和技术前提，财力资源分配结构是否科学合理直接影响财力的配置效率和使用效益，从而对国防政策、军事战略、武器装备的发展方向及其战斗力生成提高产生重要的影响作用。按照统筹兼顾的原则，规范财务运行，推进战斗力生成模式的根本转变，要积极统筹当前建设和长远发展，统筹部门分工与军兵种结构，统筹主要战略方向和其他战略方向，大力搞好财力资源的内外统筹，坚持综合平衡、科学管理，推动财务建设全面协调可持续发展。

统筹当前建设与长远发展。财力资源统筹配置，既要统筹当前建设需要，又要满足长远发展要求。应按照实战的要求，统筹军事、政治、后勤、装备等各个领域、各项环节的财力资源配置，着力解决制约战斗力生成和提高的瓶颈问题。在谋划长远发展时，高度关注现实威胁、突出主要战略方向，在有利于快速生成

和提高战斗力的同时，注重长期中战斗力生成模式的根本转变，充分考虑财务长远发展，高度重视做好基层财力资源配置工作，把财务部门的当前建设纳入战斗力生成模式根本转变的长远发展轨道。

统筹部门分工与军兵种结构。在建立三军一体的大联勤体制背景下，军队财务要有效保障转变战斗力生成模式，保障军事斗争准备，建立快捷高效的财务保障体系，必须大力统筹司、政、后、装等部门资源分配与军兵种结构财力配置，建立财务联勤保障机制。同一军种内部，司、政、后、装四部门各自肩负着不同的作战任务或保障任务，掌握相应的财力资源，搞好军兵种内部、部门之间的财力资源统筹，有利于充分发挥各部门的作战效能，提高整体军事保障效益；在军兵种结构统筹上，财力资源配置在继续重视陆军建设的同时，应大力加强海军、空军和第二炮兵建设投入，使海军真正具备海上战役的综合作战能力，空军逐步实现由国土防空型向攻防兼备型转变，第二炮兵形成较强的核威慑和常规打击能力。此外，财力资源统筹配置要把应急机动作战部队建设放在优先发展位置，在武器装备、物资和经费等方面实行重点保障。

统筹主要战略方向与其他战略方向。在国家资源和国防投入无法完全满足国防和军队全面建设需求时，发挥社会主义国家集中力量办大事的优势，统筹主要战略方向与其他战略方向的财力资源配置，把有限的人力、物力和财力投向主要战略方向，通过主要战略方向作战能力的快速生成和提高，对其他战略方向的建设发挥示范和带动作用，促进其他战略方向同步协调发展。统筹主要战略方向与其他战略方向的财力资源配置，还必须区分同一方向的战役资源配置与战略资源配置，分清主次，抓住主要矛盾，做到综合平衡，全面发展。由于未来战争的发生地域具有不确定性，片面加大战役资源配置会造成部分物资资源的浪费，降低财力资源保障效益。因此，可以适当减少战役配置数量，适当加大战略配置，特别是主要战略方向的战略资源分配，以便将分散在各个战役层次的财力资源适度集中，统一调配，应对各个方向可能出现的情况。

四、强化军民结合是推进战斗力生成模式根本转变的必由之路

在市场经济条件下，国民经济的迅速发展使社会经济资源的配置和利用效率提高，军事财力保障社会化是适应国民经济发展、优化军事财力资源配置的必然趋势。优化军事财力资源配置，大力推进军事财力保障社会化改革，要在生活保

障、通用物资储备、基础设施建设、公务用车、非公务电话通信保障、人才培养、军队文化事业、子女教育、军事科研、装备生产和维修保障以及事业单位与职工管理制度改革等领域积极探索，稳步推进。对饮食和商业服务等生活保障可以采取委托、招标承包等方式，把一部分饮食和商业服务委托地方办理或承包给地方企业，通用物资储备交由社会力量储存，纳入国家战略物资储备和市场流通轨道。军队现有的子弟学校、幼儿园移交给地方，纳入地方的教育系统，由地方教育部门统筹管理；公务用车可以根据干部本人不同的职务、级别发放不同数额的用车补助，包干使用，节余归己，超支不补，单位不再配备专车和司机；人才培养与军事科研方面，军队侧重培养军队需要的专用人才和研发军事专用技术，通用人才、技术则主要依托社会教育和科技力量培育、研发；装备生产和维修保障社会化，强调军队装备的生产和维修要在全社会范围内实施，就近择优选择生产和维修企业，实现生产、维修保障在市场机制内的优化配置；基本建设保障社会化要在基本建设项目招标、施工社会化的基础上，进一步提高监理社会化、民用设施满足军事需要和军事设施兼具民用功能的水平。通过上述内容的社会化改革，实现军事人力资源在全社会资源中的调配优化，提高军事财力资源的使用效率，形成全社会保障战斗力生成模式转变财力需要的良性发展模式，增强战斗力生成模式转变的财政推动力。

统筹财力资源配置，提高资源利用效益，必须走军地合作、平战结合的路子，必须提升层次，加大高技术含量，依靠科技进步和创新，推进战斗力生成模式的根本转变。信息化科学技术的研究和开发（R&D），尤其是国防研究和开发（R&D），资金需求巨大，周期时间难定，成本回收复杂，这对通过财力资源配置导向保障战斗力生成模式转变提出了更高的要求。为此，国防研究和开发财力保障必须充分依托国家大财政、大后勤，紧紧依靠国家、地方和企事业团体，统筹财政申请和社会筹措等科研资金的来源方式，充分利用由国家、军队和市场组成的财力保障社会化体系，建立快捷高效的财政动员和金融动员机制，完善政府、企业和高等院校、科研院所多位一体的科技研发体系，形成强大的国防研发科技创新能力，推进战斗力生成模式的根本转变。

参考文献

[1] 王国明：着眼全局　统筹财力　努力做好军事斗争准备财务保障[J]. 军事经济研究，2002（4）.

[2] 战玉. 军队战斗力论 [J]. 军事科学出版社1996.

[3] 曾立、张允壮. 国防 R&D 投资对经济增长影响的实证分析 [M]. 军事经济研究，2006（10）.

［4］郭涛. 军事经济与战斗力［J］. 军事经济研究，1990（6）、1990（7）、1990（8）、1990（9）.

［5］熊友存. 军队财务管理专题［M］. 海潮出版社 2005.

［6］郑学祥. 论军事财力资源的科学化管理［J］. 军事经济研究，2003（3）（6）（7）（8）（9）.

［7］张万年. 当代世界军事与中国国防［M］. 军事科学出版社 1999.

国防科技成果转化风险投资的契约设计①

杨艳军　张伟超

国防科技成果的转化是一个包含多阶段的漫长过程，转化过程中需要的资金是多种形式的，既需要无偿的启动资金，又需要有偿的科技贷款；既需要"保险"投资，又需要风险投资。但与西方主要发达国家的国防科技投入日益多元化相比，目前我国国防科技成果转化一直由政府直接或者间接投资、运营和管理，随着国防科研日益昂贵、研发风险逐步增大，这种形式的弊端日益明显，资金供求的结构失衡，大量有价值的国防科技成果缺乏后续开发经费和小试中试资金，造成因成熟性不够等原因而未转化。因此，如何把风险投资的模式引入到国防科技领域成为当前亟待研究的一项重大课题。本文立足我国特有的社会经济制度和国防科技工业体系，运用契约理论对这一问题进行初步的探讨。

一、国防科技成果转化风险投资中的委托—代理问题

风险投资不同于传统的投融资，风险投资者在提供融资的同时，更多地监督所投资企业的发展战略、重大问题的决策等方面，当风险投资者把资金投入到国防科技成果转化中时，他们之间就产生了双边委托—代理问题。

第一，国防科技成果转化风险投资中的双边委托—代理关系。国防科技成果转化风险投资过程中使用的资源有两种：国防科技成果和资金，分别隶属于国防风险企业和风险投资者。在风险资本的运转中，资本和国防科技成果的所有权和控制权是相分离的。作为资本的供求方，风险投资者与国防风险企业组成第一级的委托—代理关系，这时风险投资者为委托人，国防风险企业为代理人；当作为

---

① 本文原载于《军事经济研究》2009 年第 2 期。

国防科技成果的供求时，风险投资者与国防风险企业形成了第二级委托—代理关系，风险投资者作为负责企业的日常经营管理者成为代理者，国防风险企业是委托人，二者关系表现为双边委托—代理关系。

第二，国防科技成果转化风险投资中存在双边逆向选择。国防科技成果转化风险投资过程中，作为代理人的风险投资者和国防风险企业的信息在大多情况下是私人信息，很难被对方直接了解。国防风险企业倾向于将预期国防收益较大的成果交予对企业的控制要求权较少、投入资本较多的风险投资者，而风险投资者则倾向于选择经济效益较高的成果，并且最大程度上获取企业的控制权，这无形中就形成了一组难以调和的矛盾：对于充当委托者的国防风险企业，为了降低由于错选代理人造成的损失，会在正常水平上尽量降低控制要求权的分配，而作为另一方委托者，风险投资者为了降低由于错选代理人给自己造成的损失，会在正常水平上降低投入的资金，这组"双边逆向选择"的矛盾可能直接导致实力雄厚的风险投资者和国防效益、经济效益高的国防风险企业无利可图而选择其他机会，结果是市场中代理者整体"质量"下降。

第三，国防科技成果转化风险投资中存在双边道德风险。国防科技成果转化风险投资过程中，国防风险企业掌握项目的核心技术，拥有大量风险投资者无法验证的私人信息，而且由于国防科技企业资产透明度低，缺乏生产经营的历史记录和市场上可观测的信息，它更可能产生夸大成功率、隐藏项目进展中不利因素的"道德风险"行为，有悖于风险投资者的利益；与此同时，与国防风险企业相比，风险投资者作为资金的所有者，也可能有不尊重知识产权，利用项目套牢国防风险企业等不利于国防风险企业的行为，国防科技成果转化风险投资中的"双重道德风险"就由此产生了。

二、国防科技成果转化风险投资契约的模型分析

国防科技成果转化风险投资过程中的"双边委托—代理"问题，可以通过机制设计原理来解决。在国防科技成果转化风险投资中，假设国防风险企业是由 EN（军方代表）和 VC（风险投资者）组成，EN 有一个项目需要外部融资，且所需的融资 I 是常数。假设有两期投资，在时刻 1，VC 通过首轮投资 I_1，双方签订合同 (α, γ)，VC 获得风险企业的股权比例 $1-a$ 和控制权比例 $1-\gamma$。EN 根据合同来决定自己的最佳努力程度 e，时刻 2 需继续投资 I_2，在时刻 3 实现投资收益并进行分配（不考虑时间折现）。

投资收益的实现包括两个部分，$F = R + S$，其中 R 为项目的经济收益，S 为国防收益，其中经济收益 R 为可证实的货币收益，其分配可以通过合同中索取权的规定在 EN、VC 之间分配，而国防收益 S 是不可证实的收益，是国防科技企业的专署性收益。项目经济收益函数与国防收益函数定义为：$R = R(\theta, e, I, \lambda)$，$S = S(\theta, e, I, \lambda)$。$\theta \in [\underline{\theta}, \overline{\theta}]$ 表示国防科技成果转化项目的自然状态，e 为企业内部成员的努力程度，$I = I_1 + I_2$ 是指风险投资者所有但由企业使用的资本，为军事资产专用性度量。设定假设如下：

假设 1：R、S 是 e、I 的单调递增的凸函数，是 θ 的递增函数。即 $\frac{\partial R}{\partial x} > 0$，$\frac{\partial^2 R}{\partial x^2} \leqslant 0$；$x = e$、$I$，$\frac{\partial R}{\partial \theta} > 0$，对所有 λ，有 $\frac{\partial R}{\partial \lambda} < 0$，$\frac{\partial S}{\partial \lambda} > 0$，表明资产的军事专用性越高，获经济利益的空间越小，而国防收益的预期越大。

假设 2：军方代表与风险投资者的利润分配呈线性形式：$y_{EN} = aR + S$，$y_{VC} = (1 - a) R$。

假设 3：假设 S 与 R 之间是可以转换的，这种转移不存在任何耗损，对于 EN 而言，$aR < S$ 价值转移，获得的国防收益大于按照持股比例分摊的货币利益损失，因此 EN 具有追求 S 的激励。

假设 4：风险投资者是根据报告利润而非实际利润获得剩余，军方代表在一定的控制权下能操作利润账户，从而影响风险投资者所能分享的利润，R^0 为报告利润，$R^0 = \delta(\gamma) R$，这里 $0 < \delta(\gamma) \leqslant 1$，$\frac{\partial \delta}{\partial \gamma} > 0$，$\delta(0) = 1$。$R - R^0$ 为剩余。EN 所能得到的总收益与控制权 γ 正相关，同时 VC 拥有控制权后，将对风险企业进行监控，$c = c(\gamma)$，$\frac{\partial c}{\partial \gamma} < 0$，$VC$ 随着自己所拥有控制权的增大，所付出的监控成本不断增加。

假设 5：军方代表与风险投资者都是风险中性者。因 S 与 R 之间是可以转换的，当军方代表的控制权足以使得自己所能获得的剩余利润大于项目本身具备的国防收益的时候，军方代表选择操纵利润账户，以最大化剩余。按照实际利润进行分配，结合风险中性假设，军方代表与风险投资者实际利益分配方式的效用函数分别定义为：$U_{EN} = y_{EN} - C$，$U_{VC} = y_{VC} - C$。

当 $\delta(\gamma) \leqslant 1 - \frac{S}{R}$ 时，$U_{EN} = [1 - \delta(1 - a)] R - C(e)$，$U_{VC} = \tau[\delta(1 - a) R - I - c(\gamma)] + (1 - \tau) G(\gamma)$

当 $\delta(\gamma) > 1 - \frac{S}{R}$ 时，$U_{EN} = aR + s - C(e)$，$U_{VC} = \tau[(1 - a) R - I] + (1 - \tau) G(\gamma)$

$C(e)$ 是工作努力程度的成本函数。风险投资者的效用函数由两个加权项构成，第一部分是可货币化的经济收益形式的剩余，第二部分是非货币形式的国防收益。因风险投资者在国防科技风险投资过程中，并非初始委托人，风险投资者拥有中间委托人和中间代理人的双重身份，有在投资过程中追求租金收入的激励，而这个效用函数，就表示风险投资者在追求租金收入依赖于某种程度上直接行使决策权，我们用 τ 来表示初始委托人的所有权约束和风险投资者直接侵吞租金的可能性。

1. 间断性分析

军方代表与风险投资者都是风险中性者的效用函数，均为以 $\delta(\gamma) = 1 - \dfrac{S}{R}$ 为间断点或线的分段函数，首先分析这个间断处，令 $F(a, \gamma) = \delta(\gamma) + \dfrac{S(\theta, e, I, \lambda)}{R(\theta, e, I, \lambda)} - 1$。

因 $R = R(\theta, e, I, \lambda) \geqslant 0$，$S = S(\theta, e, I, \lambda) \geqslant 0$，$\gamma \in [0, 1]$，$\delta \in (0, 1]$。当 $\gamma = 0$ 时，$\delta(0) = 1$，$F(a, 0) > 0$。F 对 γ 求导，得 $F' = \dfrac{\partial \delta}{\partial \gamma} + \dfrac{S_\gamma}{E_\gamma}$，当 $\dfrac{\partial S / \partial e}{\partial R / \partial e} > -\dfrac{\partial \delta}{\partial \gamma}$ 时，即国防收益与经济收益的变化率之比大于财务操纵力与控制权比率时，$\dfrac{\partial F}{\partial \gamma} > 0$；而当 $\dfrac{\partial S / \partial e}{\partial R / \partial e} < -\dfrac{\partial \delta}{\partial \gamma}$ 时，即国防收益与经济收益的变化率之比小于财务操纵力与控制权比率时，$\dfrac{\partial F}{\partial \gamma} < 0$。

当 $\gamma = 1$ 时，$\delta(1) > 0$，此时，若国防收益 S 大于经济收益，$F(a, 1) > 0$；若国防收益 S 小于或等于经济收益，$F(a, 1) \leqslant 0$。因此，当 $\dfrac{\partial S / \partial e}{\partial R / \partial e} < -\dfrac{\partial \delta}{\partial \gamma}$ 时，即国防收益与经济收益的变化率之比小于财务操纵力与控制权比率时，$\dfrac{\partial F}{\partial \gamma} < 0$，此时又可分为两种情况：一是国防收益大于经济收益时，$F(a, \gamma) > 0$；二是国防收益小于或等于经济收益时，存在一个点 γ^0，使得 $\delta(\gamma) = 1 - \dfrac{S(\theta, e, I, \lambda)}{R(\theta, e, I, \lambda)}$，当 $0 \leqslant \gamma < \gamma^0$ 时，$F(a, \gamma) > 0$，当 $\gamma^0 < \gamma \leqslant 1$ 时，$F(a, \gamma) < 0$。

而当 $\dfrac{\partial S / \partial e}{\partial R / \partial e} > -\dfrac{\partial \delta}{\partial \gamma}$，$\dfrac{\partial F}{\partial \gamma} > 0$，$F(0) > 0$ 时，$F(1) \leqslant 0$ 不成立，舍弃，也就是说当 $\dfrac{\partial S / \partial e}{\partial R / \partial e} > -\dfrac{\partial \delta}{\partial \gamma}$ 时，国防收益一定大于经济收益，$F(\gamma) > 0$ 在 $\gamma \in [0, 1]$ 恒成立。

综上所述，我们可以得到如下结论：

第一，国防收益大于经济收益的项目所在的国防风险企业中，军方代表与风险投资者的效用函数为：

$$U_{EN} = aR + s - C(e)$$
$$U_{VC} = \tau\left[(1-a)R - I\right] + (1-\tau)G(y)$$

第二，国防收益小于或等于经济收益的项目所在的风险企业中，军方代表与风险投资者的效用函数为：

$$U_{EN} = \begin{cases} (1-\delta(1-a))R - C(e), & 0 \leqslant \gamma < \gamma^0 \\ aR + s - C(e), & \gamma^0 < \gamma \leqslant 1 \end{cases}$$

$$U_{VC} = \begin{cases} \tau\left[\delta(1-a)R - I - c(\gamma)\right] + (1-\tau)G(\gamma), & 0 \leqslant \gamma < \gamma^0 \\ \tau\left[(1-a)R - I\right] + (1-\tau)G(\gamma), & \gamma^0 < \gamma \leqslant 1 \end{cases}$$

2. 决策权与剩余索取权分配模型分析

在(a, γ)既定的情况下，军方代表能选择的最优努力程度由一阶条件决定：

(1)国防收益大于经济收益的项目。当$S > R$时，军方代表能选择的最优努力程度的一阶条件为：$\dfrac{\partial C}{\partial e^*} = a\dfrac{\partial R}{\partial e^*} + \dfrac{\partial S}{\partial e^*}$。

显而易见，此时，军方代表的工作努力程度与企业持有的决策权无关，而是随持有的剩余索取权份额的增加而增加。

当(a, γ)的分配要解决的问题是求$\max\limits_{\{a,\gamma\}} U_{VC}$、使得$\dfrac{\partial C}{\partial e^*} = a\dfrac{\partial R}{\partial e^*} + \dfrac{\partial S}{\partial e^*}$。整理得一阶条件 a^*：$(1-a)\dfrac{\partial R}{\partial e^*} + \dfrac{\partial e^*}{\partial a} = R$，$\gamma^*$：$(1-\tau)\dfrac{\partial G}{\partial \gamma} = 0$，式中$\dfrac{\partial e^*}{\partial a}$是根据一阶条件定义的。根据结论，我们分别来分析$(a, \gamma)$的增加所带来的边际收益和边际成本，当二者相等，就决定了风险投资者最优的(a, γ)，用(a^*, γ^*)来表示。a增加带来的边际收益是通过激励相容约束，对军方代表的努力程度所造成的影响，但增加后，风险投资者所拥有的剩余份额减少，这是边际成本，而由约束条件可知，γ对军方代表努力程度不产生作用，边际成本则是对风险投资者利用决策权进行寻租活动的影响。

就一阶条件 $\Lambda = (1-a)\dfrac{\partial R}{\partial e^*} + \dfrac{\partial e^*}{\partial a} - R = 0$，分别对$a$、$I$、$\lambda$求偏导，得到：

$\dfrac{\partial I}{\partial a} < 0$，$\dfrac{\partial \Lambda}{\partial I}$、$\dfrac{\partial \Lambda}{\partial \lambda}$的符号无法判断，这表明风险投资者的投资量和国防科技成果项目资产的军事专用性对企业最优剩余份额的影响方向是不确定的。经过进一步观察发现，军方代表的努力程度与风险投资者的投资量及国防科技成果项目资产的军事专用性之间的混合偏导越大，则$\dfrac{\partial \Lambda}{\partial I}$、$\dfrac{\partial \Lambda}{\partial \lambda}$为正的可能性就越大，即军方代表

的努力程度对剩余份额的变化越敏感，军方代表应当占有的剩余份额就越大。

就一阶条件 $I = (1-\tau)\dfrac{\partial G}{\partial \gamma} = 0$，依次对 γ、τ 求偏导可以得到：$\dfrac{\partial I}{\partial \gamma} = (1-\tau)$ $\dfrac{\partial^2 G}{\partial \gamma^2}$，$\dfrac{\partial I}{\partial \tau} = -\dfrac{1}{\tau^2}\dfrac{\partial G}{\partial \gamma} > 0$，这表明：随着风险投资者自身直接占有剩余可能性的提高，企业会拥有更多的自主权。

因此，在 $S > R$ 的转化项目所在的风险企业中，军方代表的努力程度与企业持有的决策权无关，而是随企业持有的剩余索取权份额的增加而增加。就风险投资者而言，对决策权的掌握可以影响其寻租的能力，为调动其投资参与企业管理的积极性，企业的决策权完全由风险投资者所有，而企业的剩余索取权 a^*，则由军方代表的努力程度对剩余份额的变化敏感程度决定。

（2）国防收益小于经济收益的项目。当 $\gamma^0 \leq \gamma \leq 1$ 时，企业的剩余索取权与决策权的安排与 $S > R$ 的相同，企业的剩余索取权 a^*，随军方代表的努力程度对剩余份额的变化敏感程度决定，军方代表的努力程度对剩余份额的变化越敏感，应当占有的剩余份额就越大。但是决策权分配则与前略有不同：$\gamma^* \in \min\gamma$，而此时 $\gamma^0 \leq \gamma \leq 1$，所以军方代表所能得到的决策权为 $\gamma^* = \gamma^0$，风险投资者所得到的决策权为 $1 - \gamma^0$。

当 $0 \leq \gamma < \gamma^0$ 时，根据效用函数，求得军方代表能选择的最优努力程度由一阶条件为：$\left[1 - \delta(\gamma)(1-a)\right]\dfrac{\partial R}{\partial e^*} = \dfrac{\partial C}{\partial e^*}$，$0 \leq \gamma < \gamma^0$，此时，军方代表的工作努力程度随企业持有的决策权与剩余索取权份额的增加而增加。对于任意给定的 (a, γ)，若企业操作账户的能力较强，则其努力程度必然提高。

就 阶条件 $L(u, I, \lambda)$，分别对 a、I、γ 求偏导，得到 $\dfrac{\partial I}{\partial a} < 0$，而 $\dfrac{\partial L}{\partial I}$、$\dfrac{\partial L}{\partial \lambda}$ 的符号无法判断，这表明风险投资者的投资量和国防科技成果风险企业资产的军事专用性对企业最优剩余份额的影响方向是不确定的。但军方代表的努力程度与风险投资者的投资量及国防科技成果风险企业资产的军事专用性之间的混合偏导越大，则 $\dfrac{\partial L}{\partial I}$、$\dfrac{\partial L}{\partial \lambda}$ 为正的可能性就越大，即军方代表的努力程度对剩余份额的变化越敏感，军方代表应当占有的剩余份额就越大。

就一阶条件 $\prod(\gamma, I, \lambda, \tau)$，依次对 γ、I、λ、τ 求偏导，我们可以得到：$\dfrac{\partial \prod}{\partial \lambda} < 0$，$\dfrac{\partial \prod}{\partial I} > 0$，$\dfrac{\partial \prod}{\partial \lambda} > 0$，$\dfrac{\partial \prod}{\partial \tau} > 0$，这四个式子表明：

当混合偏导数 $\dfrac{\partial^2 R}{\partial I \partial e^*}$、$\dfrac{\partial^2 R}{\partial \lambda \partial e^*}$、$\dfrac{\partial^2 R}{\partial \gamma \partial I}$、$\dfrac{\partial^2 R}{\partial \gamma \partial \lambda}$ 较大时，在范围 $\gamma^* \in [0, \gamma^0)$ 内，对于资产军事专用性比较强的企业，军方代表对企业可以占有更多的控制

权。而且随着风险投资者投入资本的增加，军方代表可以拥有国防风险企业更多的控制权，这对风险投资者而言可以最大限度地提高总利润量 R。随着风险投资者自身直接占有剩余可能性的提高，军方代表可以更多地占有企业的控制权。

三、结论及启示

有效的风险投资契约，有助于解决国防科技成果转化风险投资中的双边委托—代理问题，协调风险投资者与军方代表之间的关系，形成合理的激励与约束机制，因而是解决利益冲突、克服权利与义务不对称及减少代理人问题的重要制度安排。本文对这一问题作了如下结论：

一是国防风险企业中的剩余索取权和决策权配置应该分离，而且控制权在双方之间配置的比重，随着风险企业发展绩效的变化，在风险投资者与国防风险企业内的军方代表之间作出动态调整，表现出一种状态依存特征。

二是国防风险企业控制权的分配：国防效益越大的项目，决策权应尽量多地分配给风险投资者，以降低投资者风险，调动其投资参与企业管理，但随着风险投资者直接占有剩余可能性的提高，投入资本的增加，以及企业资产军事专用性的增强，决策权将会逐渐转移分配给军方代表，以调动其工作积极性，最大限度地提高总利润量。

三是国防风险企业剩余索取权的分配：剩余索取权的分配随着军方代表的努力程度对剩余份额的弹性而变化，军方代表的努力程度对剩余份额越敏感，应当占有的剩余索取权就越大。

在国防科技企业中，契约安排问题非常复杂，信息不对称、技能、参与约束、努力和控制权收益、讨价还价能力等诸多因素，都将对契约的效果产生巨大的影响。因此在引入风险资本的过程中，要仔细辨明国防科技成果的各种情况，区别加以对待，以实现国防科技成果转化综合效益的最大化。

参考文献

[1] 王峰. 国防科技成果管理 [M]. 国防科技工业出版社, 2005.

[2] [美] 科斯、哈特、斯蒂格利茨等. 契约经济学 [M]. 经济科学出版社, 1999.

[3] [美] O. 哈特. 企业、合同与财务结构 [M]. 上海三联书店、上海人

民出版社，2006.

[4] Held，Bruce，Kenneth P. Horn'［etc］. Seeking Nontraditional Ap2 Proaches to Collaborating and Partnering with Industry ［R］. Contract DASW012962 C20003. Santa Monica CA：RAND. 2002.

统筹财力资源　推动军队
建设又好又快发展[①]

刘　宁　王发源　汪　军

随着我国经济的快速发展，中国特色军事变革加速推进，建立巩固的国防是社会主义现代化建设的战略任务。在这种现实环境下，坚持以科学发展观为指导，切实用科学发展观武装头脑、指导实践、推动工作，是推进军队建设又好又快发展的根本途径。而充足的军事财力资源，高效的财力资源配置机制则是实现军队建设又好又快发展的物质基础与制度保证。目前，我国仍然处在社会主义初级阶段，以经济建设为中心将是一项长期的治国方略，军事财力资源相对不足，军费供需矛盾较为突出。因此，贯彻落实胡锦涛和中央军委关于加强军费管理、提高保障效益的指示精神，集中财力保重点，大力实施科学管理和依法理财，用有限的财力保障好以军事斗争准备为龙头的各项建设，是一个值得深入研究的课题。

一、统筹财力资源是实现军队建设
又好又快发展的必然要求

在军队装备由半机械化、机械化向信息化跨越的关键时期，在军队后勤保障模式由外延式向内涵式转变的重要阶段，统筹财力资源是全面贯彻科学发展观的真正体现，是军队建设又好又快发展的根本保证。

---

① 本文原载于《军事经济研究》2009 年第 2 期。

1. "统"是保证"快"的基础

"又好又快"中的"快"是速度、效率指标。在军队建设中体现"快"就是要在建设规模、数量和范围方面体现速度，讲求效率。这就要求与之相应的财力保障目标应以"快"为指导思想，主要在军费增长率上下功夫，即通过迅速扩大军事财力资源供给，提升保障效率，全面推进军队建设的快速发展。然而，由于军队现代化、信息化建设任务繁重，装备、科研、训练和人员经费需求迅速膨胀，而军事财力资源又十分稀缺，军费供需矛盾突出，各项经费需求缺口逐渐扩大的现实状况，无法在短时期内得到有效解决。所以，要从根本上解决当前军队建设财力保障方面的困难，就应当本着"开源节流"的指导思想，以中央财政拨付的军费资源为主，借鉴后勤保障社会化的正确思路，挖掘社会财力资源为军队建设服务。这就要求采取财力统筹的方式，并从"统"字上做文章。因为，只有通过财力资源统筹，才能充分集中军队内部的闲置资源和社会上的可用资源，从而扩大军事财力资源的有效供给规模，实现财力保障能力和实力的"外延式"提升，为军队建设提供充足的财力资源。可见，着眼"统"字，有效统筹军内外财力资源以保障军队建设现实需求，是在军事财力资源稀缺条件下实现军队建设快速发展的基本方针。

2. "筹"是实现"好"的途径

"又好又快"中的"好"是质量、效益指标。"好"字当头，"又好又快"说明了"好"是其中的核心所在，是引导各项事业发展的根本评价标准；"快"应当是围绕着"好"的"快"，而并非盲目地仅追求数量的"快"。如果在军队建设过程中单纯地讲求"快"而忽略发展过程中的质量、效益，则会导致军费资源分配与使用过程中的低效，而且还可能引致军费的边际产出持续降低，最终出现军费"增长无效"，造成军事财力资源的浪费。这种现象在以前的"数量型"建军思想的指导下较为突出。但是，由于惯性思维的作用，在目前军费增长的条件下，这种思想对我军走"质量建军"发展道路，财力保障实现精确化、效益型转变仍然产生着不良影响。而有效的解决方式就是以"好"字为中心，选择财力统筹的方式，从"筹"字入手。

"筹"的本义是指计划、准备，在财力统筹中是指以军队发展战略、军队建设目标和当前主要任务为指导，科学合理地划分和配置既有军事财力资源，并有计划、有步骤地贯彻落实经费预算，提高财力资源的使用效率和效益，确保预期结果的实现，从而实现军事财力资源的"内涵式"增长。同时，"筹"字中还包含着协调与军队建设相关的各方面关系，确保后勤转型阶段军事财力资源优化配置等内容。可见，通过财力统筹，并着重强调"筹"字的核心作用与指导地位，是实现军队建设"好"字当头，又好又快发展的必由之路。

二、新形势下统筹财力资源的基本思路

1. 效益当先，"速""效"并举

"又好又快"是科学发展观的具体体现，是指引和评判新形势下各项事业发展的正确思想与科学标准。"好"字当头，"又好又快"所体现的核心内容就是效益当先，强调速度与效益并重。同样，为保障军队建设"又好又快"发展而进行的财力资源统筹，亦当遵循"又好又快"的客观要求，以其核心思想指导工作。其中，效益当先就是要求做好既有财力资源的优化配置工作，提高资源使用效率，实现财力资源的内涵式增长，同时应当按照全面协调可持续发展的要求，从宏观、中观和微观层面分别协调好国防与经济、军队与地方以及军队内部之间的利益关系，以维护良好的发展环境；"速""效"并举就是要求在围绕提高财力资源统筹效益的前提下，以质量建军思想为指引，尽快挖掘财力资源潜力，提高后勤财力保障能力，缓解军费供需矛盾，为军队建设快速发展奠定良好的物质基础。

2. 确保重点，合理配置

在新军事变革浪潮的推动下，各国常备武装力量的发展是以"高、精、尖"为目标的。"高"是指军队拥有高技术武器和高素质人才队伍，"精"是指编制体制精干，"尖"是指以尖端军事科技发展为牵引，带动军队整体建设的升级。因而，与之相适应的财力保障机制都以突出对军队发展核心影响要素和重点部分的保障为特点，以促进和维持军队建设"增长极"的形成与发展为主要目标。所以，新形势下我军财力统筹中的财力配置机制构建应当借鉴这种做法，对影响军队建设和战斗力形成的重点项目、重点部队、关键任务、主要战区、核心装备等进行重点保障，并根据军队建设未来发展步骤，确保以军事高科技为代表的军队发展"增长极"的形成。同时，要正确处理发展与维持、重点与一般、当前与未来的关系，对军队建设其他方面进行科学合理的财力分配，推动我军新军事变革不断朝着既定目标迈进。

3. 挖掘整合，协调推进

财力资源统筹工作的主要内容可以归纳为财力挖掘和财力整合。财力挖掘就是在既有财力的基础上，拓展财源，扩充筹集渠道，增加财力规模；财力整合就是对既有财力资源配置和财权分配进行重整，调整其中存在的不良财力配置结构，在兼顾整体利益和局部利益的基础上，理顺各级、各单位之间的财力分配关系，掌握军地、预算内外、货币与非货币形式的财力总量，按照军队建设发展的新要求、新目标和新环境，重新对财力资源进行配置组合。在进行财力挖掘与整合时必须时刻关注该项工作可能对经济和社会其他事业的发展，以及军队内部其他方面的影响，以科学发展观和构建和谐社会目标为指引，做好六个方面的工作：一是内部整合，集成生活、装备、训练和科研四项经费。二是争取支持，向社会要保障力。三是上下联动，以大联勤体制的实施为契机，发挥财力整合的整体效应。四是向上争取，进一步扩大财政对军事财力资源的分配。五是盘活军队既有固定资产，形成货币性资产与非货币性资产协调统筹机制，发挥各项资产的优势。六是协调好各层面和各方面的关系，为财力统筹创造良好的实施环境。

军队预算制度安排理论框架之探究[①]

——新制度经济学视角下的理性思考

赵宪武 唐 浩 谢玉科

诺贝尔经济学奖获得者斯蒂格利茨说：新制度经济学从新的视角来解释制度并检查它的结果，21 世纪将是新制度经济学繁荣发达的时代，它将对越来越多的引导经济事务的具体制度安排提出自己的真知灼见，并且为改变这些安排以增强经济效率提供理论基础。据此，本文基于新制度经济学的理念，试图构建军队预算制度安排的理论框架，以期为打造科学化军队预算管理提供支持，并为军队预算制度的制定、实施提供有力的理论支撑。

一、军队预算制度安排的概念厘定

军队预算是指国家和军队对军费运行所进行的系列计划和管理活动，是国家预算在军队中的继续和延伸，它包括军队预算的编制、执行、监督和决算四大环节。作为军费的计划和管理系统，军队预算追求三个核心目标：一是军费总量控制，严格控制军费支出总量；二是配置效率，将有限的军费在众多部门和项目间合理配置；三是运行效率，争取以最低的军费投入获得最大的战斗力生成。

军队预算制度安排一方面要涵盖规范在军费规模和结构确定过程中的军队预算活动、处理军队各机构间及机构内部经济和权利关系的具体规则；另一方面也要包含军队内部的军队预算资金运行管理机制的设计。所以，笔者认为军队预算制度安排是规范军队内部预算活动、协调军队与政府及军队内部各种预算关系的一组具体规则的集合，以提高军费的配置和使用效率，保证军队预算工作顺利执

---

① 本文原载于《军事经济研究》2009 年第 4 期。

行。它包括各类军队预算法规、规范、意志观念和军队预算的内部治理机制等。

二、军队预算制度安排的理论基础

1. 产权理论

产权理论是新制度经济学的核心理论之一，它主要研究市场经济条件下产权的界定和交易问题，具体地讲，就是研究产权的内容如何以特定的和可以预期的方式来影响资源的配置和使用。根据产权理论，人类社会发展历史中，产权与行政权是一直存在的两种交替发挥作用的权力。当一个社会的资源配置是由产权决定的时候，那么就会形成一种"寻利"的社会；当一个社会的资源配置是由行政权决定的时候，那么就会形成一种"寻租"的社会。军队预算是政府以行政权取得收入并由军队再进行资源配置的过程，因而行政权决定资源的配置往往容易导致寻租行为。如在军队预算资金分配过程中，资金的供给者和使用者双方受"效用最大化"的自利目标的驱使，在划拨和争取"具有公共产权的军费"的互动过程中，利用双向信息不对称而采取寻租行为。一方面，军队预算资金使用者在资金运用上具有更多信息优势，凭借其信息优势，并利用国防产出服务于广大民众的正义感召力量，通过各种游说与寻租活动向政府部门施压，人为地扩张其预算需求；另一方面，军队预算决策部门具有资金配给"自由裁量权"上的信息优势，可以利用资金配给权来影响资金使用者行为，从而，通过不断改变预算资金配给的规则与结果，人为地创设超额预算资金配给的分布结构，并以这种"设租"行为，诱导预算资金使用在新的租金分布格局下，展开新一轮寻租活动。资金供求双方的这种影响和互动使得军队预算过程中的寻租活动长期存在，且有不断发展的趋势，其最终结果很可能产生使军队预算陷入低效率发展路径的"锁住效应"（Lock Effect），那就是各资金使用者通过竞相寻租来获得超额预算资金配给，而不是通过"科学理财"使资源从低效的状态中释放出来，并转入具有高度的军事、经济和社会效益的项目中来，其长期演进的后果将导致军队预算资源的总体配置逐渐演变为一种低效率的格局。

产权理论为我们认识军队预算制度安排提供了一把钥匙。军队预算制度安排的意义就是为有效抑制寻租行为的发生而在军队预算活动中提供一系列制度安排，保证军队预算资金的优化配置。就资金需求来说，该制度安排要求预算资金的申请和使用须有具体的项目相对应，并有严密的监控体系；对资金供给而言，则要求从制度安排上能有效控制预算决策部门的"自由裁量权"。如通过构建出利益相关主体（包括预算资金使用者、军队预算部门、立法监督机构、军队审计部门、媒体及部队官兵等）共同参与的军队预算治理结构，削减军队预算决策部门资金配给的自由裁量权。军队预算制度安排也必须将其间的利益相关主体、彼此之间的互动影响及相互制约的关系，整合于一个彼此衔接、相互制衡、权责明确和激励兼容的共同治理结构之中，以增强预算编制和执行中的公众参与程度，从机制上减少军队预算过程中的寻租现象。

2. 委托—代理理论

委托—代理理论兴起于 20 世纪 60 年代，主要研究在信息不对称条件下，委托人如何约束以及激励代理人问题。该理论认为，在存在委托—代理关系的情况下，委托人和代理人由于利益目标不一致，代理人常常会采取偏离委托人利益的"逆向选择"，利用信息优势侵害委托人的利益。而委托人为了避免损失而采取种种措施加以约束，必然引起"代理成本"的产生。解决代理问题的最佳途径，一是在不影响委托—代理总目标实现的前提下尽可能地减少委托—代理的层级；二是建立一套既能够有效地约束代理人的行为，同时又能激励代理人按委托人治理结构，以减少代理成本。

军队预算在一定程度上体现为一系列的委托—代理关系，它实际上是社会公众、国家立法机关、军队各级机关及具体职能部门之间就军队预算资源的投入范围、方向及运行管理所形成的委托—代理关系。为了减少军队预算中的代理冲突、降低代理成本，必须尽可能缩减代理层级，并构建一套有效预算治理结构，对代理人进行有效的约束和适当的激励。近几年来，军队预算在制度安排方面有新的发展，如实行的军队集中采购制度、军队资金集中支付制度及更为严密的预算监督机制等，都有效地降低了预算的委托—代理成本。当然，缩短预算中委托—代理链条，也是降低代理成本的有效措施。因此，军队预算的制度安排创新要与我军编制改革和后勤保障改革相互联动，在军队组织结构"扁平化"和后勤保障"一体化"的大背景下，通过减少"预算形成"过程的委托—代理层次，来强化对代理人的监督，这理应成为军队预算制度创新的重要方面。

3. 交易成本理论

交易成本的思想最早来自科斯，他认为人们任何一项交易都必须付出一定的成本和代价，这个成本和代价便是交易费用。交易成本理论认为交易成本分析的逻辑起点是契约人。契约人的基本行为特征是"有限理性"和"机会主义"。有限理性就意味着因环境复杂性和人的认知能力的有限性，所有协议和契约不可避免的不完全。同时，机会主义的存在，增加了契约的风险，契约人对自我利益的考虑和追求，通常会在履行契约过程中违背约定，而按照自己的利益目标行事。

这种契约人的假设为军队预算制度安排提供了理论导向。从一定程度上看，军队预算制度安排就是一种关于"契约"的制度安排。从军队预算形成过程看，社会公众为了满足对国防安全的共同需要而愿意让渡自己的部分私人财产，交由政府和军队使用而换取他们需要的公共物品；政府通过对社会公众私有财产的"必要侵犯"所筹集的资金，用于为社会公众提供国防安全产品，军队预算在本质上体现为社会公众与政府之间的一组契约关系。由于军队预算中"契约人"的有限理性和机会主义倾向，军队预算制度必然是不完全契约，并且还会出现违背制度规定而依照个人利益最大化的方式行事现象。所以，军队必须通过制定军队预算制度规范"契约人"的行为，避免发生违规行为，并且，由于军队预算制度的不完全性，军队还需要发挥非正式的预算制度作用，打造良好和科学的预算文化，保证能够顺利、及时解决在预算活动中出现的难题。交易费用理论为军队预算制度研究提供的经济学铺垫是至关重要的。

4. 制度变迁理论

制度变迁理论为军队预算制度变迁提供了强有力的理论依据。著名学者杨瑞龙（1998）通过考察具有独立利益目标与拥有资源配置权的地方政府在我国向市场经济体制过渡中的特殊作用时，提出了制度变迁方式转换的三阶段论：计划经济体制有可能成功向市场经济体制过渡的现实路径是，由改革之初的供给强制性制度变迁方式向中间扩散性制度变迁方式转变，并随着排他性产权的确立，最终过渡到需求诱致性制度变迁方式。实践也表明，地方政府预算制度作为政府制度的重要方面，其变迁方式遵循着三阶段论的路径。而军队预算制度因涉及国家安全而不同，其每一次的变迁方式都是自上而下开始，由总后勤部根据国家法律规定颁布实施的，是典型的强制性制度变迁，这为充分发挥军委、总部在军队预算制度变迁中的主导作用提供了理论支持。

三、军队预算制度安排的理论框架

军队预算制度安排理论主要就是告诉人们：军队预算制度安排是什么——军队预算制度安排的本质；军队预算制度安排干什么——军队预算制度安排的职能和目标；谁来提供军队预算制度安排——军队预算制度安排的主体；军队预算制

度安排具体构成是什么——军队预算制度安排的内容。对这四个问题的回答，也就形成了军队预算制度安排理论的基本内容。而我们对这些基本内容按照内在的逻辑关系加以排列组成的方式便是军队预算制度安排的理论结构。

1. 军队预算制度安排的本质

军队预算制度安排的本质就是关于军队预算现象根本性质的抽象归纳，它决定了军队预算制度安排的运动、发展和变化，也是整个军队预算制度安排理论的逻辑起点。研究军队预算制度的本质，要追溯到"军费"的本质，而"军费本质 = 军费价值 + 军费权利"是军费本质最恰当的表述。

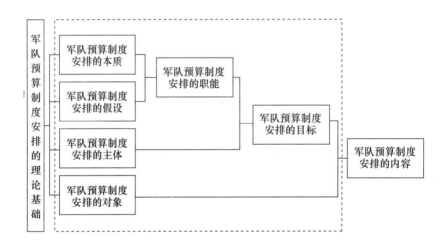

图1　军队预算制度安排结构图

军队预算制度安排就是对军费价值运动过程和军队预算过程中人们之间的相互"权利关系"进行有效的规范和协调。引入军费"权利关系"后，能够更好地表述军队预算制度安排的本质。所谓军队预算制度安排的本质是保证军费合理配置和高效使用，实现军费价值运动与权利关系的有机融合。

2. 军队预算制度安排的假设

军队预算制度安排的假设是指，根据预算制度安排客观存在的不确定性因素所作出的合乎情理的判断。它实质上就是对不确定环境的约定，是对军队预算制度安排对象、目标等研究的必要限制条件，是进一步研究军队预算制度安排理论的基本前提。

（1）有限理性假设。新制度经济学认为，由于环境的不确定性，信息不完全性，以及人的认识能力的有限性，使得每个人在作决策时都存在有限的理性。有限理性的存在使得每个人对环境反应所建立的主观模型大不一样，导致了人们选择上的差别和制度规则上的差别，这使得有限理性假定在制度设立和安排中具有重要影响，同时，也说明了制度安排的重要性，因为制度通过设定一系列规则能减少环境的不确定性，提高人们认识环境的能力，降低交易费用。

（2）嵌入性假设。嵌入性假设就是将军队预算制度安排视为"嵌入"一些关联的结构之中，并受其限定。首先，军队预算制度安排是对军费价值运动和军费权利关系的规范，军费价值运动是嵌入广阔的社会经济结构之中的，军费权利关系也取决于军事组织构成及其军队内部的指挥权的配置和安排，其规范必然限定于特定的社会和军队的情境之中。其次，军队预算制度安排是基于社会道德和军营文化判断之上，这种判断会影响军队预算制度安排的界定和使用。最后，军队预算安排是军队管理的重要方面，它的成败与否会影响其他的管理活动。嵌入性假设要求我们将社会结构、军事组织体系、人和文化等社会要素纳入军队预算制度安排的分析框架，由此来开辟研究的新内容。

3. 军队预算制度安排的职能

由于军费的本质包含了"价值运动"和"权利关系"两层含义，那么，军队预算制度安排的职能也应该从"价值运动"和"权利关系"出发，将其基本职能定义为"价值运动的控制职能"和"权利关系的安排职能"。"价值运动的控制职能"是军队预算制度对军费的规模与结构的安排，以及对军费运行进行引导和控制，它接近于军队预算的收支计划作用；"权利关系的安排职能"是军队预算制度对军费预算机构、军费支出机构及相关人员的权力、责任的安排，接近于军队预算的管理作用。对这两方面界定的理论意义在于为我们提供了基本判断标准，即科学的预算制度安排必须能够合理配置军费，正确处理军费背后的各种"权利关系"，以保证军队预算活动运行顺畅、各种关系的规范协调。

4. 军队预算制度安排的主体

军队预算制度安排是由其主体发生的，军队预算制度安排主体是指那些具有一定的知识和技能，具有军队预算制度安排的能力，具有立法权或获得立法机构、政府的认可，直接参与军队预算制度安排实践的权力机构。军队预算制度变迁不同于政府其他制度变迁的三阶段方式。实践表明，每次的军队预算制度变化都是自上而下的强制性制度变迁，供给制度的主体具有多元性：一是国家立法机构和国务院财政部门在法律层面或原则方针上为军队预算制度安排提供了总体框架；二是总后勤部财务部门结合军队实际情况，制订更为详细的预算体系。上述主体相互协调，共同对军队预算制度作出有效的安排。

5. 军队预算制度安排的对象

军队预算制度安排的对象就是军队预算制度安排指向的客体，这是军队预算制度安排考察的内容。只有明确了对象，才能明确军队预算制度安排的研究范围和目标。从军队预算系统的整体运行来看，军费价值运动是军队预算活动关注的中心线索，贯穿于全部军队预算活动之中，显然，军队预算制度安排作为预算行为的规范，其对象自然就是军费。如前所述，军费从配置到支出的价值运动背后，还隐藏着更为本质的"权利关系"，它就是军队预算制度安排对象的另外一种表现形式。

6. 军队预算制度安排的目标

军队预算制度安排目标是军队预算活动中主观愿望与客观规律、军队内部条件与军队外部环境、预算管理者与预算执行者、其他相关利益主体之间等一系列矛盾相互作用的综合体现。军队预算制度安排在军队预算管理中起双重作用：一是导向作用，它是军队预算管理工作的起点目标，为军队预算管理指明了方向；二是评价作用，它为军队预算管理工作提供了最终的标准，为衡量军队预算管理工作优劣提供了可靠的依据。

7. 军队预算制度安排的内容结构

结合前面新制度经济学对制度安排的理解，我们将军队预算制度安排分为正式的军队预算制度安排、非正式的军队预算制度安排和军队预算的治理机制三类。

正式的军队预算制度安排是明文规定的具有约束力的各种预算制度，具体包括宏观军队预算制度和微观军队预算制度。宏观军队预算制度是由立法机构、国家财政部门及总后勤部财务部门制定的适用于全军所有单位的预算制度规范。目前主要有《预算法》《军队预算编制改革暂行规定》及其他由总后勤部颁布的关于预算编制和管理的规定。微观军队预算管理制度是由各军事机构制定的用来内部预算管理的具体规则，它在军队预算制度体系中起着补充作用。

非正式军队预算制度安排，诸如价值观念、军营文化等，是内生于军队预算活动之中，并构成对军队预算活动的规范约束。它比正式军队预算制度安排的约束力要弱，以无形的"软约束"力量构成军队预算有效运行的内在驱动力，需要自觉执行。

军队预算治理机制是基于国家政治体制和国防领导体制的基础上，形成军队预算过程中的相关单位和个人之间相互影响、相互约束的制衡体系。军队预算治理机制体现于军队的组织形式和管理架构中，它从本质上确定了军队预算的各级决策者、执行者和其他利益相关主体的身份、角色及在军队预算活动中享有的权利和受到的约束。对军费背后的各种"权利关系"进行配置，从而起到约束军队预算活动、协调各种关系的作用。

综上，军队预算制度安排是一个复杂的体系，在军队预算实践中具有重要作用。在具体设计中，正式军队预算制度要作为整个制度安排体系的主要内容，非正式军队预算制度作为补充，军队预算治理机制作为保证。只有这三者相互协调、相互配合，才能使军队预算制度安排体系有效执行。

武器装备研制投资决策方法研究[①]

郭 勤 吴少华 郭 静 廖东升 沈华奕

胡锦涛总书记在中共十七大报告中指出，要调整改革国防科技工业体制和武器装备采购体制，提高武器装备研制的自主创新能力和质量效益。在武器装备研制过程中，有关主管部门及其管理者经常要遇到各种决策问题。例如，针对某个时期的经济条件与政治、军事环境，选择哪个装备项目进行研发？投资多少？什么时候开始？等等。如果研制投资决策失败，会导致消极的后果，大量损失将无法挽回。所以选择正确的方法进行科学的决策非常重要。

一、传统方法在装备研制投资决策中的应用研究

传统装备研制投资决策的方法一般分为两大类：定性分析决策方法与定量分析决策方法。定性分析决策是决策者运用社会科学的原理，凭借个人的经验、判断能力，及至本人性格和文化修养，从决策对象本质属性入手，掌握事物的内在联系及其运行规律，以此来解决经济决策问题的一类方法。定量分析决策方法指运用数学工具来解决决策问题的一类方法。其具体运用技巧则称为决策技术。事实上，定性分析方法与定量分析方法两者往往是不可分的，在实际应用中两者应结合起来使用，只是根据决策对象不同而有所不同而已。

1. 定性分析决策方法

主要包括市场调查法和专家预测法等。在传统装备 R&D 投资定性决策中，比较常用的方法包括头脑风暴法和德尔菲法。

---

① 本文原载于《国防科技》2009 年第 6 期。

Aley 等将头脑风暴法应用于陆军军事设备总体规划中。规划决策的提出往往由不同身份和领域的专家群体提出，他们的信息是从不同媒介获得。由于现有的以计算机为基础的分析工具的复杂性、信息的可用性和群体决策的动态性的问题，使得理想的规划被忽视。研究将多媒体技术应用到规划中，讨论了概念、技术和系统开发问题，为陆军系统开发提供建议。

Burell 和 Soltesz 将头脑风暴法应用于高机动性多用途轮式运输车（HMM-WV）改善 Monster Garage 项目中。陆军副参谋长的基本要求是改善车底的保护，恢复有效载荷和汽车性能。为此建立了一个由政府和企业的主题专家（SEMs）组成的联合群体一起讨论可行的解决办法。在高峰时期，这个群体大约由 100 名 SMEs 代表 20 多个政府和企业组织。他们在司令部—发展与工程中心（RDECOM－TARDEC）进行为期一周的会议，进行事实调查、建模和仿真，进行专家意见分析。这样做，使得这个群体可以为增强基本的车辆系统开发技术。

Campbell 和 Carlin（1984）将德尔菲法应用于开发理想的物流飞机。他们在空军高级物流管理人员和文职物流管理人员中进行了一次调查。德尔菲法被用来征求专家意见，关于现代飞机存在的主要物流问题，以及将来的飞机如何避免这些问题。

Imwalle 认为，美国空军应该正确地认识为完成使命的投资资源稀缺，所以，美国空军应该努力预测未来的科技。他研究了纳米技术和 IT 融合的革命性的变化，以及对美国空军的影响。新兴的纳米技术革命极大地推动了 IT 能力的提高，远远超过那些以硅为基础的电子设备。研究使用德尔菲法，一种技术预测方法，由主题专家小组的意见组成，确定在 2030 年 IT 领域纳米技术最有可能的状态，以帮助美国空军主要的决策者和规划者制订出正确的政策。

时扬等提出一种常规潜艇研制风险评估方法。该方法明确了风险分析的组织程序，在归纳常规潜艇研制的风险源的基础上，采用以问卷调查为主，视情况以德尔菲法和头脑风暴法为辅的综合方法进行风险识别，并建立了模糊综合评估方法进行风险评估，案例分析表明，方法简单实用并能有效地利用专家经验，得出合理的风险评估结果。

2. 定量分析决策方法

定量分析决策方法主要包括投资回收期法、净现值法（NPV）、获利能力指数法（PI）、内部收益率法（IRR）等。在传统装备 R&D 投资定量决策中，净现值法是比较常用的方法。

Callahan 提出，在战略海运中，为了满足高速、大负荷、长距离运输的要求，正在进行几种可供选择的设计。其中 FASTSHIP 被认为是速度达到 45 海里/

小时，载重8000长吨，能够航行超过5000海里。在一定时间内集装箱数量对货物量造成限制的条件下，通过使用海上补给最优化模型的电子表格，找到海上补给船在军事应用中的最小、NPV 成本组合，得出 FASTSHIP 如何以最小的代价满足日益增加的需求的能力，特别是在第一类后备役舰队（Ready Reserve Force，RRF）准备减少的情况下。

Naylor 在美国国防技术情报中心的报告中将 NPV 用于高科技产品研发项目的投资决策中。高科技公司都面临着开发哪些产品和技术的困境。公司间的竞争提高和技术产品生命周期的缩短，使产品在快速推向市场方面造成很大的压力。导致 R&D 成本的补偿和利润的赚取变得越来越不确定，衡量财务风险也就产生了。使用 NPV 方法，考虑每种产品和技术的 NPV 期望值和变异值，建立线性规划，再从中选择最优的产品投资组合进行发展。

Davis 认为，快速变化和科技领域中不确定性的增加导致了 IT 资本投资决策具有高度的财务风险。联邦首席信息官（Federal Chief Information Officer，CIO）委员会已通过，将 IT 投资组合管理（IT Portfolio Management，ITPM）作为 IT 投资决策框架。海军部（Department of Navy，DON）采用 ITPM 执行战略，但目前仍然主要依靠经济增加值（EVA）、内部收益率（IRR）和净现值（NPV）等传统办法，这些办法不能有效地评估财务风险。

二、实物期权方法在装备研制投资决策中的应用研究

实物期权方法在装备 R&D 投资决策中的应用研究非常少，我们把收集的资料按照国外与国内两个方面进行综述。

1. 国外研究

Weigel 和 Hastings 将实物期权方法用于军用卫星通信（Military Satellite Communications，MILSATCOM）项目评估中。不确定性越大，期权价值就越大。未来军用卫星的使用环境有很多不确定性因素，而实物期权是在高度不确定性环境中评估项目的有效机制。

Gregor 介绍了实物期权方法在美国海军舰艇设计和采购中应用的问题。美国海军正面临着新的水面作战能力的需要，所以舰艇新系统的设计必须满足执行任务的能力、面临威胁和技术进步不断变化的要求。设计和管理的灵活性将使这些新系统在变化的条件下最大限度地提高性能。实物期权体现了允许项目不断更正

的灵活性。采用实物期权方法，有利于确定这些选择的价值，灵活地设计海军系统的最佳种类和数量，从而在不确定性条件下使系统价值最大化。

Davis 研究了实物期权方法在美国海军部信息技术投资管理中的应用问题。随着实物期权方法在管理研制资本投资风险方面取得优势，美国国防部部队转型办公室（the DOD Force Transformation Office）也把实物期权方法作为 DOD 新项目的一种战略投资决策工具，为提高投资灵活性和减少金融风险，不断把实物期权理论应用到 PPBES（Planning，Programming，Budgeting and Execution System）。

Rios 等使用 KVA 的历史资料做平台，运用实物期权方法评估了海军信息技术投资管理中潜在战略投资问题。介绍了 Knowledge Value Added/Real Option（KVA + RO）理论和框架在美国国防部（Department of Defense，DOD）IT 投资管理问题中的应用，并把这个评估框架应用于海军情报收集过程（Intelligence Collection Process，ICP）中的密码编制程序（Cryptologic Carry on Program，CCOP）系统，用来评估信号情报收集系统投资。实物期权方法主要是用来权衡不确定性，限制负面风险，确定投资选择的未来价值总额。

Uchytil 等在一个开放的结构体系中，使用 KVA + RO 框架评估升级或替换老化的 IWS AEGIS 和 SSDS 系统的投资回报率。实物期权方法主要用来确定在 9 年多的跟踪管理中，用升级的 AEGIS IWS 替代 COAs 的预期价值。

Goodson 和 Knutson 认为，实物期权理论可以用于执行核心领海感知（Maritime Domain Awareness，MDA）流程的评估。KVA + RO 方法有助于鉴别和评估 MDA 流程的未来价值，辅助 MND 管理者和业务领导做出投资管理决策，正确分配资源开发 MDA 流程的支持工具和支持系统。

Housel 和 Mun 指出，美国海军研究生院（Naval Postgraduate School，NPS）进行概念证明专题研究，量化宙斯盾开放式结构的潜在收益。KVA + RO 框架被用于宙斯盾软件的维护和升级过程中，而实物期权方法主要用于宙斯盾软件维护和升级过程中潜在战略风险的评估。

2. 国内研究

宋春霈和冉伦研究了实物期权思想应用于装备研制风险管理的可能性。武器装备研制是一种技术战术性能要求高、经费投入巨大、时间跨度长的综合性工作，具有很高的风险。实物期权方法可以为军方和承包商提供一条新途径，更好地发挥多方面的灵活性，从而尽可能降低研制风险，使相应的装备研制项目创造出更大的价值。

郭静提出实物期权方法是武器装备 R&D 项目投资决策发展的必然趋势，有利于解决 R&D 项目中的环境不确定性和管理灵活性等问题。介绍了实物期权方法及其在装备 R&D 项目投资中的研究现状。分析了实物期权方法在装备 R&D 项目投资决策中的重要意义。

刘云等探讨了将实物期权的投资决策理论应用于军事油库设备改造。针对投资项目所具有的时间选择期权和放弃期权的混合特征，采用二项式期权定价理论和不确定性规划方法，构建了以战略净现值最大化为投资目标的军队油库设备投资决策模型。该模型有效地评估了投资机会的价值，解释了投资者时机选择和投资期限决策行为，有助于提高油库资金使用的军事效益和经济效益。

张磊和樊荣将实物期权应用于武器设备研制风险管理中，把延迟期权、放弃期权用于装备研制过程，揭示了在装备研制风险中由军方主动掌握的各种灵活性的价值，为军方装备研制风险管理提供了一种决策思路。

葛轩提出，武器装备研制投资项目具有高度不确定性和多阶段的特点，因而经常导致决策失误。实物期权方法是解决不确定性的一种比较好的方法，它保留了不确定性带来的正面影响，规避了负面影响，可以帮助决策者进行更有效的投资决策。将实物期权方法应用于装备研制投资项目中，对于确定最佳投资时间、提高装备研制资金的使用效益具有重大的战略意义。

三、结论

传统装备 R&D 投资决策方法中的头脑风暴法、德尔菲法、净现值法仍是现代装备 R&D 投资决策的主要方法。它们在使用中有一定的优点，但是这些方法忽视了不确定性的价值缺少随条件的变化而变化的灵活性，这样可能导致有些项目具有投资价值，但用传统方法评估却不可行。而这些正是实物期权方法的优势。

国内外虽然有一些关于实物期权方法在装备 R&D 投资决策领域应用的研究，如在军用卫星通信研发、海军舰艇设计、军事油库设备改造等项目中的应用研究，甚至还将实物期权方法应用于 PPBES、ITPM 和 KVA 框架中。但相关研究存在一定不足。一是实物期权方法作为近年来备受学者关注的投资决策工具，在装备 R&D 领域的应用研究较少。二是实物期权方法在装备 R&D 领域的应用研究起步晚，从 21 世纪初才开始的，这与实物期权方法在 R&D 投资决策中的应用研究的时间相差很远。三是相关研究对象一般局限于某个具体装备 R&D 项目，缺乏整体战略层面上的研究，也缺乏深入的理论研究。四是对存在问题的分析不够，具体的推进措施较为空泛。

总之，相关研究表明，实物期权方法在装备 R&D 投资决策中的应用研究仍处于探索阶段，这是因为对实物期权方法在装备 R&D 投资决策中的重要性认识不足，因此，需要进一步对此问题进行系统、深入的研究。

参考文献

［1］陈志英，果增明，谭海涛. 军事经济管理学［M］. 北京：军事谊文出版社，1997.

［2］Aley，B. E.，Shiffer，M. J.，Shiffer，M. A.，Adiguzel，R. I.，Neal，C. J. Hypermedia Applications for Army Installation Master Planning［R］. Construction Engineering Research LAB（Army）Champaign IL. ADA265357，1993.

［3］Burell，S.，Soltesz，J. HMMWV Improvements Monster Garage（copyrighted）Porogram［C］. Army Tank – Automotive Research and Development Center Warren MI. ADA494483，2008.

［4］Campbell，J. O.，Carlin，J. D. A Description of a Logistically Ideal Aircraft［D］. Air Force INST of Technology Wright – Patterson AFB OH School of Systems and Logistics. ADA 148425，1984.

［5］Imwalle，J. H. Placing US Air Force Information Technology Investment under the Nanoscope a Clear Vision of Nanotechnology's Impact on Computing in 2030［R］. Air War Coil Maxwell AFB AL Center for Strategy and Technology. ADA – 497512，2007.

［6］时扬，王威，魏军. 常规潜艇研制风险评估方法［J］. 微计算机信息，2006，22（11）：259 – 261.

［7］Callahan，Shawn M. Impact of Fastship and High Speed Sealift on Strategic SealiftI［D］. Air Command and Staff Coil Maxwell AFB AL. ADA395802，1998.

［8］Naylor，Scott C. Portfolio Selection of Innovative Technologies Via Life Cycle Cost Modeling［R］. Air Force Inst of Tech Wright – Patterson AFB OH. ADA361592，1999.

［9］Davis，J. P. Information Technology Portfolio Management and the Real Options Method（ROM）：Managing the Risks of It Investments in the Department of the Navy（DON）［D］. Naval Postgraduate School Monterey CA，ADA420489，2003.

［10］Weigel，A. L，Hastings，D. E. Application of Real Options to Strategic Management of Military Satellite Communications［C］. AIAA 2001 Space Conference and Exposition. Albuquerque NM，AIAA – 2001 – 4572，2001.

［11］Gregor，J. P. Real Options for Naval Ship Design and Acquisition：A Method for Valuing Flexibility Under Uncertainty ［D］. Massachusetts Institut of Technology Cambridge, ADA426543, 2003.

［12］Rios, Jr., Cesar, G., Housel, T., Mun, J. Integrated Portfolio Analysis: Return on Investment and Real Options Analysis of Intelligence Information Systems ［R］. Naval Postgraduate School Monterey CA Graduate School of Business and Public Policy, ADA458432, 2006.

［13］Uchytil, J., Housel, T., Hom, S., Mun, J., Tarantino, E. AEGIS and Ship Self – Defense System (SSDS) Platforms: Using KVA Analysis, Risk Simulation and Strategic Real Options to Assess.

［14］Operational Effectiveness ［R］. Naval Postgraduate School Monterey CA Graduate School of Business and Public Policy, ADA462423, 2006.

［15］Goodson, C. J., Knutson, R. D. Portfolio Management Decision Support Tools Analysis Relating to Management Value Metrics ［D］. Naval Postgraduafe School Monterey CA, ADA467243, 2007.

［16］Housel, T., Mun, J. Potential Impact of Open Architecture on AEGIS Using KVA and Real Options Analysis ［R］. Naval Postgraduate School Monterey CA. ADA493931, 2008.

［17］宋春霁, 冉伦. 实物期权思想在装备研制风险管理中的应用 ［J］. 军事运筹与系统工程, 2003 (2): 17 – 20.

［18］郭静. 武器装备项目投资决策新理论 ［J］. 国防科技, 2005 (2): 83 – 85.

［19］刘云, 周庆忠, 樊荣. 基于实物期权的军队油库设备投资改造决策模型研究 ［J］. 军事运筹与系统工程, 2006 (4): 57 – 60.

［20］张磊, 樊荣. 基于实物期权的装备研制风险管理研究 ［J］. 中国储运, 2007 (2): 102 – 104.

［21］葛轩. 实物期权方法在武器装备研制投资中的应用研究 ［D］. 国防科技大学, 2008.

［22］郭静, 陈英武, 郭勤, 廖东升. 一种含有价值漏损的实物期权定价模型 ［J］. 系统工程, 2005, 23 (4): 35 – 38.

［23］郭勤, 吴少华, 郭静. 基于实物期权的武器装备研制项目投资决策研究 ［C］. 全国国防经济发展模式转型学术研讨会暨国防经济研究中心, 2007 年年会, 2007.

［24］郭勤. 实物期权方法与装备 R&D 项目投资决策方法的现状及发展趋势 ［R］. 军事经济学院, 2008.

国防科技投资成果转化风险的
来源、评估和对策①

马　赛　张伟超

国防科技成果是指在国防科研、生产、使用及与其密切相关的工作中产生的科学技术成果。国防科技成果是一种知识产品，其价值最终能否实现，还要看成果转化阶段是否顺利。美国经济学家戴维德认为科技成果转化是以科学技术成果满足社会的现实需求和潜在需求的全过程。那么，国防科技成果转化也可以看作是国防科技工业部门为加强国防建设和提高生产力发展水平而对在军品研制（包括预先研究、型号研制等）和民品开发过程中所产生的具有实用价值的科技成果所进行的后续试验、开发、应用、推广。直至形成新产品、新工艺、新材料，发展新产业等活动的总和。

成果转化阶段是决定国防科研价值实现的重要阶段，而国防科技成果转化是有风险的。风险就是不确定性，也有人将风险定义为在给定的条件和某一特定的时期未来结果的变动等。朱淑珍在总结各种风险描述的基础上，把风险定义为：风险是指在一定条件下和一定时期内，由于各种结果发生的不确定性而导致行为主体遭受损失的大小以及这种损失发生可能性的大小。风险是一个二位概念，风险用损失发生的大小与损失发生的概率两个指标进行衡量。

一、国防科技投资成果转化风险的来源

国防科技投资成果转化风险的来源是多方面的，既有纵向风险，又有横向风险；既有内部风险，又有外部风险；既有制度性风险，又有非制度性风险；既有技术性风险，又有经营性风险。概括起来主要有以下几种：

---

① 本文原载于《科技创业月刊》2009 年第 7 期。

1. 价值链断裂风险

"价值链"（Value Chain）是由 Michael Porter 于 1985 年首先提出的，他认为企业创造价值的过程可以分解为设计、生产、营销、交货以及对产品起辅助作用的一系列互不相同但又互相关联的经济活动，或称之为"增值作用"，其总和构成企业的价值链。在国防科研过程中，从预先研究到型号研制。一直到装备生产，这一整个过程也构成了一条价值链。由于各个阶段所追求的价值不尽一致，如果协调不当，最终会导致国防科研成果无法经过生产而成为能满足特定军事需求的装备。例如，科研方对技术的先进性比较感兴趣，而对装备的加工工艺等就不太关注；生产方关注如何解决装备生产的工艺问题，而对装备的维修性、保障性等就不太注意；作为最终用户。军方关注的则是各方面性能的综合平衡。由于军事装备的"产品"特性，其科研生产缺乏市场机制的引导与约束。因此，国防科研成果的转化过程中，科研—生产价值链也就显得特别脆弱，使得许多国防科研成果无法转化为军事装备。这种由于价值链断裂的不确定性因素所造成的国防科研成果转化失败的可能性，可以称为"价值链断裂风险"。

2. 产权问题带来的风险

科斯认为，不管权力属于谁，只要产权关系明确界定，且权力可以自由交换。若交易费用为零，那么经济活动的私人成本与社会成本相等，资源就可以达到最佳配置。在国防科技领域，由于成果转化的接受方是军方，军方代表的是国家，并不是一个独立的法人，因此，在国防科技投资成果转化方面，研发方和军方总是处于相对不平等地位。国防科研成果转化不成功，一个主要的原因就在于科研方的权益没有得到很好的尊重和保护。无论是预先研究成果向型号研制的转化，还是型号研制成果向生产的转化，科研成果产权的有关法律规定总是不太注意保护研制方和科研人员的权益。在很多情况下，成果完成单位并不享有科研成果的知识产权。对于转让权利而言，也没有规定转让收益的明确归属。法规条文本身存在的不足和不完善，使得科研成果完成方缺乏足够的激励，缺乏推动成果转化的积极性。

3. 生产和技术方面的不确定性因素带来的风险

科研方在研制开发过程中，倾向于提高技术指标和科研成果的先进性，这种倾向会影响技术的成熟性和适合生产性。生产方在进行成果转化时，首先要考虑生产能力，如果科技成果的要求太高，而目前的技术条件与之不适应，就会影响成果转化过程。其次是技术前景的不确定性、技术精度和技术寿命的不确定性等同样会影响成果转化过程。有些国防科技成果瞄准前沿，而相关的技术配套却跟不上相应指标，即使中试成功也很难量化生产，在这种情况下生产方也不会推动成果转化。很多国防科研成果都是高技术含量的，需要大量的高素质人才配备，对生产人员要求也比较高，而这可能得不到满足。另外，原材料供应、生产设备技术支持等因素也将最终影响转化。

4. 外部不确定性因素带来的风险

国防科研成果转化的过程中，军方的采办需求决定了生产方对技术成果的需求，生产方对于技术成果的需求又影响着科研方将科研成果完成转化的意愿与可能。由于突发因素引起的国际国内形势的剧烈变化。军方的需求可能会发生变动，转化产品的性能、定价和技术寿命周期以及替代产品都会影响最终的采办决策。军方需求的不确定性必然影响国防科研成果的转化，而一些可向民用转化的国防科研成果，也同样面临市场需求的风险，市场的不确定性给国防科研成果转化带来了很大风险，从而降低了科研人员转化成果的效率。国防科技成果转化是实现成果价值的必经阶段，但它并不是个独立的过程，因为其本身并不直接带来价值，所以要受到外部环境的影响。除了需求方面的因素，管理因素的不确定性同样影响转化效率。国防科技成果推广转化涉及的部门多、协调难度大。其中又涉及产权的归属问题，收益的分配问题，任何一个环节的中断都会直接导致成果转化不能进行下去，现阶段并没有统一的部门管理整个国防科技成果的转化，而各职能部门追求的目标也不同，很容易阻碍国防科技成果的顺利转化。

二、国防科技投资成果转化风险的评估

目前对风险的评估方法主要基于两种思想：一种是根据不确定性的随机性特征，衡量某一风险单位的相对风险程度。胡宜达、沈厚才等提出了风险度的概念，即在特定的客观条件下、特定的时间内，实际损失与预测损失之间的均方误差与预测损失的数学期望之比，它表示风险损失的相对变异程度（即不可预测程度）的一个无量纲（或以百分比表示）的量：另一种是 1997 年 P. Jorion 在研究风险时提出的，利用"在正常的市场环境下，给定一定的时间区间和置信度水平，预期最大损失（或最坏情况下的损失）"的测度方法来定义和度量风险，也将这种方法简称为 VaR 法（P. Jorion, 1997）。现在大多数风险评估的方法都蕴含这两种思想。

对国防科技投资成果转化的风险的评估通常采用德尔菲法。德尔菲法又称专家规定程序调查法。它是以古希腊城市德尔菲命名的，是在 20 世纪 40 年代由 O. 赫尔姆和 N. 达尔克首创，经过 T. J. 戈尔登和兰德公司进一步发展而成的，德尔菲法依据系统的程序，采用匿名发表意见的方式，即专家之间不得互相讨论，不发生横向联系。只能与调查人员发生关系，通过多轮次调查专家对问卷所提问题的看法，经过反复征询、归纳、修改，最后汇总成专家基本一致的看法，作为预测的结果。这种方法具有广泛的代表性，较为可靠。其具体过程如下：一是确定调查目的，拟订调查提纲。首先必须确定目标，拟订出要求专家回答问题的详细提纲，同时向专家提供有关背景材料，包括预测目的、期限、调查表填写方法及其他希望要求等说明；二是选择一批熟悉本问题的专家，一般至少为 20 人左右。包括理论和实践等各方面的专家；三是以通信方式向各位选定专家发出调查表，征询意见；四是对返回的意见进行归纳综合、定量统计分析后再寄给有关专家，如此往复，经过三四轮意见比较集中后进行数据处理与综合得出结果。每一轮时间约 7 ~ 10 天，总共 1 个月左右即可得到大致结果，时间过短因专家很忙难以反馈。时间过长则外界干扰因素增多，影响结果的客观性。

综合评估模型采用线性加权法，即：

$$EHD = \sum \beta_i K_i \quad i = 1, 2, 3$$

其中，EHD 表示成果转化风险评估总值；β_i 表示每个一级指标权重；K_i 表示每个一级指标评价分值。每个一级指标的评价分值公式为：

$$K_1 = \sum_{i=1}^{3} a_i P_i$$

$$K_2 = \sum_{i=4}^{9} a_i P_i$$

$$K_3 = \sum_{i=12}^{10} a_i P_i$$

$(i = 1, 2, 3, \cdots, 12)$

其中，a_i 表示每个二级指标权重，P_i 对于二级指标为定性指标的表示指标的折合分值，对于二级指标为数量指标的表示指标计算值的转换分值。转换分值适用公式：

$$P_i = \left[\frac{X_i - X_{\min}}{X_{\max} - X_{\min}} \right]$$

其中，$X_{\max}$ 为 X 评价空间某指标的最大值，$X_{\min}$ 为 X 评价空间某指标的最小值，X 为评价指标计算量，分别为 A、B、C、$\cdots$、H。权重设计采取专家咨询法，一级指标权重之和为 1，每个一级指标所包含的二级指标权重之和为 1。经专家赋权求平均值后，获得各评价指标重要性系数。

根据上述计算结果，将国防科技成果转化风险分为几个等级，例如低风险、较低风险、一般风险、较高风险、高风险5个等级，将评估分数归入各个等级中，根据等级级别确定对策。当然，具体应对风险时，要综合考虑各指标层的风险状况，以确定应对方案，而不仅仅是根据总的风险状况。德尔菲法还以主观判断确立依据，为尽量减小误差。除了恰当选择评估人员外，还应对成果转化的上游产业以及同类相关产业进行相关分析。

德尔菲法的主要优点是可以迅速达成共识，参加人员不受地域限制，覆盖众多领域的专家，可以避免团体迷思。它对于预测特定、单一维度的问题效果明显。主要缺点有以下几点：一是在初始问卷中问题的交叉影响被忽略了；二是范式迁移（Paradigm Shifts）的效果不明显；三是该方法的成效还取决于参与人员的质量水准；四是持有先入之见或卷入德尔菲团队自己的观点；五是不同意见被忽略或得不到重视；六是德尔菲法的应用条件和要求容易被低估。

三、国防科技投资成果转化风险的对策

1. 加强产权的保护

国防科技投资成果的产权应当得到保护，尤其是国防科技投资成果的占有权、使用权和收益权。在这里，可以借鉴地方和国外的经验，参考民用科研单位和国外科研的有关做法，让成果完成方以股权的方式获得一部分成果的产权，主动寻求成果转化的机会，从而降低成果转化的风险。如美国的《技术转移法》规定，个人分离收益比例占15%，麻省理工学院更为优惠，技术成果收益发明人可占到1/3。美国大学一般扣除15%的管理费。按学院、系、个人各1/3的比例分配。法国将专利收益在投资方、学校、研究室和发明人之间共同分配。发明人占50%，投资方、学校、研究室平分剩余50%。而我国《关于职务发明创造专利的发明人、设计人奖酬提取办法的规定》中规定利润提成分给个人的只有0.05%~2%，使用费提成只有5%~10%作为报酬发给发明人或者设计人。在实践中，这一比例与创新个体的实际贡献不相符，应予改善。

2. 引入多元投资机制

资金的投入涉及科技成果转化的各个阶段，特别是在中间的试验阶段，是试验室成果转化为现实生产力的关键环节。美国等发达国家在科技成果产业化三个阶段的资金投入比例是1：10：100，而我国的投入比例仅为1：1.1：1.5，我国在试验阶段和产业化阶段的投入与发达国家相距甚远，从而造成科技成果转化率严重偏低。目前我国高科技产业发展资金来源主要有三个方面，即自筹、财政拨款和银行贷款。

我国研发资金不但投入少，并且分配结构也不合理。我国的科研经费主要分配给政府科研机构，企业只占很少的一部分。国防科技领域属于高科技产业领域。也具有高风险、高收益的特征，这正是风险资金喜欢进入的领域。可以通过建立"风险共担，收益共享"的现代风险投资制度，产生一种风险补偿机制，使投资者从某个成功的高科技项目中获得高收益，并且可以完全弥补其他失败项目的损失，获得利润。这样才能最终形成良性循环，吸引更多社会资金投入到高科技产业，并促进科技成果转化。

3. 采用先期技术演示

美军的先期技术演示，是指在武器采办过程中的先期技术发展阶段，将预研制阶段的成果（多为部件或分系统）在模拟的环境或试验靶场进行实际试验，以评审其技术可行性、作战适应性和经济承受能力。它是考核预成果的主要手段，是确保向武器研制部门输送合格技术项目的重要步骤，先期技术演示计划由国防部统一领导和协调，单独立项申请经费并保证落实。为防止先期技术演示与型号研制脱节，整个演示过程必须有用户参加，依据既定的目标与评定标准，国防部和有关军种对演示计划的落实情况和演示结果进行检查，对大有希望的项目，及早转入型号研制。国防研究与工程部门根据最终评审结果，向国防部负责采办与技术的部门提出处理意见：将演示成功的技术转入武器型号研制，原定目标、制造样机继续进行演示或者暂时搁置。通过先期技术演示，可以验证新开发的技术是否成熟，帮助研制部门选择最合适的新技术用于新型号研制，以较少转化阶段的风险。

参考文献

[1] 张连超. 美军高技术项目管理 [M]. 北京：国防工业出版社，1997.

[2] 白思俊. 现代项目管理 [M]. 北京：机械工业出版社，2002.

[3] 吴鸣. 经济风险论 [M]. 北京：人民出版社，1989.

[4] 库桂生，李怀信. 国防经济效益浅论 [M]. 北京：国防大学出版社，1998.

[5] 基斯·哈特利，托德·桑德勒. 国防经济学手册（第一卷）[M]. 北京：经济科学出版社，2001.

［6］艾什顿·卡特，约翰·阿利克，刘易斯·布兰斯科姆．美国 21 世纪科技政策［M］．北京：国防工业出版社，1999.

［7］傅毓维，谷德斌．国防高科技项目投资风险决策分析［J］．技术经济，2003（8）．

［8］刘新同．科技成果产业化绩效不佳的原因及对策［J］．北方经济．2002（10）．

［9］孔祥浩．高校科技成果转化战略研究［J］．科学与管理，2006（10）．

［10］潘安娥，杨青．科技成果转化风险的模糊评价［J］．武汉理工大学学报（信息与管理工程版），2004（6）．

［11］陈勤，王玉林．提高高校科技成果转化率的若干对策［J］．科技广场，2006（10）．

［12］威森，谌凯．加强国防科技成果推广转化工作［J］．国防科技工业，2003（3）．

［13］刘志平，罗长坤．军队技术院校科技成果转化的主要障碍分析［J］．科技成果纵横，2003（5）．

［14］张志明，吴玉广，任德亮．浅谈科技成果展示交易在国防科技成果推广转化中的作用［J］．中国科技论坛，2003（4）．

论军费支出绩效考评与军队预算
管理相结合制度的构建①

谢玉科　张运东

军费支出管理的根本目的是通过对军费的有效配置和使用，为国家提供优质的国防安全产品，以最大限度地增进社会福利。以结果为导向对军费支出进行绩效考评，是确保军费支出效率的重要手段，也是军费支出管理改革的重要内容。本文旨在探讨如何在制度上将军费支出绩效考评与军队预算结合起来，为有效推进军费支出绩效考评奠定基础。

一、军费支出绩效考评与军队预算
管理相结合的必然性

1. 在预算编制阶段，军费支出绩效考评计划是军队预算编制的基本依据

在预算编制阶段，绩效考评组织部门要确定考评对象、下达绩效考评任务。各军事单位作为考评对象则要明确本单位的任务和目标，制定具体的计划，科学地核定完成计划所需的部门预算需求，并在编制预算时相应编制年度绩效计划，包括年度绩效目标、延续性计划、完成目标所需要的资源、绩效指标等内容，需将绩效计划随单位预算一并报预算管理部门审核并最终下达。预算管理部门在分配预算过程中要考虑两个因素，一是支出单位当年的绩效目标及行动方案；二是上年度的绩效考评结果的相关信息。预算通过审批后，预算部门将正式预算和年

---

① 本文原载于《军事经济研究》2009 年第 9 期。

度绩效计划等信息反馈给绩效考评组织部门和考评实施者，为绩效考评的组织管理和实施提供依据。

2. 在预算实施阶段，军费支出绩效考评是各单位在预算执行过程中实施控制的主要手段

军队的预算控制经历了三个历史阶段：外部控制、内部控制、产出和结果控制。在军队预算最初发展时期，实行的是外部控制制度，它强调上级机构和军队监督部门对军队各支出机构的过程和政策控制，基本属于指令性控制，也是在军费拨付支付之前实施的控制。但随着军队建设的发展，军费投入规模逐步扩大，投入结构更为复杂，外部控制的管理成本因控制程序烦琐而不断增加，因此军队预算在外部控制充分发展的基础上转向了内部控制。内部控制强调通过内部预算管理规则的制定和实施，确保预算的执行符合严格的军队财政纪律。内部控制机制在预算执行中有着重要地位，但它也存在两个方面的问题：一是过细的控制耗费了大量的时间和资源，并使得预算极为僵硬；二是内部控制在本质上属于投入控制，对预算产出关注很少。它导致了军费支出低效的问题，如军费开支铺张浪费、军费支出计划与军队发展规划脱节等。正是对这些问题的关注，军队预算控制逐步发展到一个新的阶段：产出和结果控制，这也是军队绩效预算的基本理念。产出和结果控制以产出效率为导向、以适度增加军费支出单位的自主决策权力为前提，它更加关注对军队建设目标的实现。当然，因关注产出而增加的适度自主决策权力需要以"责任的方式"加以约束。

由于产出和结果控制使预算从传统的"手段"控制转向了"目的"控制，有效地强化了军队预算约束。在这种控制模式下，军费的配置和支出必须与某种明确的产出相关，军费支出绩效评估体系将抽象的军事活动实现的结果具体化为一些可以操作的绩效指标，为军费支出的合理性和支出结构的考评提供有效的评判标准，促进军费支出效益的提高。

3. 在预算报告环节，军费绩效考评信息是支出单位用来向上级机构和内部机构报告工作业务效果的核心内容

军队预算报告制度是实现军队预算信息公开的重要手段，在支出绩效评估体系下，军队预算报告制度所公开的信息内容将发生变化，其承载的核心信息是"对军费支出结果的考评"，也就是绩效考评部门对支出单位绩效情况全面分析所形成的绩效信息，不再是传统中"对军费运行过程的控制"信息。如在一个财年结束后，绩效考评部门根据绩效评估体系和各单位的绩效计划，分别对军费支出项目的实施阶段和完成结果进行定性和定量分析，并将评估结果形成绩效报

告，军队财务部门通过军队预算报告方式在一定范围内将支出绩效信息予以公开，以便让决策者、上级机构和其他相关主体了解本单位的绩效目标实现情况和军费的使用情况。

二、构建军费支出绩效考评与军队预算管理相结合制度的利弊因素

1. 军费支出绩效考评与军队预算管理相结合的不利因素

以产出为导向的绩效管理与军队传统预算的投入管理是根本不同的。投入管理强调过程控制，绩效管理强调产出控制。从过程控制转换到产出控制，其间存在诸多不利因素。

（1）各支出单位的自主权缺乏。以目标为导向的绩效管理要求管理者对军费的产出结果负责，因此，在制度设计上必须赋予各军事单位适度的灵活决策权，如适当的干部任用和军费管理的自主权。但从干部任用角度上讲，受制于现行军事管理体制和干部任用制度，各军事单位很难根据军费支出绩效考评结果追究相关当事人的责任；从资金管理的角度上讲，受制于现行以投入法为主的预算编制方法（如零基预算法），各单位预算都是按基本支出和项目支出进行编制，并要求严格按预算规定执行，不能自行互相调整使用。而目前军队预算的深入改革，还处在由粗向细推进的过程中，这与绩效预算改革要求的由细到粗的推进过程是相悖的。

（2）军队资产管理水平有待进一步提高。军队资产是从军费转化而来，是军费存在的实物形式，是军队有效运转的物质基础。对军队资产的投入则是军队履行职能、提供国防安全产品的成本。军费预算支出绩效考评不但要衡量结果，而且要计量成本，只有将成本消耗和产出结果结合起来，才能得到一个科学的绩效考评结果。目前在事关国防产品成本的军队资产管理方面存在不少问题，如军队资产家底不清，与预算脱节、配置失衡、使用处置不规范、监督薄弱、存在大量闲置浪费等问题，这些问题使得各单位不能准确把握完成绩效目标实际耗费的成本，影响了绩效考评工作的开展及其与军队预算管理的结合。

（3）军队财务单一账户管理制度和军队会计核算制度不完善。军队财务单一账户管理制度是军队财务内部控制制度的重要内容，但是一些深层次的问题制

约着军费的支出效率的进一步提升，如账户管理还不够细化，财务部门对部门资金使用情况还缺乏有效监督，这些问题的存在既影响了军费支出绩效，也不利于军费预算支出的绩效考评与军队预算的对接。同时，军队会计目前采用的是收付实现制，而收付实现制的会计核算不考虑长期资产的耗费，不计提折旧，不能充分反映军队服务的相关成本，军队决策者和绩效评估部门无法全方位地把握军队的固定资产、无形资产等各种资源信息，导致无法对军事资产的效率、效果和经济性进行有效的决策和管理。

（4）军队预算报告制度和军队会计报告制度不健全。军队预算透明度必须建立在军队决策机构、绩效评估部门和官兵对单位绩效目标、军费配置和支出信息的高度掌握与了解的基础之上。目前，军队预算报告制度和军队会计报告制度不健全，信息公开程度不高，而且对绩效信息的反映不够真实和全面，不能使决策人和机构、评估部门和官兵行使有效的预算监督权。

2. 军费支出绩效考评与军队预算管理相结合的有利因素

（1）绩效预算的必要性已获得广泛认可。20 世纪 80 年代，西方国家兴起一种新的预算改革模式：绩效预算。与传统预算模式相比，绩效预算在加强资源分配与政府施政结果的联系、提高公共资金使用效率和公共服务水平方面取得了显著成效，它已成为世界各国政府预算改革的必然趋势。在我国，绩效预算的意义及必要性也获得了理论界的广泛认同，如在社科院、北京大学、人民大学等研究单位有许多知名学者致力于如何在我国实施绩效预算的研究，其成果产生了深远的影响。与此同时，军队的学者也在着手开展军队的绩效预算研究，并产生了大量成果，这些成果对指导军队预算改革的深化具有十分重要的意义。

（2）开展军队绩效预算已具有理论和实践基础。除了军队绩效预算研究成果的理论支持外，党的新时期执政理论、社会主义和谐社会理论和公共财政理论，也为军队绩效预算制度做了理论准备。在军队预算改革实践上，部门预算、军队采购、资金集中收付、零基预算、收支两条线的预算管理制度改革已经全面展开并逐步深入，军队资产管理改革也开始分步实施，预算监督力度不断加强，预算管理由重收入管理转变为重支出管理。同时，近年来军队推行对项目经费的预算支出绩效考评的积极探索，也宣传了绩效文化，普及了绩效理念，积累了实践经验，为下一步工作的开展创造了良好的条件。

三、构建军费支出绩效考评与军队预算管理相结合制度的几点建议

1. 适度提高支出单位干部管理和资金管理的自主权

首先，在实现绩效目标的前提下，应赋予各支出单位适度的干部人事自主权，实施问责制度，为军费支出绩效管理创造条件。其次，在资金管理方面，为支出单位提供更大的灵活性，即提高支出单位在军队预算大项中弹性配置资金的权力，赋予支出单位更大的灵活性和激励机制去重新配置资源，以利于支出单位有权控制结果的产出，以及对结果负责。

2. 完善军队资产管理制度

2001 年，全军在完成财产清查的基础上，全面开展了实物资产计价核算管理。实物资产计价核算管理能及时掌握资产的增减变动情况，从价值量上反映实物资产的使用状况，为实物资产的合理配置和使用奠定了基础，也为可靠地计量单位绩效的耗费成本提供了前提条件。目前，军队资产管理应建立完善资产动态管理信息系统，加强资产配置、使用、处置各阶段的管理，积极探索军队资产管理与军队预算管理相结合，全面提升军队资产管理水平，为绩效考评打好内部控制制度的基础。

3. 深化军队预算管理制度改革，改革完善军队会计制度

应进一步规范预算决策程序，同时积极推进军队财务单一账户管理制度改革和资金集中支付制度改革，为军费支出绩效考评提供公开透明的环境。单一账户管理制度改革和资金集中支付制度改革应围绕细化资金管理，健全现金管理制度和财务部门监督制度等重点内容进行。军队会计制度改革则应以渐进引入权责发生制的军队会计制度为重点，使军队预算管理的重点从投入转向结果，使披露的军队活动的成本更加准确可靠。

4. 建立绩效考评管理信息系统

这项工作应纳入军队信息工程的统一规划和布置中，以绩效考评指标库、数据库、项目库和专家库建设为重点，做好资产、会计基础数据的收集整理工作，

通过互相联通的信息网络，实现绩效信息在绩效考评管理部门和预算管理部门的共享，为绩效考评及其与预算管理的结合提供技术支持。

5. 加强组织协调，共同推进绩效考评与预算管理的结合

军费支出绩效考评是一项复杂的系统工程，仅靠财务部门一家无法做好。比如绩效考评的组织设置需要司令部门、政治部门和后勤部门协调，干部任用制度和问责制度需要干部部门和相关的业务部门介入，绩效审计要审计部门配合等，而这些工作涉及军队管理制度改革的方方面面，需要加强各部门的组织协调，共同推进。

建立武器装备全寿命投资机制探讨[①]

姜贤良 张伟超 张子书 胡庆元

进入 21 世纪以来，随着科技革命的深入和军事变革的发展，武器装备建设面临许多新的挑战与机遇。武器装备建设的技术更加密集、系统更加复杂、投资更加巨大、风险更加突出。我国的武器装备投资体制改革近年来取得了重要进展，但仍存在法律法规制度不健全、投资运行机制不完善、动力不足、激励乏力、监督不力、约束无力、体制机制等问题，有些问题已成为制约武器装备建设的重要因素。因此，进一步改革和完善武器装备投资机制，提高投资效率和经济收益，是我国武器装备建设中的当务之急。

一、全寿命投资机制的内涵

武器装备全寿命投资是从全寿命费用转化过来的，但又不同于全寿命费用，它是用全寿命周期相关理论分析投资并作为投资决策的依据。全寿命费用管理是运用系统工程的原理，统筹预测、规划与控制武器装备建设全寿命期间所支付的全部费用投入。全寿命投资是指武器装备建设决策是在估价了武器系统的全寿命费用之后做出的，并以最少的全寿命费用达到给定的作战效能原则来选择投资。

20 世纪 60 年代初，美国国防部最早提出了全寿命费用的概念，于 1971 年首先应用到装备采办中，并建立了有效的全寿命费用管理机制。1970 年，美国国防部颁布了《寿命周期费用估算采购指南》（LCC－1）和《装备采购中的寿命周期费用估算实例汇编》（LCC－2）两个文件。英国于 20 世纪 70 年代创立了设备综合工程学，以追求设备寿命周期费用的经济性作为设备综合管理的目标，以

---

① 本文原载于《军事经济研究》2009 年第 11 期。

寿命周期费用方法为基础，把设备技术管理与经济管理结合起来，加以拓宽、综合和工程化。日本设备工程师协会于 1978 年成立了寿命周期费用委员会，以研究和推动寿命周期费用方法的应用。到了 80 年代，寿命周期费用方法已在国际上得到了公认，其标志就是国际电工委员会（IEC）于 1987 年 11 月颁布的《寿命周期费用评价——概念、程序及应用》标准草稿，使寿命周期费用方法上升成为国际标准。

改革开放以来，我国积极引进国外的先进科学技术，寿命周期费用方法已经在许多军事和民用单位得以运用，取得了一批成果。中国设备管理协会于 1987 年成立了设备寿命周期费用委员会，致力于推动寿命周期费用方法的研究和应用。1993 年颁布了国家军用标准《装备费用—效能分析》（GJB1364 - 1992），文中对寿命周期费用的概念和基本内容作了阐明。1998 年的《武器装备寿命周期费用估算》（GJB20517 - 1998），使全寿命理论走向标准化。在装备论证评审中，已把寿命周期费用作为必备的内容，并要求提出寿命周期费用报告。从 90 年代末开始，我国引入"全寿命经济分析"的概念，逐步在建设项目中实施全过程投资控制管理，工程造价由计划经济时代的事后审价方式开始步入影响投资决策的造价咨询方式，造价控制开始贯穿项目建设全过程。

武器装备的寿命一般是指影响使用期、库存或放置期的疲劳特性、耐久性、耐腐性或耐环境适应等特性。影响武器装备寿命的因素主要包括有形磨损（如物质磨损、腐蚀、疲劳、老化等）和无形磨损（技术逐渐落后、使用效益降低等）两个方面。武器装备因其本身的特殊性，从最初研制到最后淘汰的时间较长，比一般商品的寿命分析也更为复杂，由于分析研究武器装备寿命的目的和角度不同，武器装备有三种寿命：使用寿命、技术寿命、经济寿命。全寿命或称寿命周期是指武器装备从立项论证开始，经过方案设计研制、生产部署、使用保障直至退役处理的全过程。不同类型的武器装备其全寿命周期的阶段划分因性质、功能、复杂程度的不同而有所不同。但一般武器装备的寿命周期大致可分为立项论证、初步设计、详细设计与研制、生产、使用保障和退役处理等阶段。武器装备"从生到死"的过程，构成了一个全寿命周期。这个寿命周期长短由三个因素决定：一是自然因素；二是技术因素；三是经济因素。

武器装备的寿命周期是武器装备状态在时间轴上展开的自始至终的过程，如图 1 所示，用 $T(t)$ 代表时间坐标。在这个动态过程中，有两个非常重要的因素就是技术状况和价值状况的变化情况，以基本功能 $F(t)$ 标志武器装备的技术情况，以费用投入 $V(t)$ 标志武器装备的价值状况，从而形成武器装备寿命周期三维状态空间图。

图 1 中时间轴 $T(t)$ 通常分为五个阶段：设计论证、研制、生产、使用保障

修和退役处置。功能轴 $F(t)$ 通常分为三个阶段：功能形成、功能应用和功能降低。第三个阶段无明确时间界限，到报废时功能就丧失了。费用轴 $V(t)$ 上通常也分为三个阶段：获取费用（含设计论证、研制以及生产成本等）、使用和维修费用、报废处理费用。报废处理费用可正可负，决定于不同武器装备的处理方法，若采用销毁方法就要投入费用，若改作他用就有一定收益。

在武器装备状态空间图中，当状态由 $P(t)$ 点变到 $Q(t)$ 点时，在空间形成一条 PQ 曲线、曲线 PQ 在 $F(t)—T(t)$ 坐标面上的投影，可以反映基本功能随时间发生的变化，特别是随使用时间的变化情况，这就是对武器装备进行动态效能分析。曲线 PQ 在 $V(t)—T(t)$ 坐标面上的投影可以反映装备费用随时间的变化关系，这就是对武器装备进行寿命周期费用分析。曲线 PQ 在 $V(t)—F(t)$ 面上的投影可以反映效能费用关系。全寿命周期费用是指武器装备在其寿命周期内，为论证、研制、生产、使用与保障、退役所付出的一切费用之和，亦即在寿命周期内、为购置以及维持其正常运行所需支付的全部费用。

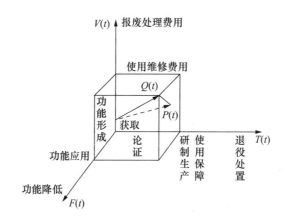

图 1　武器装备寿命周期三维状态空间图

全寿命投资机制，是指投资系统在武器装备建设全寿命周期过程中所包含的各个阶段及构成要素，各构成要素之间相互制约、相互作用并统筹运作，使投资活动在整个寿命期内整体决策的制衡机理。把握全寿命投资机制的内涵应从以下几个方面来理解：武器装备全寿命投资的决策层次与结构；武器装备全寿命投资各利益主体之间的关系，包括投资的激励机制和约束机制；有效实施投资活动全过程管理。

首先是武器装备全寿命投资的决策层次与结构。投资所有权的界定有两大作用：一是决定投资主体；二是决定投资资金来源。武器装备投资的资金来源主要是政府财政拨款，具体实施也主要是军方的军费投入。军方作为投入者，严格地说却没有履行完全的投资主体功能。总装备部统筹国家武器装备建设，虽然一定程度上保证了装备投资的统一管理，但在具体操作上却做不到每个投资项目的统一管理。建立全寿命投资机制，需要明晰投资者的决策职能，厘清决策层次与结构，统一规划分配资金。

其次是武器装备全寿命投资各利益主体之间的关系。武器装备全寿命投资是一个复杂的委托—代理关系，各利益主体的利益冲突与博弈不可避免，全寿命投资机制需要发挥有效的激励和制约职能。因为武器装备投资的目标不完全是经济利益，而投资的约束主要依靠资源力量的制约，这就很可能导致盲目投资和投资规模的无限膨胀。全寿命投资机制的建立，需要确定适当的激励机制，使投资各利益主体统一到最大程度获得投资收益的目标上来。同时，制约因素也是多方面的，如资金预算、投资风险、技术先进度、竞争条件和投资主体的长短期发展战略等。

最后是有效实施武器装备投资活动全过程管理。武器装备全寿命投资活动的全过程管理，主要包括投资目标的选择、投资规模的安排、投资资金的调度与分配、投资方式的确定、投资风险的预测、投资活动的协调和投资过程的控制。在全寿命投资机制下，这些主要的投资管理活动的机能，需要有效地表现出来，依靠完善合同的作用，通过不断调整，根据成本、收益及风险状况把握良好的投资机会，进行有效的协调来控制投资活动。

二、建立全寿命投资机制是由武器装备建设的特点决定的

作为进行战争的工具，武器装备是武装力量战斗力的基本要素之一，古今中外各国莫不把武器装备建设作为一项重要的国策。进入 21 世纪以后，各国对武器装备建设的重视程度和投资力度都呈现不断上升和扩大的趋势。

武器装备投资是武器装备建设的前提和基础，是军队为提高战斗力而获取武器装备并取得军事收益、经济收益的活动。武器装备建设及其投资问题既是一个军事问题或战斗力问题，也是一个经济问题或生产力问题，涉及武器装备论证研制、生产部署、使用保障和退役处置，等等。投资的目标是耗费最小的成本取得最大的收益。武器装备作为一种特殊的商品，其收益虽不能完全用货币来衡量，但依然存在一定的投入—产出关系，也要求增加经济收益且降低投资成本。

随着科学技术的迅猛发展和军事领域的深刻变革，武器装备的更新换代速度越来越快，装备建设对经济的依赖程度越来越高，我军对高技术武器装备的需求越来越大，要求也越来越高。作为一种特殊的商品，武器装备建设投资有着与一般投资不同的特点。

一是武器装备建设投资的周期长、风险高。武器装备投资项目的技术复杂程度一般比较高，涉及众多学科门类和技术领域，追求武器装备技术含量水平的提高成为武器装备投资的重要目标，而且随着时间的推移，技术复杂程度还在迅速增加，其研制生产制造周期往往比较长，服役年限也比较长，这都使得武器装备的投资周期加长。在相对较长的投资周期内，各种不确定因素也直接导致了武器装备投资的高风险。无论从技术方面还是从经济方面，都可能直接导致武器装备投资的失败，收不到预期效益。

二是武器装备建设投资的金额大。武器装备投资项目金额一般较民用项目要大，随着信息化战争时代来临，各国纷纷加大武器装备建设投资力度。武器装备建设本身就是需要巨大投入的项目，而且随着现代战争全方位、综合攻防作战能力目标要求不断提高，使得武器装备日趋昂贵。一方面，现代武器装备需要昂贵的原材料和设备；另一方面，在研制、生产及维护各个阶段都要投入更多的人力资源，两方面导致武器装备投资金额巨大。

三是武器装备建设投资的收益具有特殊性。武器装备作为一种特殊的商品，其价值无法用货币形式来完全度量。除了用于军品贸易的武器装备投资，武器装备投资方主要是本国政府或军方，而武器装备产品的买家也是作为投资方的本国政府或军方，其价格一般也不是通过市场来决定的。投资的目的并不是单纯的经济利益，而是通过对武器装备建设的投入形成有效的战斗力。从这个意义上说，投资收益不能简单地量化为货币，这使得在投资决策、成本进度控制等方面缺乏精确性。

四是武器装备建设投资继生费用比例大。现代武器装备性能日益完善，不但研制、生产成本巨大，继生费用也不断增长，甚至比获取费用更大。寿命期为15～20年的武器装备系统的使用保障费用，战斗机一般占50%～70%，装甲战车占70%～80%，驱逐舰占60%～75%。使用和维护费用高昂成为了现代武器装备投资的一大特点。

五是武器装备建设投融资渠道单一。同一般的生产投资不同，武器装备建设投资的来源主要是政府拨款。虽然有些武器装备投资来源于民间资金、银行贷款，但总的来说武器装备建设投资是一种政府性投资行为。这种融资机制，使武器装备投资带有公共物品投资的性质，不能完全受市场的约束。

武器装备建设投资不仅投入大、风险大，而且还要经过论证研制、生产部署、使用保障和退役处置等多个阶段，如果不能很好地统筹规划整个投资过程，就有可能形成很大的投资沉没成本或造成资源浪费。武器装备投资的研发、生产、维修各阶段，在我国并不完全是由统一的部门来执行，这就存在各部门可能首先考虑自身利益，各阶段不重视全寿命的问题。在武器装备投资各阶段，即使作为投资方的政府，也因为执行部门的不同而存在利益不一致、信息不对称的情况。这就可能造成整体的投资收益下降，使得投资效率低下、资源浪费、投资收不到预期收益。现阶段很多武器装备投资项目出现超预算、后期经费不足的情况，这其中有一些不可预见的风险因素，但更主要的是没有建立全寿命投资机制，导致了投资各阶段脱节。为了进一步提高军费使用效率，促进武器装备建设，应该积极改革武器装备投资体制，建立健全全寿命投资机制。

三、建立全寿命投资机制具有理论与实践双重意义

武器装备全寿命投资机制的建立，在理论上可以更好地促进武器投资体制改革理论及投资理论的深化和发展。我国的武器装备投资体制改革近年来取得了重要进展，但仍存在不少问题，全寿命投资机制的理念有利于丰富和完善武器装备投资决策理论、投资成本控制理论，从根本上为解决这些问题提供新的理论指导。全寿命投资机制的理念可以较好地解决投资主体缺位的问题，实现对武器装备建设投资的全程主导。全寿命投资机制的理念可以在指导体制改革中逐步解决好此类问题。高新技术武器装备投资的研发、生产、维修各阶段在我国并不完全是由统一的部门来执行，这必然存在各阶段不重视全寿命的问题。各部门可能首先考虑自身利益，造成整体的投资收益下降，效率降低。全寿命投资机制的理念可以指导体制改革上逐步解决好此类问题。我国市场化程度正逐步提高，但计划体制的影响依然存在，军方与承包商之间的博弈将更加复杂。树立全寿命投资理念，可以更好地维护国家和军队利益，提高投资的使用效率。

武器装备全寿命投资机制的建立和运行，可以更好地实行"全系统、全寿命、全费用"管理，在实践中更好地解决武器装备建设投资领域的超概算、涨费用等实际问题。通过全寿命投资机制设计及寻求成本控制方法，全寿命周期集成投资控制，实现武器装备投资各阶段的联动优化，可以解决投资各阶段关系各方利益不一致带来的投资效率问题及委托—代理问题。武器装备建设投资是一项系统工程。分阶段管理的武器装备投资体制，造成条块分割、各部门之间的脱节，除了必要的技术资料交接，缺少有效的协调、交流和制约机制，难以对武器装备

投资的最终结果进行合适的综合评价。实行分阶段管理的武器装备投资体制，武器装备研制过程缺乏有力的监督与激励机制，承制方没有主动降低成本的动力；生产过程缺乏有效的成本控制机制，造成武器装备价格不合理上涨；使用保障过程缺乏有效的指导与约束机制，造成维护费用居高不下甚至某些部门坐吃维修费的现象。建立武器装备全寿命投资机制，通过对整个投资项目全程控制、联动优化而建立一个统一的决策模型，打破各阶段各部门壁垒，可以减少寿命周期各阶段信息不充分或局部利益冲突而造成的成本增加，可以解决现阶段的投资体制的激励措施不够的问题，消除普遍存在的"拖、降、涨"现象，消除互相推诿扯皮、失职渎职现象，最终实现投资效益的提高及投资费用的节约。

参考文献

［1］果增明．装备经济学［M］．中国统计出版社，2006.

［2］花兴来、刘庆华．装备管理工程［M］．国防工业出版社，2002.

［3］陈浩光、古先光．装备全寿命投资研究［J］．军事经济学院学报，2003（2）。

完善国防预研费用管理制度的几点思考①

李志远　苏海燕

对国防预研费用进行控制和管理，可以有效地降低预研风险，节约预研经费，减少投资失误，提高国防预研费用的使用效益。目前，中国在国防科学技术和武器装备发展方面与发达国家的差距较大，要想缩短差距，摆脱"永远跟在人家后面跑"的尴尬局面，搞出能够威慑敌人的新型"撒手锏"武器，就必须加强国防预研工作，尤其要在国防基础研究和应用研究上有所突破。要做到这一点，必须营造激励创新的管理环境，建立科学、高效的科研管理机制，完善合同管理、过程管理制度，提高国防预研费用的管理水平和使用效率。

一、加大对国防科研的投资力度，优化预研费用的投资比例

目前，中国军费规模占 GDP 的比例一直处于比较低的水平，对国防科研投入也明显不足，而提高国防科研费用的比例，努力提高国防科研水平，这对于中国具有特别重要的意义。一方面，中国国防科研费长期偏低；另一方面，中国的国防科技发展水平与发达国家相比还存在着较大的差距，要改变这种状况，不适当地增加国防科研的投入是不行的。近年来，中国日益重视和加强国防基础研究和应用研究工作，国防基础研究和应用研究取得了较大进展，但同新时期面临的任务和要求相比，同发达国家相比，仍存在着较大差距。

另外，在国防预研中，我国还存在着对国防基础研究、应用研究和先期技术

---

① 本文原载于《经济研究导刊》2009 年第 33 期。

开发之间的经费投入的结构性矛盾。主要表现为对国防基础研究的投入不足。近年来，随着思想认识的不断提高，国防基础研究经费也在不断提高，但目前仍然不完全到位，占预先研究经费的比例较低，使目前我国武器装备的发展基本上靠吃前几年的老本。"基础不牢，地动山摇"，为从根本上解决此类矛盾，建议相关部门进一步重视国防科研资源配置的客观规律，在统筹规划、平衡发展的基础上。针对中国的实际情况和问题，适当加大对预研尤其是基础研究的投资力度，把基础研究在预先研究经费中的比例提高，以便在这方面取得较为突出的成绩，为发展新的武器型号提供充足的技术储备。

二、加强预研经费的管理工作，做到专款专用

对国防预研基金，一般都需要单独立账，做到专款专用。如中国1991年11月1日颁布实施的《国防科工委关于国防科学技术预先研究基金管理暂行规定》第五条指出，"预研基金制管理实行集中统一领导下的分层管理负责制。其中国防科工委主要负责：组织制定预研基金方面的方针、政策及管理规定；对跨行业基金实施管理，对行业基金进行宏观指导和督促检查。主管部门（机械电子、航空航天部，船舶、核、兵器、电子工业总公司，工程物理研究院）主要负责：制定行业基金方面的具体方针、政策和管理措施；对行业基金进行管理。任务承担单位（包括国防科技重点实验室）负责组织本单位预研基金项目的申请，项目的组织实施和管理，确保所需的配套条件。"另外，中国在装备预研中也指出，要加强对预研经费的管理，中国的相关业务部门要对经费的使用进行监督，真正做到专款专用。

美军对预研经费的管理也十分严格。美军在合同履行过程中，军方负责向研究方提供合同经费。合同经费由国防部财务与会计局哥伦布中心统一负责拨付，但拨付前要按一定程序并经合同管理和科研管理等相关机构审查、批准，拨付后也要对科研单位的资金使用情况进行监督检查。以美国大学承担基础研究项目为例，研究经费国防部按季度拨付，如果半年检查不合格，国防部下半年的经费就不予拨付。为加强经费管理，美国科研主管部门设有负责财务和经费管理的专门机构。

三、完善合同管理制度和竞争 机制，实现资源的优化配置

对合同的签订程序，我们可以借鉴美军的成功做法。如美军通常采用"谈判竞争法"签订预研合同。"谈判竞争法"征求"建议书"和签订合同的主要做法和程序如下：

第一步，军方科研管理部门对于基础研究项目拟定"综合性部局公告"（Broad Agency Announcement），对于应用研究和先期技术开发项目拟定"项目研究发展公告"（Program Research Development Announcement）（其内容类似于采办项目的"招标书"或"建议征求书"，与以后要签订的合同内容相近），提出研究项目的技术性能、进度和成本等要求。

第二步，把相关的公告刊登在《商务日报》和国防部"商业机遇"网站上，并向预先选定的研究单位发出"征求研究建议书"，同时标明建议书的评审标准和程序。

第三步，建议提交方（承担研究任务的单位）提交一份不超过5页的"白皮书"（White Papers），标明课题名称、完成期限、费用、单位地址、联系方式、要达成的目标和技术要点等内容（有的项目可以省略这一步骤）。

第四步，建议提交方在规定期限内提交一份正式"研究建议书"，标明课题名称、完成期限、费用、单位地址、联系方式、要达成的目标、完成的技术方案和要点等详细内容。

第五步，军方组织的评审小组按照事先公布的评审标准和程序，对收到的全部建议书进行评审，综合评价项目的总体科技价值，军用潜力，主要研究人员的资历、能力与成就，承担者的设备条件。管理计划的合理性和经费预算的现实性等因素，选中合适的单位并签订合同。

四、健全科学的评价和监督机制， 杜绝"圈内人"把持现象

首先，要建立科学合理的科研评价制度，充分发挥科研、使用方等各方面管

理人员和专家在论证、规划、评审和验收等环节的决策咨询作用。在论证和规划阶段，成立专家咨询委员会，对各个科研项目进行综合论证和评价，为制订规划指南提供技术决策建议；在执行阶段，在各专业领域内成立由技术专家和管理人员组成的专家评审组，配合管理机构开展项目评价和验收；逐步建立绩效评估制度，把评价结果作为科研计划调整的重要依据。

其次，要健全合理的监督机制，建立计划管理与经费管理、课题立项与课题预算之间既分工协作、又相互制约的监督管理机制，全面实施监督机制。通过计划监督与合同监督相结合、行政监督与技术监督相结合，做到实施过程中有人管理，出现技术问题有人过问，出现质量问题有人把关，出现经费问题有人审查；实行重大事项报告制度。美军为实行有效的监督管理，美国建立起国会、国防部和军种等多级监督体系，对国防科技工作和其他采办工作开展全方位的审计监督。美国以国会立法的形式明确国防部和各军种包括科研主管在内的相关部门的职责，各级科研主管部门必须向国会报告其科研工作，由国会对其进行监督。

最后，对目前中国科研课题审批中出现的"圈内人"把持现象，我们可以制定一些制度性的规定来减少这种事情发生的概率。如国外有这样两条规定：一是和课题申请者关系密切的专家不能参加评审会议，比如申请者的导师、同事、朋友等；二是对于可能坚决反对的专家，申请者可以向管理部门提出回避申请，但一定要有合理的解释。另外，在课题审批过程中，管理部门也应该做到立场中立。实际上，这些规定中国也有，关键是要真正实行。

五、建立风险创新和技术创新的研究机制 提高预研费用的使用效率

"创新是一个民族进步的灵魂，创新是一个国家兴旺发达的不竭动力，创新是一个政党永葆生机的源泉。"对国防预研费用的使用而言，要提高预研费用的使用效率，必须增强国家的原始创新能力。而原始创新作为科学技术创新的主要源泉。不仅带来科学技术的重大突破，而且带来武器装备跨越发展的机遇。为增强原始创新能力，建议建立高风险、高回报项目的创新研究机制，营造有利于创新的学术环境，从政策上鼓励、支持进行有创见的独立探索，鼓励冒险，宽容失败。勇于创新，敢为人先，营造有利于原始创新的文化环境；充分利用各部门、各方面的科研力量与资源，共同推动原始创新工作。

六、建立和完善法规体系，实现预研项目的依法管理

一是适应新的形势，尽快制定相关法律法规。中国1991年11月1日颁布实施了《国防科工委关于国防科学技术预先研究基金管理暂行规定》，中央军委于2004年12月27日颁布实施了《中国人民解放军装备预先研究条例》。当前，迫切需要在这些条例的指导下，制订其他的一些法规来规范国防预研工作。如为适应国防科研项目尤其是武器装备科研项目实行合同制的需要，需制定《武器装备科研合同管理规定》《武器装备合同审计办法》《武器装备合同管理人员资格认证办法》等；为适应国家产权制度改革的趋势，尽快制定有关专用设备等国防资产管理方面的条例法规。

二是适应新形势，修改和完善现有的法规。中国一些现有的国防科研项目管理方面的法规是在装备管理体制改革和政府机构改革以前制定的，随着形势的发展，主要存在以下问题：①随着总装备部的成立，法规中有关原科工委、使用部门和原有行政职能的各总公司三者之间的关系、角色、职能及作用都发生了变化，需要进行相应的修改和完善。②法规的计划经济色彩较浓，与社会主义市场经济的要求有一定距离。③军品项目计价办法中有关收益率的标准是硬性规定的，没有考虑经济杠杆的作用。④合同法规中有关研究成果（知识产权）的规定与市场经济的要求不适应等等。因此，需要对中国原有的一些法规如《国防科研项目计价管理办法》等进行修改和完善。

此外，中国现行的有关法规、办法过于笼统，缺乏可操作性，在执行中不易把握，因此需要制定相应的实施细则及实施指南，如为加强对预研费用的估算，需制定《费用估算方法和模型》，为加强对预研项目的评审与决策，需制定《评审报告和决策文件编制规范》等。

参考文献

［1］李超．国防科研投资的风险分析［D］．国防科技大学研究生论文，2003.

［2］国防科学技术工业委员会．国防科工委关于国防科学技术预先研究基金管理暂行规定［R］．1991-11-01.

［3］李健．少数圈内人把持，课题申请难已影响中国科技实力［N］．中国青年报，2004-10-19.

交易费用对武器装备科研项目投资的影响及对策[①]

卢小高　李湘黔

从新制度经济学的角度看，武器装备科研项目投资就是军方和科研企业通过谈判或协商，采取某种类型的合约，各自投入一定资源，共同生产某些特定的新知识，其目的是为了实现各自的利益，即分享合作所带来的利益。武器装备科研项目投资既是生产新知识的过程，也是军方与科研企业进行交易的过程，其中存在大量的交易费用。

一、武器装备科研项目投资中的交易费用

具体来说，武器装备科研项目定价过程中涉及的交易费用主要包括以下几方面：

第一，搜寻、考察、甄别费用。军方要找到有能力承担武器装备科研项目的科研企业需要花费金钱、人力、时间，这些都是搜寻费用。找到了有能力承担科研项目的科研企业，军方还必须采取适当的方法将这些科研企业区分开来，因为不同科研企业的科研能力和科研水平肯定是不一样的。如何将能力最强、成本更低的几家或一家科研企业甄别出来，必须采取一些方法来进行考察。搜寻、考察和甄别都会花费一定的费用，这些费用很大程度上属于信息费用。

第二，谈判费用。军方与科研企业的谈判过程存在谈判费用。因为军方与科研企业之间的信息不对称，军方为减少科研企业的信息租金，在一家以上有能力承担科研任务的企业时，也会像一般消费者一样采取"货比三家"的策略，但采取"货比三家"策略不可能是没有成本的。比如在没有竞争的情况下，军方必须努力引入竞争，这种对竞争的构建需要支付成本。军方在与科研企业进行谈判前还必须做大量相关的谈判准备工作，比如利用内部机构或聘请外部中介进行

---

① 本文原载于《军事经济研究》2010 年第 8 期。

成本估算、聘请谈判专家等，这些工作所费不菲。作为谈判另一方的科研企业同样要付出一定的谈判成本。

第三，签订合约的费用。这主要涉及起草、讨论、确定武器装备科研项目合约条款的相关费用。其中，可能要聘请拟订合约的专家，对于科研项目来说，因为所要求研制的武器装备还只是有一些初步的概念，整个过程可能还涉及对合约条款的不断修改。

第四，监督合约履行的费用。监督科研合约签署人，看其是否遵守和履行了合约所规定的各个条款同样要花费成本，并且这种监督有时是双向的。对于军方来说，主要是要监督科研企业是否按照时间进度、是否在降低科研成本方面作了努力等。比如，在很多科研企业中，军方一般都派驻军代表，驻军代表的一个很重要的职责就是对科研企业进行监督，因而驻军代表的工资支付即可以看作是一种监督合约履行的费用。除了驻军代表的工资开支以外，军方对许多武器装备科研项目可能是分阶段进行投资的，在不同的阶段还涉及中期检查，需要军方派出检查组，而科研企业为迎接检查同样要付出一定的费用。另外，如果出现纠纷，一方提起诉讼就会有诉讼成本，即使不诉讼，纠纷也必须通过其他方式解决，必然存在争议解决成本。

第五，度量和评价科研成果或产出的费用。科研成果的度量比较复杂，在几乎所有科研项目中，都存在大量的专家验收小组，并可能要召开多次与科研成果评价、验收有关的会议，这个过程也有一笔不菲的费用支出。

第六，因管制而引起的交易费用。许多交易费用是因为各种管制而引起的。比如，政府部门对科研市场的进入管制就降低了竞争性，又比如军用标准与民用标准的不统一，等等。因管制而起的交易费用在甘斯勒对军民一体化障碍的研究中表现得特别明显，他举出了很多这样的例子。①

二、降低交易费用、提高装备科研项目投资效益的对策

1. 树立组织技术与生产技术同样重要的理念

正如生产技术可以降低生产成本一样，组织技术能够降低交易费用，因此对

---

① ［美］雅克·甘斯勒. 美国国防工业转轨［M］. 国防工业出版社，1998.

企业和军方来说，不但要重视生产技术的改进，也应当重视组织技术的改进。组织技术，主要涉及管理方法、合约形式、组织制度等。对武器装备科研项目来说，可以通过改进组织技术，提高科研活动的效率，避免不必要的人力、物力损耗。组织技术和生产技术在某种程度上具有替代性，对科研项目，不仅要关注生产成本，还要关注交易费用，这两类费用加总后的总成本才能作为决策的依据。

2. 合约创新和组织创新要着眼于降低交易费用

合约理论的研究表明，那些能降低交易费用的合约形式和组织将被选择出来，并得到巩固和发展。武器装备科研合约的创新和优化设计应遵循以下基本原则：一是合约条款要做到军方与科研企业风险共担。科研合约在执行过程中存在许多不确定性因素，可能要作多次修改，很难预计合约履行的成本，因而合约条款的设计应体现风险共担。二是合约条款要明确、具体并可检验，以减少合约条款的不确定性和合约各方在理解上的歧义。三是在引入竞争的基础上，还必须结合激励与监督等，从多个方面来保证签约与履约。

从合约理论的视角来看，任何组织都是一种合约或合约的组合，组织设计和创新（主要是组织中决策权、控制权、收益权等权力的配置和利益的分配）其实还是合约创新的一种拓展。就武器装备科研项目的实施来说，涉及多方面、大量的协调，如何降低协调成本（主要是信息交流、决策和行动的协调）这类交易费用就非常重要。比如科研和生产的衔接问题要求科研生产组织的设计要尽可能使衔接顺畅。就民品的生产而言，许多科研与生产往往是分属不同部门而同处一家企业之内，这样的组织结构有利于科研与生产活动的横向协调，但此时企业决策层必须在科研部门和生产部门之间搞好平衡，特别是要找到在企业利润分享上的恰当制度安排，理顺科研部门和生产部门的利益关系，才能够调动各部门的积极性。在军品科研和生产的组织上，虽然许多科研企业和生产企业是相互分离、各自独立的组织，但往往是在业务相关的科研企业与生产企业在地理位置上相邻，科研企业研发出新产品后再授权生产企业生产，科研企业则根据生产企业的生产情况收取一定的费用，甚至在科研投资下注之前，除军方直接向科研企业投资外，生产企业也预先作部分投资，并在一定程度上参与科研企业的研发过程，这样一种组织形式也有利于科研和生产之间的协调。

3. 合约创新和组织创新要坚持大胆尝试，逐步推进的原则

合约创新和组织创新是富有创造性的工作，许多情况下需要发挥相关交易参与者的想象力和智慧。并且，许多合约的创新和组织的创新通常不是一蹴而就的，而是在许多人、多代人的继承努力之下才得以完成的。因此，必须允许人们

大胆尝试。在不断尝试的基础上，人们会通过学习、模仿将那些能更有效地对交易进行治理的合约形式选出来。坚持大胆尝试的原则，就必须坚持合约自由，允许作为当事人的交易各方在自愿平等的基础上商定合约的具体形式、议定相关的合约条款，非当事人不应当对合约形式和合约内容进行干涉。武器装备科研项目的实施也要允许对合约和组织形式进行大胆的尝试。在大胆尝试的基础上，把那些好的组织形式、好的做法选出来，并加以完善或改进，在其他方面加以利用，这也是制度创新的一般规律。

4. 保持不同形式合约之间的竞争和不同组织之间的竞争

每一项交易其实都有其自身的特点，究竟采用哪一种合约形式比较适合要结合该项交易的具体特征和情况来决定。有时对于同样的一项交易，有很多种不同的合约或组织方式都可以对其进行治理，短时期内可能不容易辨别究竟哪一种方式更有效率，因为决定交易效率的因素往往相互交织，只有通过一段时期的实践、观察和比较才能确认哪种合约和组织形式更有效率。因此，要尽量避免人为的一刀切地规定交易采取哪一种合约形式，要允许人们根据实际情况进行选择和比较。

增强非战争军事行动的财力资源保障①

张伟超 谷 颖

进入 21 世纪以来，国际国内形势发生了深刻变化，当今世界正处在大发展大变革大调整时期。通过全球安全形势阴霾笼罩的层层迷雾。可以看到近年来非传统安全威胁在不断上升。军队进行作战外的各种非战争军事行动以应对各种非传统安全危机，已成为当今世界军事发展的共同趋势。安全威胁的多元化。使军队职能在不断拓展，任务在不断延伸，世界许多国家的军队都早已参与非战争军事行动。胡锦涛同志站在时代的高度。着眼 21 世纪新阶段党对国防和军队建设的特殊要求，提出了"三个提供、一个发挥"的历史使命。并进而强调指出："我军必须以增强打赢信息化条件下局部战争的能力为核心，不断提高应对多种安全威胁、完成多样化军事任务的能力。"非战争军事行动是为有效应对战争以外的非传统威胁和遏制战争以外的非传统危机提出来的。在和平发展时期，当国家的生死存亡没有面临外部重大安全威胁时。保障经济社会持续发展就被放在突出位置，军队的非战争军事行动也就显得特别重要。完成好非战争军事任务，离不开强大的资源保障体系的支撑。为了完成好反恐维稳、抢险救灾、维护权益、安保警戒、国际维和、国际救援等非战争军事任务。必须努力增强非战争军事行动的财力资源保障。

财力资源也可称为金融资源（Finance Resources），一般指国家、单位或个人在一定时期内所能支配和使用的所有资金。财力资源是社会产品的货币表现。也就是物力资源的货币表现。非战争军事行动的财力资源，由各种物质资源的使用价值形态纯化独立而来，即其价值化，包括用于非战争军事行动的全部可支配的资金。为了满足完成非战争军事行动等多样化军事任务的经费需求。需要对国防活动的财力资源占用、配置和耗费作出预算或计划。军费年度总预算是国家用于军队的财力总安排。它反映着国家经济财力用于军队建设的规模；同时，又是为

---

① 本文原载于《求实》2010 年第 1 期。

实现军队建设总体目标的综合财力保障计划。国防建设和军队建设就是根据这个计划来组织实施经费保障的。非战争军事行动的财力资源保障，既要处理好国民经济建设和国防建设财力配置的关系，又要处理好军队建设中核心军事能力建设和非战争军事行动建设的财力配置关系。

财力资源保障在完成多样化军事任务中有着重要作用。有效的资源保障体系是一项复杂的系统工程。资源是参与物质生产过程和其他人类社会活动的要素。是一切可被人类开发和利用的物质、能量和信息的总称，其中物质资源是基础要素，财力资源是这一要素的价值代表。为非战争军事行动提供坚实的物质保障，逐步建立健全完成非战争军事任务的资源保障体系，掌控用于完成非战争军事行动的物质财富及其来源。要特别注重增强非战争军事行动的财力资源保障。财力资源保障对军队建设的目标、规模、速度，以及对军队作战行动和非战争军事行动，有着重要的促进作用和制约作用。财力资源保障，平时用以保障军事需要、战争准备和应对其他安全威胁的准备，应急应战时用以保障多样化军事任务圆满完成。增强非战争军事行动的财力资源保障，是安全形势发展变化的迫切要求。在国防建设和军队建设的财力资源的合理配置和管理中。要特别注意正确处理核心军事能力建设和非战争军事行动建设的关系，实现双赢。完成非战争军事行动的财力资源保障。既包括完成非战争军事行动经费使用，也包括完成非战争军事行动的财力储备，还包括完成非战争军事行动的财力动员。要使完成非战争军事行动的财力资源得到保障，必须不断加强财力资源投入，加强财力资源储备，加强财力资源动员。

增强非战争军事行动的财力资源保障。首先要加大非战争军事行动财力资源投入。完成非战争军事行动任务的经费使用，是一种现实的军事财力资源投入。军事财力资源是军队掌管和支配的用来完成多样化军事任务的经费。主要包括由国家拨付的预算经费和由军队自行组织收入的预算外经费。要使完成非战争军事行动的财力资源保障得到加强，必须不断解决国防财力资源的供求矛盾。既要加大中央财力投入，也要加大地方财力投入。中央财力是国家进行国防建设和军队建设的主要财力，是有效应对战争和战争以外的非传统威胁和非传统危机的主要经费来源；地方财力可以增加一些用于地方应对安全危机的某些国防性开支，从而减轻中央财力的负担，缓解军队经费的短缺。努力解决国防建设的体制矛盾，实现国防建设与经济建设的兼容发展，是重要的可持续发展趋势。随着国家的经济发展及物质基础的雄厚，不断加大对国防建设和军队建设的财政投入既是可能的，也是必要的。随着军队革命化、现代化、正规化建设事业的不断发展和应对多种安全威胁的现实要求，需办的事情很多，对财力的需求量很大，而国家的财力是有限的。因此，要正确处理国防军队建设与国民经济建设的关系，正确处理军队内部各方面的关系，特别是核心军事能力建设和非战争军事行动建设的关系，更加注重国防建设的"效益发展"，努力解决国防财力资源的结构矛盾和管理效益问题。不断优化国防费用分配结构。充分发挥综合财力的整体效益。要求加强和改善经费取得、分配和使用过程中的组织、计划、协调、控制和监督活动。在加大投入的基础上，提高国防经济效益，提高国防费的使用效益，满足非战争军事行动的经费需要。

增强非战争军事行动的财力资源保障，其次要增加非战争军事行动财力资源储备。毛泽东同志曾在《论持久战》中指出。战争是两军指挥员以军力财力等项物质基础作地盘，互争优势的主观能力竞赛。战争军事行动和非战争军事行动都离不开财力资源保障。国家为了应付战争和其他非战争安全威胁的特殊需要。必须在国家预算中设置一种货币基金，作为完成非战争军事行动的财力资源储备。这部分经费在国防基金中占的比重较小，是一种辅助财力。在特定条件下。外来军事援助、战争赔款、社会集资、民众捐款也可成为国防财力资源储备来源的一部分。新的安全威胁迫切要求加强非战争军事行动的能力建设，而非战争军事行动能力建设，很大程度上取决于国家的国防经济实力。国防经济实力是直接用于国家安全需要的现实经济能力。它包括国防活动中的人力、物力、财力及其经济组合，另外还有生产能力储备和财力储备。生产能力储备是将军品生产线暂时封存起来，等到需要时即动员启封。财力储备是国家手中要掌握一定的硬通货，如黄金、外汇等支付手段。通过各级政府的财政活动，对社会经济资源进行筹划、集中、培育、开发和配置。不断组织开发经济资源，增加国防财力资源储备总量，同时设立用于非战争军事行动的能力建设国防财力资源储备专项，才能为完成非战争军事任务奠定坚实的财力资源保障。

增强非战争军事行动的财力资源保障，还应搞好非战争军事行动财力资源动员。财力资源动员，即财力动员，亦称"财政动员"。是指各级政府为了应付战争和其他非战争安全威胁的现实需要，调动财政积累，并通过增加税收、发行公债、货币和募捐等形式筹措完成多样化军事任务的经费。国防动员是国家采取紧急措施，由平时状态转入应急应战状态，统一调动人力、物力、财力为紧急应对安全威胁服务的。应急应战的财力动员是应对危机所采取的紧急经济措施，动员的程度和效果，会对国民经济和安全结局产生重大影响。应根据安全威胁规模的大小。增加安全费用开支，以便采购适当的装备器材和各种后勤物资。在国民经济由平时向应急应战转轨时，国家如何通过财政金融动员筹措经费支持战争和非战争军事行动，要从实际出发，合理应对。搞好财力资源动员包括财政金融动员准备、财政动员和金融动员三大部分，其共同目的是筹措各项资金，以投资军事工业、交通、通信等部门，购买装备器材、后勤物资，满足军队完成多样化军事任务各种活动的需要。要做好财政金融动员准备。做好实施财政金融动员前的预先筹划、安排，制定科学而周密的财政金融动员方案，避免和减少多种安全威胁爆发而导致的混乱情况，迅速动员资金用于应急应战需要。要做好财政动员，运用财政工具，搞好宏观财政调控，通过对货币形式表示的部分国民收入进行分配和再分配，以满足应急应战需要。要做好金融动员，通过金融体系和金融手段，如通过储蓄、扩张银行信用、运用选择性的信用控制工具、提高黄金储备量、利用外资和发行军票等，动员资金用于应急应战需要。由于安全形势变化发展出现的新情况，在应急应战的财力资源动员中，应特别重视及时满足应急需要，搞好非战争军事行动的财力资源保障。

运用风险投资推进武器装备
建设投融资机制创新[①]

李湘黔　袁　军

武器装备建设是国防和军队现代化建设的重要内容。新中国成立以来，我国武器装备建设经历了从无到有、从小到大、从"依苏仿苏"到自主创新的艰苦历程，取得了巨大的成就。但是，长期以来我国武器装备建设投资主体与融资渠道单一的状况还没有从根本上改变。如何解决这一问题，本文从我国武器装备建设投融资机制的现状出发，结合武器装备建设与风险投资的特点，对我国武器装备建设引入风险投资问题进行了初步探讨，以期为推动我国武器装备建设投融资机制改革与创新提供动力支持。

一、引入风险投资是武器装备建设投融资 机制改革与创新的重要选择

武器装备是构成军队战斗力的物质基础。武器装备建设总是与高新技术紧密联系在一起，最先进的技术往往最先产生或运用在军事领域，这给武器装备建设天然地打上了高新技术的烙印。风险投资（Venture Capital）主要是指向科技型具有高成长性的创业企业提供股权资本，并为其提供经营管理和咨询服务，旨在促进高新技术成果尽快商业化，以期在被投资企业发展成熟后，通过股权转让获取中长期资本增值收益的投资行为，其具有高风险性、高收益性、低流动性、较高的专业性和参与性等特点。风险投资作为一种为高新技术产业投融资的方式，与武器装备建设具有很大的相容性、互补性。

现代战争的高技术性决定了武器装备建设的基本属性。一是高技术性。人类

从来没有从战争的阴霾中走出来，战争的威胁使得各国在资源的约束下不遗余力地将最新、最尖端的技术应用在武器装备建设中，国家间军队的对抗在某种意义上成为两国在高新技术领域内的较量。科索沃战争、阿富汗战争与伊拉克战争展现的是一场高新技术与落后技术之间的博弈，结果表明，高新技术在战场上具有绝对优势。国防科技工业是高新技术的"集聚地"，核应用技术、航空航天技术、新材料及应用技术、电子与信息技术、定向能技术、生物技术等高新技术已经广泛地应用在武器装备建设中。国防科技工业的高技术性也意味着其高智力性，即对高技术人才需求的迫切性，各国国防科技工业中云集了各行各业的科学家、专家和专业型人才，武器装备建设也是各国人才智力的比拼。二是高投入性。武器装备的高技术性决定了其高投入性，新技术的开发及其产业化需要大量社会优质资源，如高精密的设备、高端的人才，这些都需要大量的资金投入。由于武器装备需要形成一个作战体系才能较好地发挥其作战力，因此武器装备的开发往往伴随其配套装备的研发生产。武器装备建设的高投入性使得世界上只有经济发达的少数几个国家能够拥有高、精、尖的武器装备。三是高风险性。这集中表现为发展高新技术武器装备的过程充满了不确定性，具体表现为武器装备研发、生产周期、质量与成本的不确定性。周期过长往往导致武器装备不能及时列装部队从而不能有效形成战斗力或者由于新技术的出现致使原来的方案不再具有先进性。质量主要是指武器装备的各项作战性能指标，技术如果无法达标往往导致武器装备各项作战性能指标的下降，这就偏离了项目启动时的初衷。成本的不确定性与国家宏观经济的发展及研发、生产周期相关，通货膨胀往往令企业的生产成本增高，较长的生产周期令成本更加难以预测与控制。四是高收益性。高收益性是指武器装备研发、生产成功后给投资者带来的巨大经济效益以及给社会带来的巨大社会效益。投资者的高收益来源于产品价值的实现，虽然高新技术产业的成功率较低，但是一旦成功，便会获得高额利润的回报。

武器装备建设的高技术性、高投入性、高风险性特点决定武器装备建设投融资渠道有限，政府具有承担较大风险的能力，所以一般各国政府都会参与武器装备建设，然而国家财政的有限性及国家投资所有权虚置带来的问题使国家财政投入的效率大打折扣。银行注重投资的安全性，注重资金的流动性，往往避免承担风险，因此银行一般投向处于成长期与成熟期的产业，且资金回收期较短。武器装备建设的高技术性要求企业不断地进行技术升级与产品创新，武器装备建设主要依靠财政投资与银行借贷具有较大的局限性。

风险投资具有高风险性、高收益性、低流动性和较高的专业性与参与性特点，这与武器装备建设的特点具有极大的相容性，且互为补充。武器装备建设具有高技术性，风险投资则投向高技术且具有高成长性的企业；武器装备建设具有高投入性,而风险资本具有"资金放大器"的功效;武器装备建设具有较高的风险,风险投资则倾向于高风险产业具有"风险调节器"的功能;武器装备建设具有高收益的特点,风险投资则追求高收益;武器装备建设具有资金占用周期长的特点,而风险投资属于长期性、权益类资本。

表1 武器装备建设与风险投资的相容性

武器装备建设特点	风险投资特征
高技术性	投向高技术、高成长性企业
高投入性	资金放大器
高风险性	倾向高风险产业、风险调节器
高收益性	追求资本的高收益
周期长	长期性、权益类资本

武器装备建设能够为风险资本增值提供"用武之地",而风险投资则能提高武器装备建设的效率与质量,但是我国武器装备建设中却没有运用风险投资的投融资方式,因此把风险投资引入武器装备建设,建立武器装备建设与风险投资之间的结合点,将成为武器装备建设投融资机制创新与改革的重要途径。

二、社会经济发展为武器装备建设引入风险投资创造了有利条件

将风险投资引入武器装备建设必须具有一定的社会经济基础和法律制度。我国改革开放以来经济发展的巨大成就、法律法规的逐步完善及相关制度措施的初步建立,为我国武器装备建设运用风险投资这一机制和模式创造了有利条件。

1. 规模庞大的居民储蓄为风险投资发展提供了资金保障

投资最终来源于居民储蓄,各种金融机构存在的意义就是更有效率地将居民储蓄转化为投资。风险投资的资本主要来源于富有的家庭、个人、政府、大型企业与金融机构,而居民储蓄是这些资金的主要来源。经过30多年经济的快速发展,我国居民储蓄规模呈现不断增大的趋势,从2000年到2009年城乡居民储蓄的年底余额由64332.4亿元增加到了260771.7亿元,图1显示了从2000年到2009年我国城乡居民年底储蓄余额的变化。同时我国国民储蓄率也一直居高不

下，2009年甚至达到了51.4%。居高的储蓄率为风险投资带来了广阔的发展前景。同时，随着我国资本市场的发展，经济结构的逐渐优化以及社会保障体系的进一步完善，国民储蓄将更加顺畅地转化为投资，这为各种资本进入风险投资打通了道路。

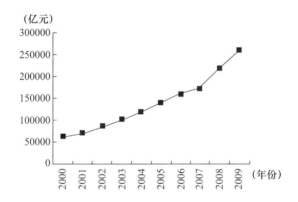

图1　2000~2009年我国城乡居民年底储蓄余额的变化

2. 我国内地风险投资业已经具备进入武器装备建设的能力

从1986年国家科委、财政部共同出资成立的我国第一个股份制的、以从事风险投资为目的的企业——"中国新技术创业投资公司"算起，我国风险投资业历经25年的成长过程，经过了酝酿期、兴起期、调整期、回缓发展期四个阶段，对我国高科技产业发展起到了巨大的推动作用，也为其引入武器装备建设创造了条件。据《2008中国风险投资行业调研报告》统计，截至2008年中国内地风险投资机构已经超过402家，其中本土机构超过了261家。在风险投资机构数量增加的同时，其资本规模也有了很大的增长，据统计，从2003~2008年内地风险资本管理总额由325.34亿元增长到2506.16亿元，机构平均管理资本由2.03亿元/每家增长到13.12亿元/每家，同时风险投资额也从2003年的37.15亿元增加到了2008年的339.45亿元，图2显示了2003~2008年内地风险投资资本管理总额、单位机构资本平均额及风险投资规模的变化。从资本规模来说，内地风险投资已经具备参加武器装备建设的条件。

对退出项目的调查发现，2008年的退出项目中18个以上市的方式退出，股权转让的为58个，清算的只有1个，这说明内地风险投资项目退出的成功率较高，也表明了内地风险投资业已经具备了较好的投资模式和投资风险的管理能力。随着2010年创业板的推出，我国内地风险投资项目的退出渠道将更加顺畅。

我国内地风险投资行业正朝专业化、正规化方向发展，行业的投融资能力不断提高，并且对国民经济发展以及高新技术产业发展的推动作用已经显现，其已经具备投资于武器装备建设的能力。

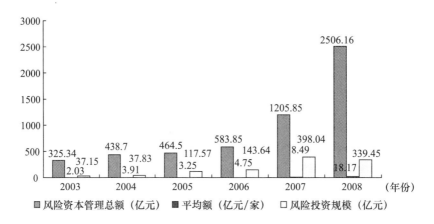

图2 2003～2008年中国风险投资相关指标变化趋势

资料来源：《中国风险投资年鉴》（2009）。

3. 国防科技工业的发展需求为风险投资业提供了新的机会

从统计的数据可以看出，我国内地风险投资资本充足，但是由风险资本管理额与风险资本平均额之间较大的差异可得出一个重要的结论，即我国风险投资项目具有较大稀缺性，这并不意味着风险资本供过于求，而是说符合风险投资的项目不多，这与我国创业能力欠缺以及投资结构不合理有很大关系。武器装备建设中存在大量高技术含量、高成长、高风险、高收益的项目，这对风险投资来说是一块肥沃的土壤，值得风险投资业的进入。随着"新军事变革"的推进，国家安全对"高精尖"武器装备的需求促使国防科技工业产业结构不断升级。产业结构升级不只是"高技术化"那么简单，它要求有新的产品、新的生产方式以及优化的产品结构，在产业升级过程中必然伴随着落后企业的消亡以及新生企业的成长，这是一个以创业为主旋律的过程，高风险与高收益并存，为风险投资提供了用武之地。

4. 国家政策扶持为武器装备建设引入风险投资提供了制度保障

我国风险投资第一家"中国新技术创业投资公司"是由国家科委、财政部共同出资组建，可以说我国风险投资业从一开始便受到国家的高度重视。各种扶持政策与法律法规的相继出台有效地促进了风险投资业的发展。据统计，从1984

年到 2010 年几乎每年国家都有关于风险投资业发展的政策或法律出台，这为我国风险投资业的发展提供了良好的环境。值得一提的是，我国风险投资业资金来源中政府投资一直保持在 20% 以上，财政的杠杆作用带动了更多的民间资本与海外资本向内地风险投资业的流入。

我国还没有出台关于风险投资在武器装备建设中的应用细则，所以导致风险投资迟迟不能进入武器装备建设中，但是政府已经开始在一些文件中关注风险投资与武器装备建设相结合的问题了。2006 年出台的《武器装备科研生产协作配套管理办法》中第四条明确提出"武器装备科研生产应当充分利用社会资源的优势，开展专业化协作配套；鼓励具有先进技术和经济实力的企事业单位通过竞争承担协作配套任务；鼓励协作配套单位采取自筹资金和风险投资等方式研制生产配套产品"。我国《航天发展"十一五"规划》中关于完善航天投融资体制机制中强调要"推进投资主体多元化，鼓励社会资金进入航天科研、生产、商贸领域，逐步形成航天科技自主创新的风险投资机制，实现投融资渠道多元化；按照国家制定的税收激励等政策，鼓励航天企业、科研院所和高等院校加大自主研发投入"。《中长期科技发展纲要》表示要"切实转变政府职能开辟科技信贷、风险投资等多种资金渠道，支持科技发展"，并强调"对高新技术和高新技术产业，应选择重点，大幅度提高投资强度，并逐步实施风险投资"。这些文件都在一定程度上肯定了风险投资与武器装备建设之间结合的重大意义，虽然没有出台可行的运作机制，但是为武器装备建设未来投融资机制的创新提供了方向。

三、着力发挥风险投资在武器装备建设投融资机制创新中的作用

把风险投资引入武器装备建设是武器装备建设投融资机制创新的重要形式。美国通过小企业管理局（SBA）扶持中小型民企为军方开发产品，并利用风险投资机制发展与国防高度相关的高新技术产业，欧盟通过政策性金融机构对中小企业进行扶持，鼓励民企积极投身武器装备建设，并扶持银行作为风险投资的主体，通过在信贷贴息与担保上的支持有力地促进了金融机构附属风险投资公司的发展。我国引入风险投资的时间不长，将风险投资引入武器装备建设更是新生事物。虽然我国尚未出现典型意义上的武器装备建设风险投资运作案例，但是也有类似的尝试，这主要表现在航空产业中。航空工业被称作"现代科技和现代工业

之花"，具有高门槛、高投入、高风险、高回报的特点，因此存在融资难的问题。而"中国航空产业基金"应运而生，这是我国私募基金少有的参与国防科研活动和军民两用技术开发的尝试，并且采用类似风险投资的运行机制对拟上市的航空制造业及相关行业企业进行股权投资，该尝试有效地促进了我国航空企业现代企业制度的建立，改善和完善了企业资本结构，并提升了企业的综合管理水平。将风险投资引入武器装备建设将有力推动投融资机制的改革与创新。

1. 武器装备建设引入风险投资将促进投资主体多元化

风险投资活动中主要包括投资者、风险投资家与创业企业家三方面的主体，其中投资者、创业企业家与风险投资家（有限合作制中）都是资本的来源，而直接涉及创业企业投资与培育的主体是风险投资家和创业企业家。我国武器装备建设主体单一，主要为国有军工企业，这使我国武器装备建设中缺乏有效的竞争机制。风险投资进入武器装备建设为国防科技工业引入了更多的投资主体，且这些投资主体主要来源于民间。我国高新技术中小企业数量众多，能够提供大量武器装备建设中需要的技术与服务。风险投资在成功地对高新技术中小企业培育后，将形成众多有能力进行武器装备建设的主体，而这从质量上和结构上对我国武器装备建设投资主体的多元化进行了优化。

2. 武器装备建设引入风险投资有利于拓宽融资渠道

武器装备建设引入风险投资拓宽了武器装备建设的融资渠道，风险投资让大型的公司、富裕家庭及个人、各种基金、股权市场等成为了国防科技工业的资金来源渠道。社会资本有了进入武器装备建设中的机会，一改我国武器装备建设融资渠道狭窄的现状。我国的风险投资业发展迅速，管理的风险投资资金规模庞大，能够为大量的国防科技项目提供风险投资。其能从两个方面为武器装备建设提供丰富的资金。首先，从数量规模上考虑，风险投资能够带来武器装备建设资金绝对量的增加，并有效缓解财政支持的不足。其次，风险投资资本运营效率较高，使武器装备建设资金变得相对丰富。

3. 武器装备建设引入风险投资将有利于建立竞争性装备采办体系

我国武器装备建设的一个弊病就是行业垄断，主要源于我国国防科技工业受主要的大型军工集团控制，造成了垄断下的生产、研发效率低下的问题。风险投资为国防科技工业孵化创业企业，产生了新的武器装备建设主体，且这些新生企业往往具有高效率的特征，它们必定与原有的国防科技工业企业之间存在一定的竞争。这能改变我国国防科技工业垄断的现状，为武器装备竞争性采办提供了基础，并有利于我国武器装备建设有效竞争环境的塑造。

4. 武器装备建设引入风险投资将加速武器装备建设中的科技成果转化

我国存在大量的武器装备科研院所，其技术实力雄厚，然而普遍存在科技成果转化不力的特点，科研院所的企业化已经成为一个趋势，风险投资有助于科研院所由事业单位向独立经营企业的转变。科研院所科技成果转化不力主要源于成果转化的风险较大和资金的缺乏，且科研院所不具备现代企业的管理文化，风险投资能够有效地解决这些问题。风险投资不仅能向创业企业提供资金和管理，还能向一些具有高风险、高收益的研发、生产项目进行投资，为那些拥有高技术但苦于没有足够资金的国防科技工业企事业单位提供科技成果转化的机会。

5. 武器装备建设引入风险投资将有利于推进武器装备建设"军民融合"式发展进程

武器装备建设引入风险投资，将引起武器装备建设的革命，它能够高效地识别军民两用技术，并对其进行投资，既能满足军品市场对该技术的需求也能满足民品市场对其需求。风险投资作为"民参军"的一种有效形式，不管是军工集团进行的公司风险投资还是新的军民融合式高新技术企业的创立都是对"军转民""民参军"的推动。它架起了"军"与"民"资金、技术、人才与信息互通共享的桥梁。武器装备建设引入风险投资将为我国军民融合式发展模式提供有效的突破口及途径。

参考文献

[1] 范肇臻. 中国军工改革与发展金融支持研究 [M]. 北京：经济科学出版社，2008.

[2] 王雷，党兴华. R&D 经费支出、风险投资与高新技术产业发展——基于典型相关分析的中国数据实证研究 [J]. 研究与发展管理，2008，20（4）：13-18.

[3] 龙勇，杨晓燕. 风险投资对技术创新能力的作用研究 [J]. 科技进步与对策，2009，26（23）：16-20.

[4] 成思危主编. 2009 中国风险投资统计年鉴 [M]. 北京：民主与建设出版社，2010.

[5] 张笑. 中国国防科技工业融资多元化实践探索研究 [D]. 对外经济贸易大学，2004.

[6] 喻丽心. 我国军工企业融资模式研究 [D]. 中南大学，2005.

军费决定与资源配置优化方法①

——贯彻主题主线重大战略的经济学分析

杨 筱 曾 立 乔玉婷 杨闽湘

一、问题的提出

2011 年 3 月 12 日，胡锦涛在出席党的十一届全国人大四次会议解放军代表团全体会议时强调，全军和武警部队要深入贯彻落实科学发展观，以推动国防和军队建设科学发展为主题，以加快转变战斗力生成模式为主线。胡锦涛的重要指示，明确了国防和军队建设的方向目标、战略重点和途径，是新形势下国防和军队建设的科学指南。推动国防和军队建设科学发展的核心是统筹经济建设和国防建设。统筹新型作战力量建设的各个方面，这是贯彻科学发展观的必然要求，既是强国之策，也是强军之道。加快转变战斗力生成模式的核心是科技强军，将战斗力生成模式切实转到依靠科技进步特别是以信息技术为主要标志的高新技术进步上来，是推动国防和军队建设科学发展的重要途径。

深入贯彻主题主线重大战略思想是涉及国家安全与经济发展多重领域。用经济学研究方法提炼出其中的科学问题并深入研究具有现实意义。现代国防经济学创始人 Hitch 和 McKean（1960）曾指出，"国家安全取决于三个问题：第一，国家现在和未来可用的资源总量；第二，上述资源中分配至国家安全目的的分割比例；第三，所配置资源的使用效率。"本文以合理配置资源为切入点，科学构建军费决定的理论模型，努力探索统筹经济建设和国防建设的客观规律；通过有效评估科技进步对于增加国防资源总量、优化国防资源配置结构、提高国防资源使用效率的积极作用，为推动国防和军队建设科学发展、加快转变战斗力生成模式

---

① 本文原载于《北京理工大学学报》（社会科学版）2012 年第 5 期。

提供有力的理论依据和决策支持。

二、合理配置财力资源是贯彻主题的基础

胡锦涛在党的十七大报告中指出："必须站在国家安全和发展战略全局的高度，统筹经济建设和国防建设。在全面建设小康社会进程中实现富国和强军的统一。"推动国防和军队建设科学发展的首要任务就是要统筹经济建设与国防建设，其核心就是科学确定军费开支规模、合理配置国家财力资源，为实现富国与强军的统一奠定坚实的基础。从根本上看，国防建设与经济建设二者互为作用，经济建设为国防建设提供经济基础，国防建设为经济建设提供安全保障。但受限于国民经济发展水平，国防建设与经济建设的资源投入是此消彼长的。一方面，我国改革开放多年来积累的问题凸显，资源环境问题、贫富差距问题、社会保障问题、教育卫生问题等，都需要通过进一步投入资金、投入资源，推动经济高速发展来解决。另一方面，我国面临着错综复杂的战略安全环境，台湾问题、钓鱼岛问题、南海问题、中印边境问题等重大问题的解决都需要强大的国防力量为后盾。如何在我国经济改革与发展的重大战略机遇期，合理配置国家财力资源。科学确定军费开支规模，是推动国防和军队建设科学发展的基础性、关键性问题。也是贯彻主题主线重大战略思想的基本方向和亟待解决的首要问题。

1. 科学确定国防建设资源总量

新古典模型采用社会福利函数的概念，以分析军费需求决定为主要对象，研究统筹经济建设与国防建设的基本理论问题，为推动国防和军队建设科学发展提供了有力的理论支撑。该模型假设政府是实现富国与强军最大化统一的行为主体，富国与强军相统一的程度由社会福利函数体现。社会福利函数主要由军费开支决定的国家安全环境 S 和民用总消费 C 决定的经济发展状况决定。考虑到一国的经济资源水平 Y，政府必须做出抉择，统筹国防建设与经济建设协调发展。

设福利函数的形式为 Stone – Geary 形式：

$$W = a\log(C) + (1 - \alpha)\log(S)$$

国防建设和经济建设必须服从国家经济实力决定的预算约束，即：

$$Y = p_c \cdot C + p_m \cdot M$$

其中，p_c 和 p_m 为军事支出 M 和民用消费 C 的价格。一国的安全环境是由本国的军事力量 M、其他国家（友好国和敌对国）的军事力量 M，M_1，…，M_n 共

同决定的，设安全函数为：

$$S = M - M^* = M - (\beta_0 + \sum_{i=1}^{n} \beta_i M_i)$$

其中，M^* 为抵御别国入侵所需的军事实力，由本国的军事战略因子 β_0 和其他国家的军事力量的影响因子 β_i，$i = 1$，2，$\cdots$，n 共同决定。如果采取自然防御战略，$\beta_0 < 0$；如果采取主动进攻战略，$\beta_0 > 0$。敌对国的军事力量对本国的影响因子 $\beta_i > 0$，友好国或同盟国的影响因子 $\beta_i < 0$。

则在其他国家军费开支水平既定的情况下，使福利函数最大化的一国军费需求为：

$$M = (1 - \alpha)Y/p_m + \alpha(\beta_0 + \sum_{i=1}^{n} \beta_i M_i)$$

即一国的军费开支取决于两个主要方面，一是在一定价格水平下，国家财力扣除用于满足经济建设的民用需求的部分，即 $(1 - \alpha)Y/p_m$；二是国家安全战略，这主要是由大国关系、地缘政治环境和本国战略目标决定的，即 $\beta_0 + \sum_{i=1}^{n} \beta_i M_i$。利用历史数据则可根据该模型确定军费开支需求的决定因素，并对军费开支进行历史研究及未来预测。

2. 财力配置：经济与国防的杠杆

这里运用新古典模型对中国 1989～2009 年的军费开支做一个简单的经验研究，来说明军费开支与经济增长的关系。由于军事支出和民用消费的价格在度量和区分上存在很大困难。这里假设两者价格相同。都为 1。同时选取可能对我国安全环境影响较大的三个国家和地区：美国、中国台湾和日本的军费开支作为我国军费开支的解释变量。选用的数据均来源于斯德哥尔摩国际和平研究所的军费开支数据库，中国、美国、中国台湾和日本的军费开支时间序列数据均按 2009 年不变美元计算，中国的 GDP 数据由该数据库中军费占 GDP 的比重换算得到。为了消除各变量之间的异方差性。对各变量取对数，从而得到影响我国军费开支的回归方程为：

$$\ln\text{CHINA} = \beta_0 + \beta_1\ln\text{GDP} + \beta_2\ln\text{USA} + \beta_3\ln\text{TAIWAN} + \beta_4\ln\text{JAPAN} + \varepsilon$$

回归分析的结果为：

In China $= -7.751 + 0.767\ln\text{GDP} + 0.639\ln\text{USA} - t$ 值：

(-0.587) (9.880) (3.305)

$0.632\ln\text{TAIWAN} + 0.425\ln\text{JAPAN}$

(-3.588) (0.402)

$\text{Adj} - R^2 = 0.9860$，$\text{DW} = 1.0750$

从结果可以看出。调整后的拟合优度 $Adj - R^2 = 0.9860$，表明方程对数据的拟合程度很好。$DW = 1.0750$，表明误差序列不存在明显的一阶自相关性。从回归系数来看，在5%的显著程度上，除了日本军费开支，其他解释变量对我国军费开支的影响都是显著的。其中，GDP 的系数显著为正，表明我国 GDP 增长对军费开支影响较大，GDP 每增加1%，军费开支将增加0.767%。美国、日本和中国台湾三个国家（地区）中，美国军费开支对我国军费开支影响最大，美国军费每增加1%，我国军费开支将增加0.639%。但中国台湾的回归系数为负，显然不符合预期要求，造成这个现象的原因，可能是我们仅选取了美国、日本、中国台湾三个国家（地区）进行分析，有些对我国军费开支影响较大的国家或环境因素还未考虑到，需要进一步研究。

虽然军费开支与 GDP 增长之间存在正的相关性，但并不能说明两者具有因果关系。为了更深入地了解我国军费开支与国家财力之间的关系。利用 Granger 因果检验方法对军费开支（CHINA）与国家财力（GDP）的关系进行了分析，滞后长度为2。分析结果如表1所示。

表1　Granger 因果检验结果

原假设	F 统计量	P 值	结论
lnGDP 不是 lnCHINA 的 Granger 原因	1.670	0.224	接受
lnCHINA 不是 lnGDP 的 Granger 原因	4.399	0.033	拒绝

从检验结果可以看出，lnGDP 不是 lnCHINA 的 Granger 原因，表明尽管我国 GDP 增长对军费开支具有十分显著的影响，但国家财力增长不是军费开支增长的原因；反之，军费开支的增长是经济增长的原因之一，说明国防活动对经济增长有正的外部性。

3. 发挥科学配置的推动作用

上述关于中国军费开支与经济增长的经验研究仅简单说明1989～2009年，中国的军费规模是符合统筹经济建设与国防建设基本要求的规模，但无法说明是否最优规模。此外，不同的经济学家以不同国家为研究对象试图厘清军费开支与经济增长之间的数量关系时，却没有得到一致的结论，这说明经济资源是否以恰当的比例在军民领域分配，对总量增长确有影响。推动国防和军队科学发展的军费开支规模，必须在综合考虑各种影响因素的基础上做出决策。

要始终瞄准国家战略需求，把拓展和深化军事斗争准备作为龙头。国家安全与战略需求是国防和军队建设的逻辑起点和重要依据，也是国防和军队建设的最终归宿。而军事斗争准备是我军最重要最现实最紧迫的战略任务。必须坚持以军事斗争准备为龙头带动军队现代化建设整体发展，以打赢信息化条件下的局部战争为目标，努力突破制约信息化建设的核心关键技术，推动信息化建设全面协调发展，不断提升军队应对多种安全威胁、完成多样化军事任务的能力。

必须重点突出，坚持有所为有所不为。在推进我军向信息化军队转变，谋求绝对军事优势的过程中，加快发展军事技术、更新武器装备、改革体制编制无不需要大量投入。国防和军队科学发展要求我们要量力而行，优先发展具有战略性、全局性、前瞻性的重点项目，着力解决制约我军信息化建设的瓶颈问题，妥善解决好整体和局部、近期与长远的关系。

要强化质量效益观念。用最少的军费投入，取得最高的建设质量和效益，这是国防和军队建设贯彻落实科学发展观的检验标准。必须坚决摒弃不计成本、不讲质量、忽视效益的粗放型发展模式。推动军队建设由数量规模型向质量效能型、由人力密集型向科技密集型转变。通过建立健全科学的绩效考评体系。把握质量效益根本标准，把发展的速度、规模和质量有机统一起来，把成本投入与产出效益有机统一起来，把短期效益与长远效益有机统一起来，形成进度服从质量、规模服从效益的鲜明导向，加强对各项建设和工作全要素全过程全环节的管理和评估，走出一条投入较少、效益较高的国防和军队现代化建设路子。

走中国特色的军民融合式发展路子。促进经济资源在军民之间的双向转移，最大限度地实现资源共享，这是国防和军队科学发展的客观要求。应立足我国基本国情，建立完善促进和保障军民融合式发展的法律法规。宏观调控经济建设与国防建设的发展进程和资源配置；完善国防市场竞争机制，通过利润和效益导向，使多元投资、多方技术、多种力量向国防领域集聚；大力发展两用技术，完善成果转化机制，打破军用与民用壁垒，增大科技成果的溢出效应。

三、提高科技贡献率是贯彻主线的关键

以加快转变战斗力生成模式为主线，就是要按照胡锦涛提出的"三个转到""五个坚持"的要求，从根本上解决我军建设"两个不相适应"的主要矛盾。其关键就是要把我军战斗力生成模式切实转变到依靠科技进步特别是以信息技术为主要标志的高新技术进步上来，这是实现国防和军队建设科学发展的重要途径。科技进步是加快转变战斗力生成模式的催化剂，军人素养的提高、武器装备的质量提升、体制编制的改革、战役战术的改进等，均与科学技术的发展水平紧密相关。国防资源总量增加与结构优化是依靠科技进步加快转变战斗力生成模式的重

要表现。科学评估科技进步在战斗力生成中的贡献，研究科技进步与战斗力构成要素变化、总体战斗生成模式转变的互动关系，对于更好地利用当代高新技术的发展提高战斗力、加快转变战斗力生成模式具有重大意义。

1. 战斗力生成的理论解析

战斗力 U 的生成是武器装备 E、军事人力 L_M 和组织编制 Z（人与武器的结合方式）共同作用的结果，战斗力生成函数可表示为：

$$U = (E, L_M, Z)$$

考虑到军队的体制编制难以用货币形式表现，同时人与武器的结合方式最终表现为人与武器的结构比例，可将战斗力生成函数表示为 Cobb-Douglas 生产函数的形式：

$$U = E^{\alpha} L_M^{\beta}$$

其中，α、β 是武器装备和军事人力投入的战斗力产出弹性。在有技术存在的情况下。战斗力生产函数的规模弹性 $\alpha + \beta$ 将大于 1，即规模报酬是递增的。假设武器装备的价格 P_E 和军事人力的工资水平 P_L 已知，那么，军费的配置问题可以表述为：

$$\max U = E^{\alpha} L_M^{\beta}$$

$$\text{s. t. } M = P_E E + P_L L_M$$

构造拉格朗日函数 $F = E^{\alpha} L_M^{\beta} - l\,(M - P_E E + P_L L_M)$，由一阶条件可得，最优军费配置要求为：

$$U_E / U_L = P_E / P_L$$

即最优军费配置结构应满足武器装备和军事人力对战斗力的边际贡献之比应等于两者的价格之比，如图 1 中 OC 方向所示。

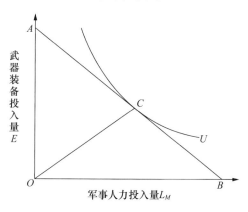

图1 军事财力最优配置结构图

科学技术是第一生产力，也是重要的战斗力。国防和军队建设要实现跨越式发展，必须依靠科技进步的推动。科技进步对战斗力的导向和促进作用是通过增强武器装备的使用效能、提高军事人力的工作效率和组织编制的运行绩效来实现的。依靠科技进步加快转变战斗力生成模式主要表现为两种形式，一是推动战斗力要素的总量增长；二是优化战斗力要素的配置结构。

2. 科技进步增加战斗力要素总量

在经济增长理论中，一般通过全要素生产率（TFP）来衡量科技进步对经济增长的促进作用。全要素生产率是包括除了劳动与物质资本以外的其他要素的贡献在内的综合生产率，具体来说包括技术进步、组织创新、专业化和生产创新等，是反映经济发展投入—产出效应的综合性指标。设中国经济的生产函数为 Cobb – Douglas 形式，即：

$$Y = AK^{\alpha K} L^{\alpha L}$$

其中，Y 是实际产出；K 是实际的资本流量；L 是实际的劳动投入；A 是其他影响产出的因素；α_K、α_L 是资本和劳动的产出弹性。当 $\alpha_K + \alpha_L = 1$，即规模报酬不变时，全要素生产率为：

$$TFP = Y/K^{\alpha} L^{1-\alpha}$$

很多研究表明，我国科技进步对经济增长的贡献是显著的。如张军等（2003）对 1952 ~ 1998 年的全要素生产率技术表明，改革开放前 TFP 波动较大，但改革开放后 TFP 有明显的提高，1979 ~ 1998 年的平均增长率大约为 2.8%，生产率的提高贡献了产出增长中的约 28.9%。彭思思等（2010）基于 CGE 模型对中国财政科技投入引起的 TFP 增长对中国经济的长短期影响进行了模拟，表明 TFP 的增长会促进国家经济增长，对刺激消费、扩大内需等都有明显积极作用。科技进步促进经济增长的结果，使得可分配至军事活动的国防资源增多，军费规模的增加成为可能，如图 2 所示。

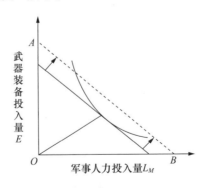

图 2 科技进步增加国防资源总量

进一步地，我们可以借助全要素生产率理论来衡量科技进步对战斗力生成的促进作用，即扣除武器装备和军事人力投入因素外战斗力增长的原因即为科技进步的推动作用。由于军事投入往往聚集在高新技术产业，许多先进技术首先产生和运用于国防领域。因此有理由认为国防领域的全要素生产率应高于全社会的全要素生产率。考虑到战斗力水平难以量化衡量以及国防相关产业的数据难以获得，同时，我国每年装备费和人员训练费用占军费开支的比例大体相等，因此本文考虑以装备制造业的全要素生成率来分析科技进步对战斗力的促进作用。

李星光等（2009）采用 Malmquist 指数方法定量考查了我国装备制造业全要素生产率的增长情况，研究结果表明1995～2006年我国装备制造业的全要素生产率的平均增长率为5.7%，且各行业中增长最快的是通信设备、计算机及其他电子设备制造业。薛万东（2010）研究表明，1992～2004年我国装备制造业的全要素生产率的平均增长率为8.39%，且全要素生产率对装备制造业产出增长的贡献率约为49%。王欣等（2011）对1999～2007年我国各省装备制造业全要素生产率的实证分析表明，全要素生产率保持了11.8%的年增长速度。由此可以看出，国防领域的全要素生产率贡献更为显著。

3. 科技进步优化战斗力要素配置

科技进步与战斗力构成要素之间的关系具有多种可能性。科技进步可能使武器装备生产效率更高，导致武器装备的相对价格下降；也可能由于其技术含量提高，使得相对价格上升。同时，武器装备的现代化对军事人力资本的要求也不断提高，军事人力资本的不断提高表现为工资水平的变化。各种因素变化使得优化国防资源配置结构呈现出新的特点和要求。这些变化都可以通过战斗力生成的无差异曲线和国防资源配置的预算线之间的关系变化表现出来。

考虑到随着新军事变革的不断深入，信息化装备日益精密与复杂，性能不断提高，更新换代加速，武器装备研制、生产和使用的费用也日益高昂，造成武器装备成本与价格不断攀升的现状，本文在这里只研究科技进步及其引起的武器装备相对价格上升对战斗力生成和国防资源配置的影响。本文假定，如图3所示，科技进步之前战斗力生成的无差异曲线为 U_0，有技术进步后对应相同的战斗力水平，无差异曲线为 V_0。容易知道，科技进步使得生成同样的战斗力所需武器装备和军事人力的投入更少，表现 V_0 为位于 U_0 的下方。但武器装备相对价格的提高，导致预算线向下偏移。即：

$$E_U > E_v, \quad L_U > Lv, \quad P_{EU} < P_{EV}, \quad U_0 = V_0$$

技术进步促进战斗力的增强和武器装备相对价格的同时提升，可能造成三种情况：

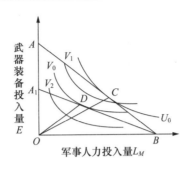

图3　科技进步优化国防资源结构

其一，武器装备相对价格上升幅度较小，预算线向下偏移后位于 AB 与 A_1B 之间。新的预算线与 V_0 相割。此时，按照原先的军费配置结构仍可达到初始战斗力 $U_0 = V_0$；但若改变武器装备和军事人力之间的费用配置比，如按 OD 线进行分配，则可促进战斗力生成至 $V_1 > V_0$。当且仅当预算线和技术进步的生产力函数 V 相切时，战斗力生成最大化，军事财力配置是最优的。在这种情况下，军费开支规模可维持不变，但战斗力增强，考虑技术进步使国民总产值增加，因而军费负担减小，军费的使用效率提高。

其二，武器装备相对价格上升幅度适度，预算线向下偏移后恰好与 V_0 相切，即从 AB 变为 A_1B。此时，武器装备与军事人力之间的费用配置比例按 OD 线进行，可在不增加军费投入的情况下，保持原有战斗力生成不变。因此，军费负担减小，军费使用效率不变。

其三，武器装备相对价格上升幅度过大，预算线偏移后位于 A_1B 下方，无法与 V_0 相交。表明科技进步导致的相对价格上升，使战斗力减弱。此时必须增大军费支出 M，使预算线上移，才能保证科技进步对战斗力生成的促进作用。

以上分析表明，科技进步的倍增器作用与军费开支的规模和配置结构密切相关。一方面，科技进步有助于经济总量增长、国防资源总量增加，从而提升战斗力整体水平；另一方面，在推动武器装备信息化和军事人力技能提高的过程中，应关注武器装备价格变动和军事人力资本价格变动，通过优化国防资源配置结构，提高科技贡献率。

四、结　语

本文围绕贯彻主题主线重大战略，用经济学分析方法，从科学配置国家财力资源和提高科技贡献率两方面进行了初步的建模和分析，得出以下结论：

第一，推动国防和军队科学发展，必须综合考虑国民收入水平和国家安全战略等因素，统筹兼顾，重点突出，科学确定军费开支规模，走有中国特色的、投入少效益高的军民融合式发展道路。

第二，加快转变战斗力生成模式。必须高度重视和充分发挥科技进步，特别是信息技术进步的关键作用，为战斗力要素充实新内涵、再造新结构、设定新标准。其关键是提高全要素生产率。从整体上提升战斗力水平，同时，优化军费在武器装备和军事人力之间的配置，最大限度地提高科技贡献率。通过科学决策和科学管理提高军费的使用效益。

当然，贯彻主题主线重大战略是一个十分复杂的科学问题。后续的进一步研究应利用多学科交叉综合的研究方法，以国防经济、管理科学与工程、数理统计、系统仿真等学科理论为支撑。建立更加全面、系统、有效的模型，如考虑中国与国际互动的动态模型、政府的非理性行为模型、在线实时的决策支持模型等。在此基础上，充分采用社会经济统计、国家信息中心和有关国际组织机构提供的原始数据，推动研究结果的实证化、数量化、数字化，为推动国防和军队建设科学发展、加快转变战斗力生成模式提供科学性、前瞻性和创新性的决策分析和支持手段。

参考文献

［1］赵耀辉. 转变战斗力生成模式问题探究——学习胡锦涛关于主线重大战略思想的体会［J］. 南京政治学院学报，2001，27（4）：80 - 83.

［2］基斯·哈特利，托德·桑德勒. 国防经济学手册（第1卷）［M］. 姜鲁鸣，沈志华，卢周来译. 北京：经济科学出版社，2001：13.

［3］王建伟. 党的军事指导理论的重要创新成果［N］. 解放军报，2011 - 07 - 19.

［4］刘翌琼. 装备建设财力优化配置研究［D］. 国防科学技术大学，2011.

［5］张军，施少华. 中国经济全要素生产率变动：1952 ~ 1998［J］. 世界经济文汇，2003（2）：17 - 24.

［6］彭思思，祝树金，谢锐. 国家积极财政科技投入对中国经济的影响［J］. 经济问题探索，2010（1）：1 - 5.

［7］李星光，于成学. 基于Malmquist指数的我国装备制造业全要素生产率测度分析［J］. 科技与管理，2009（5）：102 - 105.

［8］薛万东. 我国装备制造业全要素生产率测算及实证分析［J］. 财经评

论，2010（3）：41 -49.

［9］王欣，庞玉兰. 装备制造业全要素生产率动态测度［J］. 安徽工业大学学报，2011（2）：6 -10.

［10］杨胜. 基于战斗力生成的军费研究［D］. 国防科学技术大学，2006.

［11］查尔斯·J. 希奇，罗兰·N. 麦基因. 核时代的国防经济学［M］. 闵振范译. 北京：北京理工大学出版社，2007.

［12］陈波. 国防供给的经济学研究［M］. 北京：军事科学出版社，2008.

［13］舒本耀，王伟海. 加快武器装备战斗力生成模式转变［J］. 装备指挥技术学院学报，2011，22（3）：7 -11.

［14］王喜斌. 加快战斗力生成模式转变推动国防和军队建设科学发展［J］. 求是，2011（23）：44 -46.

［15］刘朝勋. 我国国防财政资源配置的规模与结构分析［J］. 理论月刊，2010（1）：107 -110.

［16］陈炳福. 中国的国防支出需求和政策研究［D］. 天津大学，2006.

［17］陈波. 国防支出与经济增长：中国的经验研究（1985 ~ 2000）［M］//卢周来. 中国国防经济学（2004）　［M］. 北京：经济科学出版社，2005.

［18］新华社. 胡锦涛在解放军代表团全体会议上强调，不断增强全面履行新世纪新阶段我军历史使命能力，为全面建设小康社会提供重要力量支持和坚强安全保障［N］. 解放军报，2011 -03 -13.

［19］中国共产党第十七次全国代表大会文件. 中国共产党第十七次全国代表大会文件汇编［M］. 北京：人民出版社，2007.

［20］徐雷. 中国装备制造业全要素生产率动态变动实证分析［J］. 渤海大学学报，2011（1）：119 -122.

［21］王永保. 提高我国装备制造业全要素生产率的途径探讨［J］. 煤炭经济研究，2007（9）：19 -21.

1929～2011 年美国军费变化趋势及启示[①]

卢小高　李湘黔

在分析美国的军费时，经常用到三个重要的数据来源。第一个来源是美国白宫管理与预算办公室（OMB）公布的数据，这也是美国统计局公布的数据。第二个来源是美国商务部经济分析局（BEA）公布的美国国民收入与产品账目数据（NIPA）。第三个来源是斯德哥尔摩国际和平研究所（SIPRI）公布的数据。SIPRI 的数据和 OMB 的数据通常相差不大，但 NIPA 的数据却比前两者大很多。著名国防经济学家 Brauer（2007）认为，美国的实际军费比新闻媒体报道的要大，媒体报道的数字来源于联邦预算的决策过程（即 OMB 数据），但经济学家应当避免使用基于联邦预算的军费数据，在经济上相关的数据应该使用 NIPA 数据。基于此，本文利用 NIPA 数据对美国军费规模的变化趋势与原因进行分析。

一、美国 1929～2011 年军费的变化趋势

1. 美国军费绝对规模的变化

在图 1 中，我们利用 NIPA（1929～1969 年）以及 NIPA（1969～2011 年）所提供的数据，经过适当的计算，绘出了美国军费绝对规模的变化趋势。绝对规模是指军费的绝对数，图 1 中用 ME 表示。因为相关数据区分了以当年美元表示的名义值与以选定的某个基准年度的货币（我们这里选定的是 2005 年不变美元）表示的实际值，为便于分析，我们用下标 n 和 c 分别加以标注，如 ME_n 表示军费规模名义值，ME_c 表示军费规模实际值。图 1 中，纵轴是军费绝对规模，横轴表

---

①　本文原载于《军事经济研究》2013 年第 3 期。

7

示年份。

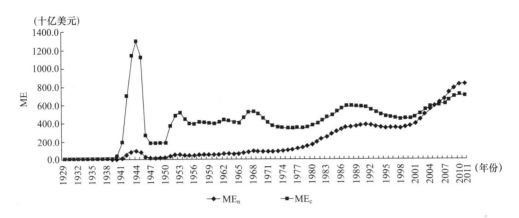

图1　美国 1929~2011 年军费绝对规模变化趋势

　　从图 1 中可以非常明显地看出，美国军费规模名义值与实际值的变化趋势很不一致，这主要是因为在此期间美元很不稳定，通货膨胀率比较高。仅从军费规模名义值来看，1929~1939 年数值较小且变化不大，而 1940~1946 年是一个明显的波峰，1947~1991 年一直都是处于上升阶段，而 1992~1998 年处于下降阶段，1999~2011 年则又处于一个上升阶段。但是，名义值并非是衡量美国军费规模的好指标，由于货币价值的变化，各年度的名义值其实是无法比较的，因此必须从实际值来比较各年度美国的军费规模。

　　美国的军费规模实际值在 1929~2011 年呈波动趋势，存在四个特别明显的波峰和四个非常明显的波谷，还有一个波峰似乎刚刚显现。五个波峰的时间段分别为：1940~1946 年，其中 1944 年是峰值，达 13033 亿美元；1951~1954 年，其中 1953 年是峰值，为 5164 亿美元；1966~1970 年，其中 1968 年是峰值，为 5299 亿美元；从 1977 年开始又转为上升，这一上升趋势一直持续到 1987 年，1987 年是峰值，为 5909 亿美元，之后呈下降趋势，这一下降趋势截止到 1998 年左右，实际值为 4475 亿美元；从 1999 年开始，美国军费规模实际值又开始上升，这一波上升趋势持续到 2010 年达到最高点，峰值为 7183 亿美元，2011 年开始显现回落趋势。除这些波峰和波谷之外，1929~1939 年这 11 年，美国军费规模实际值在我们的研究期间内处于历史最低水平，在 118 亿~204 亿美元之间，1936 年以前保持在 150 亿美元以下，之后缓慢上升到 1939 年的 204 亿美元。1940~1946 年则是一个突兀的波峰。从图可见，从 1968 年开始，大约每隔 10 年，美国的军费规模实际值就会呈现出下降或上升的周期性变化。

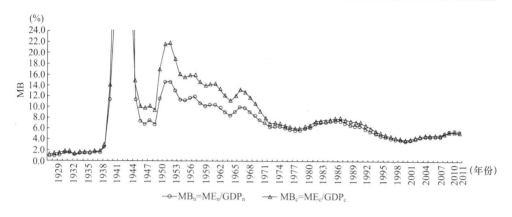

图 2　美国 1929～2011 年军费负担的变化趋势

2. 美国军费相对规模的变化趋势

美国军费的相对规模是用军费负担（MB）来衡量的，即军费占 GDP 的比例，它是用军费绝对规模除以 GDP 后所得到的百分比。在图 2 中，我们同样利用 NIPA（1929～1969 年）以及 NIPA（1969～2011 年）所提供的数据，计算出了 1929～2011 年美国的军费负担，分为名义军费负担（MBn）和实际军费负担（MBc），尽管其数值有所不同，但其变化趋势则几乎相同。我们将纵坐标在 24% 处截断，因此 1942～1945 年这四年军费负担特别高的数值未能在图中显示出来，1942 年 MBn 为 31.6%，1943 年为 42.4%，1944 年为 43%，1945 年为 36.7%，MBc 比 MBn 还要高一些。从整个研究期间来看，美国军费负担在 20 世纪 40 年代以前的 1929～1939 年是最低的，维持在 2% 以下的低位水平；1940～1970 年则非常高，波动特别明显；70 年代以后相对于 1940～1970 年则又要低一些，而且 80 年代比 70 年代要高，90 年代又比 80 年代低，21 世纪头 10 年又比 20 世纪 90 年代要高。大致上，美国的名义军费负担在 50 年代都是维持在 10% 以上的水平；60 年代在 8%～10%，即略低于 10% 的水平；而 70 年代则迅速从 1970 年的 8.4% 下降到 1979 年的 5.7%；80 年代则从 1980 年的 6% 上升到 1986 年的 7.4%；90 年代则从 1988 年的 6.9% 下降到 2000 年的 3.7%；21 世纪又从 2001 年的 3.8% 上升到 2010 年的 5.6%；从 2011 年似乎又开始下降。其中存在的一个长期趋势是从 20 世纪 50 年代开始，美国军费负担在反复波动中呈现出一个明显的下降趋势，不过自 1940 年以后美国的军费负担就一直比较高，很少低于 4%。期间存在几个明显的波峰：第一个波峰是 1940～1946 年；第二个波峰是 1951～1954 年，1953 年的峰值为 14.7%；第三个波峰为 1966～1969 年，1967 年的峰值为 10%；第四个波峰为 1981～1988 年，1987 的峰值为 7.4%；第五个波峰值为 2010 年的 5.6%。

二、美国军费规模发生变化的主要原因

人们常常用经济发展和威胁来解释军费规模的变化，这就是所谓的"野心假说"（Ambition Hypothesis）和"恐惧假说"（Fear Hypothesis）。野心假说是指经历了经济增长的国家会发展富于野心的外交政策，从而促使它们增加军费规模。这就意味着，一国军费规模随其经济实力而变，一国财富越多，其军费规模就越大。恐惧假说是说，当一个国家感知到对其安全的威胁水平上升时就增加其军事规模。那么，这能否解释美国军费规模的变化呢？

我们用 GDP 来衡量美国的经济实力，在图 3 中，我们将美国 1929～2011 年的 GDP 实际值（GDP$_c$，按 2005 年不变美元计算）和军费规模实际值 ME$_c$ 放在一起，左纵轴表示军费规模实际值，右纵轴表示 GDP 实际值。由图可见，美国 GDP 实际值在研究期间呈现出明显的长期上升趋势，但是军费规模实际值呈现的长期趋势是在波动中上升。据此可以判定，美国军费规模肯定受到 GDP 规模的影响，但肯定又不只只受到 GDP 的影响。

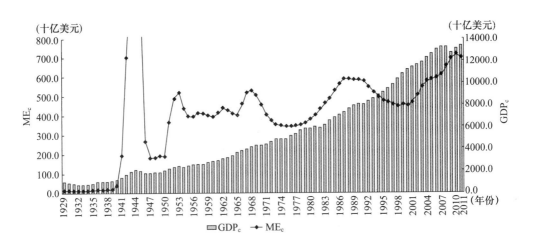

图 3　美国 1929～2011 年军费规模与 GDP 的变化趋势

再结合图 1 和图 2 来看，美国军费规模的变化显然与战争因素有关，并且世

界大战所导致的军费规模变化要比局部战争更大。无论是军费的绝对规模还是相
对规模（军费负担），我们发现美国军费规模变化趋势中存在的波峰与战争几乎
一一对应。显然 1941~1945 年美国军费规模高主要是因为第二次世界大战，战
后美国开始大规模裁军，军费规模因此快速下降。除 1941~1945 年外，美国军
费规模的总趋势还是随其 GDP 的增加而上升的。但是，从更小的时间段上看，
1952~1955 年、1967~1977 年和 1988~1998 年，美国的军费规模都是呈下降趋
势，而这些时期的 GDP 却都是持续上升的。这就说明，不能纯粹用经济增长来
解释这些时期的军费规模的变化。实际上，这三个时期分别对应着三个核心事
件，第一个核心事件是 1951~1953 年的朝鲜战争，第二个核心事件是越南战争
（特别是 1966~1968 年），第三个核心事件是东欧剧变和苏联解体（1988~1991
年）。这三个事件可能更加能够解释美国军费规模在这三个时期的变化。战争时
期军费规模增加，战后裁军和削减军费，都是非常容易理解的。而东欧剧变和苏
联解体，美国的主要竞争对手力量大幅减弱，美国的安全威胁相应得到大幅度缓
减。而 1955~1967 年和 1978~1987 年美国军费规模的上升主要与美苏冷战加剧
有关，因为 1979 年伊朗霍梅尼政府的上台、1979 年 11 月美国驻伊朗大使馆被占
事件以及 1979 年 12 月苏联入侵阿富汗使得美国感知的威胁水平上升，因而开始
提高军备水平。

　　从时间上看，1940~1990 年，美国的防务负担都比较高，这一时期除第二
次世界大战以外，基本上处于美国和苏联两个超级大国之间的冷战时期，而 20
世纪 50 年代初期的朝鲜战争以及 60 年代的越南战争实际上都是冷战这个大背景
下的产物，本质上是美苏两国相互争夺势力范围的结果。1991 年苏联的解体标
志着冷战的结束，美国成了世界上唯一的超级大国，无论在政治上、经济上还是
军事上，没有哪一个国家能与其匹敌。这一阶段，美国人可能因此认为安全威胁
大幅度下降了，因此有一个将近 10 年的军费裁减期，尽管 1991 年美国发动了海
湾战争，但因为战争持续时间较短，其对美国军费规模的影响非常有限。

　　1999 年、2001 年和 2003 年，美国先后发动了科索沃战争、阿富汗战争和伊
拉克战争。这三场战争使得美国的军费规模大幅加重，军费负担也有所加重。一
方面固然因为 2001 年的 "9·11" 事件使美国人感受到的威胁再次上升，但是更
重要的原因恐怕是美国企图进一步加强对全球的控制，为巩固其世界霸主地位谋
篇布局。第二次世界大战之后到 1991 年，美国参与的所有战争或国际军事行动
几乎无一不与苏联争霸以及争夺势力范围有关，这个冷战的大背景是理解美国军
费规模的关键因素。冷战结束后，国际力量对比严重失衡，美国在军事、科技和
经济等诸多领域拥有超群优势，成为唯一的超级大国，确立了以维护美国霸权为
总目标的国家安全战略，即霸权战略。同时制定了三大具体目标，即维护美国及

盟国的安全、扩展美国经济、在世界推进美式民主。冷战后美国的对外政策就是围绕这"一个中心，两个基本点"展开的。美国利用冷战后旧格局已被打破，新格局尚未确立这一历史机遇，加快全球战略扩张，企图按照自己的意愿建立单极世界。通过第一次海湾战争，美国打击了伊拉克地区霸权主义，主导和控制了海湾地区的局势；通过北约东扩和科索沃战争，挤压了俄罗斯的战略空间。布什政府在任时，受共和党保守主义的影响，开始调整美国安全战略和对外政策，突出维护国家安全，将俄罗斯和中国作为潜在的战略竞争对手。2001 年，借"9·11"事件和反恐之名，美国通过阿富汗战争实现了首次进驻中亚，增加了对南亚局势的影响力，并对中国西部边陲构成了威胁。2003 年发动的伊拉克战争，是美国推行全球战略扩张的一个重要步骤，在布什的心目中，发动这场战争关系到美国的眼前和长远安全，关系到美国的世界霸权地位。通过战争，美国不仅可以拔掉伊拉克这个眼中钉，在伊斯兰世界建立维护美国利益的战略同盟，还可以控制欧亚大陆的核心地带；控制了伊拉克，就可以摆脱严重依赖沙特阿拉伯石油的局面，这对掌握世界石油供应主动权有极大的战略意义；另外还能实现对俄、欧、中、印等大国的战略牵制。因此，毫无疑问，美国在 21 世纪头十年打三场战争，都是为了在欧亚大陆打入楔子，通过扶持亲美政权和势力，建立巩固的战略基地，同时控制这一地区最重要的石油资源，以达到挟"战略要地和石油以令各国"的霸权局面。

需要说明的是，野心假说和恐惧假说其实难以分开。在战争时期，威胁或恐惧是非常确定的，但同时经济因素肯定也在起作用；而在和平时期，威胁或恐惧即使能够感知，也不如战争时期那么确定。潜在的敌人和朋友的划分通常是以利益为依归，在各国互相交往的和平时期，国家之间的竞争与合作同时并存，亦敌亦友的关系是存在的。另外一个值得注意的现象是，美国提出要重返亚太，这种战略上的调整直接表现在美国军事力量部署逐步向亚太地区转移，无疑美国的战略东移会对我国产生诸多重大影响。不过，2007 年美国爆发了次贷危机，进而演变为金融危机，美国国内问题的重要性相对上升，美国政府财政赤字较高，因此从 2011 年开始，美国的军费规模显现了下降趋势。从美国国防部提供的2013～2017 年国防预算估计来看，今后五年内，若无重大国际事件发生，美国军费规模的下降趋势应该会持续。据此似乎可以认为，美国亚太军事力量的加强应该放缓。

三、结论与启示

综合上述分析，我们可以明确得出以下结论和启示：

经济增长对美国各个时期的军费规模具有重要影响，从长期趋势来看，美国军费规模与其 GDP 之间存在较为明确的正向联系。美国军费规模在某些时期的急剧增加几乎都与战争有关，但战争与军费规模增长其实是同一枚硬币的两面，美国参与战争的最终目的，无一不是为了保护、巩固或扩大其权利与利益。

第二次世界大战之前美国的军费规模相对而言较小，但"二战"之后美国的军费规模一直居高不下。这是由美国在国际政治经济格局中的地位变化所决定的，美国的超强地位和维护世界霸权的战略意图决定了美国的军费规模在今后很长一段时期内都将维持在高位水平。美国军费规模从 20 世纪 60 年代末期以后呈现出一定的周期性涨落，大体上以 10 年为一个周期，交替出现上升和下降两种趋势。具体而言，1969～1976 年处于下降阶段，1977～1987 年处于上升阶段，1988～1998 年又处于下降阶段，到 1999～2010 年再次处于上升阶段。

从美国军费变化趋势与原因的分析中，可以看出经济增长和威胁感知是导致军费规模发生变化的两个主要原因。这一点对我国颇具启示。众所周知，我国自改革开放以来，经济发展非常迅速，经济实力大为增强，这为我国增加军费投入奠定了很好的财政基础。我国与周边国家间的领土争端一直没有解决，黄岩岛和钓鱼岛问题就充分说明，我国面临的安全形势不容乐观，国民的威胁感知明显上升。要解决好领土争端、国家统一以及战略利益拓展等问题，必须有强大的军事力量做后盾。我国目前的军事实力与所面临的使命任务相比还有差距。据此，我国在保持国防建设与经济建设协调发展的基础上，需要而且必然进一步加大军费投入力度，加快国防和军队建设步伐。

要高度警惕并充分估计美国在战略上重返亚太对我国可能产生的影响。奥巴马连任后立马访问缅甸、泰国和柬埔寨。通过阿富汗战争，美国已对中国西部构成威胁，在东亚加强美日韩同盟关系，并长期以台湾问题牵制中国，现在又进一步拉拢东盟国家。种种迹象显示，美国加快了在亚太地区合纵连横的步伐，围堵遏制中国、夺控亚太地区主导权的战略意图表露无遗。毫无疑问，美国重返亚太无论是在经济上还是在军事上，都会增加我国维护和拓展国家利益的成本。不过，我们也要看到，美国的阻力肯定是有限的。美国联邦政府短期内财政吃紧，国内经济增长乏力，这就决定了美国在亚太军事力量的增加会受到约束。亚太一些国家虽期望引入美国因素来制衡中国，但它们肯定也不会一边倒，必有其各自的利益考量。只要我们能够保持经济增长势头，并加快提升军事能力，就依然能够不断扩大地区和国际影响力。

注：本文为国家社会科学基金项目"军民融合背景下军费投向投量及优化研究"（编号：11JBY134）中的部分成果。

参考文献

［1］ SIPRI Military Expenditure Database 2011，http：//milexdata. sipri. org，2012 年 8 月 13 日进入数据库。

［2］ USA Office of Management and Budget，Historical Tables，Budget of the United States Government，Fiscal Year，2013.

［3］ USA Department of Commerce，Bureau of Economic Analysis，NIPA Tables，Data Published May 31，2012，http：//www. bea. gov.

［4］ Brauer，Jurgen，"Data，Models，Coefficients：The Case of United States Military Expenditure."Conflict Management and Peace Science，No. 24，2001，pp. 55 – 64.

［5］ Castillo，J.，Lowell，J.，Tellis，A. J.，et al.，Military Expenditures and Economic Growth，Chapter 4，pp. 49 – 56，www. rand. orgpubsmonograph ＿ reports. MR1112. pdf.

［6］ USA Department of Defence，National Defense Budget Estimates for FY 2013，pp155 – 168.

试论军民融合国防研发投资的中介形式[①]

梅燕秋　张伟超

军民融合是推进国防建设和经济建设交融发展的重要战略举措。国防实力的提升要以科技创新为基础。在当今社会的经济技术发展条件下，为国防研发提供有力的资金支持，不仅需要政府加大投入，也亟须社会的大量投资。而我国现行的国防研发体系与改革开放以来不断完善的市场经济体系形成了巨大反差。充满活力的资本市场在四处寻找投资出路，而遇到资金瓶颈的国防研发却在苦苦等待财力补给的甘露。国防建设和经济建设都迫切需要投资中介。只有建立健全军民融合的国防研发投资中介，才能让翘首期盼的国防研发方和市场投资者都找到洒满阳光的途径。

一、军民融合国防研发需要多种形式的投资中介

改革开放 30 多年特别是 21 世纪以来，我们在军民融合式发展路子上已经迈出了坚实步伐，军民融合式发展取得了重大成就。但必须看到，我国军民融合式发展仍处于初级阶段，军民分割、自成体系的问题依然很突出。在更广范围、更高层次、更深程度上推进军民融合，要求在加强军民融合发展战略规划、体制机制建设、法律法规建设上下功夫。抓住当前影响军民融合式发展的主要矛盾和问题，是推动军民融合式发展的重要着力点。在我国，符合市场经济要求的国防研发技术创新投融资体制还在探索之中，缺乏支撑国防研发的投资支持体系，使得军工的技术进步乏力。社会融资渠道不通畅，风险投资不发达，资本市场的融资功能未能充分发挥，大量的民间资本难以有效地参与国防研发。针对军民融合发

---

①　本文原载于《中国军转民》2003 年第 11 期。

展中存在的投资主体单一、投融资存在困难、信息交流不畅、投资监控不力、地方投资进入国防研发和装备建设存在诸多壁垒等问题，应该尽快建立健全多种形式的军民融合投资中介去拓宽投资渠道，扩大投资规模，提高投资效率，满足国防研发的投资需求。

军民融合国防研发投资中介是由军民双方共同参与的国防研发投资机构。采取军民融合的方式建立专门的投资中介去促进国防研发和国防科技的发展，发挥军队和地方、国防部门与民用部门的两方面优势，将国防研发、国防科技发展、国防建设和军队建设深深融入国家经济社会发展体系中去，可以有效避免军民重复建设、分散建设问题，最大限度地节约资源，形成国防建设与经济建设的良性互动。以武器装备更新换代为物质基础的世界新军事革命的迅猛发展迫切需要我国国防科技和国防研发的紧步跟进，国际形势的风云变幻和我国周边安全的险峻态势迫切需要我国国防科技和国防研发的跨越发展，以在信息化条件下能打仗、打胜仗为目标的军队现代化建设迫切需要我国国防科技和国防研发的长足发展。而国防科技和国防研发的进步和发展需要大量且高效的投资，而目前我国军品和民品的研制在投资、人员、技术、设备等方面还难以形成高效互动的情况下，要求我们积极探索和建立中国特色的军民融合的国防研发投资中介，解决军民融合国防研发投资的资金不足、效率低下、发展缓慢的问题。

军民融合国防研发投资中介具有多种形式，可以从不同的视角进行分类，如可以分为投资类国防研发投资中介、融资类国防研发投资中介、保险类国防研发投资中介、信息咨询类国防研发投资中介等；既可以按业务特点来划分军民融合国防研发投资中介，也可以按中介功能划分军民融合国防研发投资中介。遵循现代市场经济的特点和规律，建立健全有多种形式的军民融合国防研发投资中介，才能推动我国国防科技和国防研发更好更快地发展。

二、按业务特点分类军民融合国防研发投资中介

按业务特点分类军民融合国防研发投资中介，可划分为银行类投资中介、非银行类投资中介和技术类投资中介。银行类军民融合国防研发投资中介主要是以存款的方式获得资金的来源，以贷款为主要的资金运用方式；非银行类的军民融合国防研发投资中介主要是以特定的方式（如销售保单等）获得资金来源，以特定的方式（如税收补偿等）运用和分配资金；技术类军民融合国防研发投资中介是主要通过技术投资的业务活动促进国防科研技术与民用科研的相互渗透。

就银行类投资中介而言，可以着力于金融领域，在各大商业银行专门设立一个直接与军工企业和民营企业桥接的部门，吸纳和聚集民间资金投资于国防研发项目。经过调研发现，一些军工企业在进行国防研发或者生产的时候，60%～70%的资金都是自己筹集的，资金筹集成为一个比较困难且相对漫长的过程，成为妨碍企业集中精力进行科研与生产的最主要问题。建立银行类军民融合国防研发投资中介机构，可以有效地促使资金从金融流通领域向国防科研和生产领域转移。相关政府部门可以利用金融改革和银行整顿的有利时机，建立健全银行储蓄保险制度，吸收更多的居民储蓄用于国防研发投资，为资金出现困难的国防研发企业或项目提供专项贷款。

非银行类国防研发投资中介包括保险类、基金、证券等一些中介机构。可以建立完善相关保险公司或保险业务促进国防研发。保险公司是一种契约型的中介机构，虽然不能避免或减少国防研发投资风险发生的概率，但是可以分散风险并为国防研发投资损失提供经济补偿。还可以建立国防研发发展基金促进国防研发。通过在一些地区、地方或城市设立一些与国防研发相关的基金会，比如说国防研发小企业基金会、基础研究基金会或国防研发发展基金会等。这些基金会为国防研发的项目提供贷款或公开支持，贷款和支持的金额要根据各方面的情况具体实施。主要是对已有少量市场份额并正在开发更广阔市场的技术导向型国防研发、生产企业发放贷款。通过基金会提供为期一年到一年半的无息贷款等业务，这样可以在一定程度上解决一些军工企业的资金周转不灵问题。我国国防研发生产领域，除了十大军工集团，其余大部分为中小企业。而这些中小企业大部分依附于大企业，主要靠着大企业的接单然后再与其合作，因此国防研发生产就分散于多家企业。为了扩宽中小企业的融资渠道，还可以采取设立由银行、证券和保险公司等金融机构出资的民间风险投资公司，允许中小企业发行股票和债券等措施。

技术类国防研发投资中介机构能够有效促进民用技术和军用技术的互相渗透和相互融合。各级政府可以设立相应的国防研发科技管理协会和国防研发技术投资促进机构，在制定与军事有关的装备科研规划时注重军民融合，协调好国家科学技术委员会和军工部门之间的关系，沟通军方与民方的需求，促进技术投资，特别注意收集地方科研机构和高等院校的相关研究成果，将有价值的科研技术成果及时转为军用，发挥其在国防建设中的作用。诸如此类的国防研发投资中介机构可以更好地实现军民融合，促进技术投资，使军用技术和民用技术优势互补，降低国防装备的开发、研制与生产成本，提高国防装备产品的性价比，也有助于解决国防研发和生产中资金短缺、重复劳动和资源浪费的问题。

三、按中介功能分类军民融合国防研发投资中介

军民融合国防研发的投资中介的主要功能有：资金筹集、风险防范、成本控制和信息交流。按中介功能对军民融合国防研发投资中介进行分类，可以分成资金筹集型投资中介、风险防范型投资中介、成本控制型投资中介、信息交流型投资中介。

资金筹集型投资中介主要为国防研发提供资本。解决资金供给问题。资金筹集型投资中介可以充分发挥资金筹集功能，通过跨时间、跨空间、跨行业的资金转移为国防研发提供投资，或为国防研发的资金周转提供更多方便。除了专门的资金筹集型国防研发投资中介机构外，国有商业银行、小额贷款公司、证券公司等一些融资投资类的机构也可以发挥为国防研发筹集资金的作用。在现代市场经济中，证券市场吸纳的资金可以成为国防研发企业的长期资金来源。资金筹集型投资中介发挥其资金筹集功能，可以介入证券市场、开展证券业务、沟通资金供求。还可以组织一些军工企业通过发行证券的形式获得资金来源，甚至构造证券市场，推动企业并购，促进产业集中，最终实现为国防研发机构提供稳定的资金来源，并优化国防研发资源配置。我国上市的军工企业当前军工资产证券化率较低，各大军工集团旗下的上市公司的总资产占集团总资产的比例均小于20%，航天科技、航天科工、兵器集团上市资产占总资产的比例分别为10.67%、13.59%和16.30%，各大集团仍有大量的资产没有上市。资金筹集型投资中介要推动已经上市的国有控股公司通过增资扩股、收购资产等方式，把主营业务资产全部注入上市公司；推动、支持不具备整体上市条件的中央企业，把优良主营业务资产逐步注入上市公司，做优做强其上市公司。

风险防范型投资中介主要为国防研发分散投资风险。风险防范型投资中介可以充分发挥风险防范功能，分散和转移国防研发的投资风险，为国防研发提供更好的风险控制。建立健全风险防范型投资中介，应建立起相关的国防研发的风险投资基金，建立起相关的保险公司，担保公司等。风险投资在信息经济时代已成为知识型经济和技术发展的重要动力之一，对于形成国防经济发展的高技术支撑平台和推动国防科技与高技术武器装备的发展进步，具有不可替代的作用。风险投资基金是一种以促进高科技产业发展为目的的金融投资中介制度的创新，可以利用它促进国防研发投资中介的完善。我国陆续有了一些风险投资基金公司，但还基本上没有触及国防研发领域，要大力支持这方面的发展。担保公司也是军民

融合国防研发风险防范型投资中介的重要形式。在进行一项新的国防科技研究时，肯定存在一定的风险，企业或科研单位就需要一种担保机构分散自己的风险。这类担保公司可以以政府名义设立，但开展业务时也应对担保的国防研发进行调研，分析其可行性，如果可行，就可以对此项国防研发进行担保，担保的资金可以根据相关规定的百分比担保。国防研发担保制度的建立，意义十分重大，是化解国防研发风险的一个重要手段。

成本控制型投资中介主要为国防研发降低交易成本和参与成本。成本控制型投资中介可以充分发挥成本控制功能，降低国防研发企业或项目的参与成本和交易成本，提高国防研发投资效率。军民融合国防研发投资中介的核心作用就是充当军民之间、资金需求者和资金供应者之间的重要中间人。成本控制型投资中介，作为高科技产业发展过程中投融资系统中的关键环节，作为资金需求者和资金供应者互相结合的中介，以最低成本实现资金所有权与经营权的分离，对国防研发及其产业发展的作用如同杠杆的支点。发展成本控制型投资中介，可以降低国防研发的交易成本。传统经济学理论认为，市场交易会在价格调整下自动达到帕累托最优，完成交易途径中的消耗可以忽略不计，投资中介没有存在的必要。随着市场化的深化，交易范围扩大，交易数量增加，交易成本不断增大。现代经济交易中的消耗已经不能像传统经济一样简单地忽略。有了投资中介，可以将零散的个人投资集中起来，化零为整，通过规模经营和专业化运作在为投融资双方提供资金融通的同时，降低交易的单位成本，从而优化国防研发投资。投资中介通过筹集各种期限、数额不一的资金进行规模经营，不仅使购买了国防研发投资中介机构发行的金融产品的投资者获益；同时又能够使需要大笔资金支持的需求者得到满足。在军民融合装备研发投资中，军民之间本来就存在资本进入壁垒，交易成本比普通投资更高，特别需要投资中介机构来发挥降低交易成本的作用，提高国防研发的效率。发展成本控制型投资中介，还可以节约国防研发的参与成本。一般来说，投资者希望得到高回报就必须学习与投资相关的专业知识，需要花费大量的成本，这是构成参与成本的主要部分。与降低交易成本问题类似，在没有投资中介存在的情况下，国防研发投资的参与者也将花费大量的前期成本，且投资效率也不能得到有效的保障。解决这个问题的有效途径就是建立健全专门的国防研发投资中介机构，集中性地管理零散的投资，从而提高国防研发投资的效率。

信息交流型投资中介主要为国防研发解决投资信息交流问题。信息交流型投资中介可以充分发挥信息交流功能，改善国防研发领域的信息不对称问题，在军方与民方之间、投资者和资金使用者之间建立起沟通的桥梁。随着资本市场的快速发展，社会经济体系日益复杂，对信息的加工难度也越来越大。由于保密等原因，军民两方在进行国防研发投资时所获得的不是很完整或者很真实的信息。国防研发资金的需求者和市场投资者对于真实、有效信息的渴望都十分强烈。专门的信息交流型投资中介对于满足投资相关方的需求十分必要。一般的资讯评级公司、财务顾问公司、会计事务所等中介机构，作为信息交流平台也可以开展此类业务。在如此纷繁复杂的现代市场，单个投资者基本上不具备挖掘、加工投资信息的能力。投资中介的出现能够通过对国防科研创新的评估、策划，更好地公开国防科技创新的指向和成果，让投资者更加了解国防科技创新背后的巨大商机。通过利益诱导和利益的驱动推动国防科技创新成果的大量涌现。信息交流型投资中介可以从权威的角度为投融资双方提供具有较强公信力的信息，为投资者的准确决策提供重要依据，提高投融资双方防范风险的能力。建立健全信息交流型投资中介，要构建信息交换平台，充分展示军民融合装备研发的最新成果和新的投资意向，明确投资资金的来源、周期和数额，为国防研发吸引更多的资金支持；也要保证信息的可靠性，保证国防研发投资信息的真实性、准确性、及时性和中立性，为国防研发顺利进展和投资者取得合理收益提供有效保障；还要建立信息反馈机制，使投资者对投资项目进行跟踪管理，对研发单位和企业进行监督与约束，保证资金的有效利用。

四、投资中介的军民融合性质及其对融合的促进

我国的国防科技经济发展自成体系，长期以来基本在封闭的环境下运行，与市场脱节，与外界缺乏联系。国防研发投资基本依靠政府的财政支持，社会资金很难进入。由于国防研发本身的外部性和公共产品的性质，研发投资受到的技术风险和成本风险比较大，加上武器装备研制的科技含量不断增加，装备科研的难度日益增大，研发的周期日益拉长，所需要的科研经费也呈增长趋势，仅靠军方投资、军工企业自筹资金进行国防研发已经很难满足现实需要，必须走军民融合的路子。建立健全国防研发投资中介，不仅是为了在国防研发领域沟通军民关系，促进军民融合，其本身也具有军民融合的性质。

走中国特色军民融合式发展路子，既是兴国之举，又是强军之道。中国科技发展战略研究小组在《加快建设军民融合的国家创新体系》中指出"军民融合"的内容主要包括：发展军民两用技术，实现军民两用技术的商业化和产业化；加强军民双向技术转移；在国防采办全过程推进军民一体化；在部门管理层次上推进军民一体化；在产业链分工层次上推进军民一体化等。军民融合国防研发投资

中介，是在军民融合的大背景下建立起来的、具有军民融合性质的、以促进军民融合式国防研发为目的的投资中介。投资中介是组织形式，国防装备研发是目的，军民融合是背景、是基础、是性质、是方法、是途径。在更广范围、更高层次、更深程度上把国防和军队现代化建设与经济社会发展结合起来，为实现国防和军队现代化提供充足的资金和可持续发展的后劲，要求我们建立健全军民融合性质的投资中介。

军民融合式国防研发投资中介，是黏合剂，是润滑油，既能有效促进国防建设，也能有效促进国家经济建设，还能在二者结合的基础上实现更广范围、更高层次、更深程度的军民融合。作为促进投资的专门性活动或专门性机构，军民融合式国防研发投资中介，是通过军民双方对物质资本专用性和人力资产专用性的合理共享和效率提升来促进军民融合的。经济学家威廉姆森从资产专用性出发，曾分析了物质资本专用性、场地或区位专用性、人力资产专用性、特定资产专用性等。投资中介在物质资本专用性和人力资产专用性方面促使军民双方的合理共享，实现了效率的提升，促进了军民融合。作为促进投资创新和技术创新相结合的机构，军民融合式国防研发投资中介，是在经济、技术扩散理论的基础上来促进军民融合的。投资中介通过经济利益的牵引使军民双方结合起来，共同推进具有创意的国防研发项目付诸实施，共同推进具有先进性的国防科研成果的产业化、产品化，实现战斗力的提升或生产力的提高。由于技术的外部性，生产军品厂商所拥有的技术和生产民品厂商所拥有的技术之间如果相互影响、渗透、模仿、创新便可以从中双赢获益。军民融合的技术扩散，使高新技术研发既能够满足军事需求，又有充分商业价值的技术。军民两用技术双向溢出的过程也就是军民融合的实现过程。军民融合式国防研发投资中介活动，业务跨度大，涉及方面广，在军民之间架起了投资、科研、开发、生产的桥梁，对整个国防建设与国民经济体系的融合发展将产生积极的推动作用。人类所有的经济行为都是在尽量减少投入的前提下，尽可能多地产出成品，军民融合式国防研发投资中介，在促进军民双方降低重复投入、提高社会资源利用效率的同时也促进了军民融合的发展。

参考文献

[1] 总政治部宣传部. 党的十八大的基本思想、基本观点、基本要求 [Z]. 2013.

[2] 阮汝祥. 中国特色军民融合理论与实践 [M]. 北京：中国宇航出版社，2009.

[3] 杨德勇，李杰. 金融中介学教程 [M]. 北京：中国人民大学出版

社.2011.

[4] 范肇臻.俄罗斯工业军转民政策视角研究 [J].边疆经济与文化,
2012 (4).

[5] 王颂.美国国防科技工业投资体系对我国的借鉴意义 [J].经营管理
者,2009 (11).

[6] 范肇臻.中国国防科技工业探索改革30年——一个金融支持的视角
[J].中央财经大学学报,2008 (9).

[7] 游光荣.加快建设军民融合的国家创新体系 [J].科学学与科学技术
管理,2005,11 (5).

金融支持之于国防科技创新①

旷毓君　纪建强　胡庆元

国防科技创新是国家创新体系的核心组成部分，也是世界各国科技发展战略的重点领域。在影响国防科技创新成功的诸多因素中，完善的金融支持体系发挥着不可替代的作用。融资模式、资源配置手段与国防科技创新活动的匹配程度，影响金融体系支持功能的发挥。在国防经费有限的情况下，如何构建一个良好的金融支持体系，进一步提高国防科技创新经费使用效益，鼓励和引导社会资金为国防科研服务，就成为当前我国国防现代化建设的重要课题。

一、金融体系对国防科技创新的支持功能与国防科技创新金融需求特征

金融支持国防科技创新是一项复杂的系统工程。完成这项复杂的系统工程，不仅需要计划手段对资金的调节作用，也需要市场机制的激励约束功能。金融体系对国防科技创新的支持功能表现在：一是筛选创新项目。并不是每一种国防安全需求都能进入科技研发环节，在项目的需求论证、方案设计阶段，经济性往往是硬性的约束条件，决策者只能选择能够负担得起的项目。金融体系的约束功能使国家能够把资金投入到获得最大效用的国防科研项目上。二是筹集创新资金。国防科技创新的各个阶段都离不开资金支持这一必要条件。完善的金融体系，能够给不同风险偏好的个人、银行等金融机构以及政府部门提供多种投资渠道，并按照国防科技创新各阶段的特征有效配置资源，解决其融资问题。三是监督创新过程。在提供金融支持后，出资者为确保投资有所回报，有动力对创新主体的资

---

① 本文原载于《军事经济研究》2014 年第 1 期。

金使用情况进行监督，以尽量避免或减少道德风险的发生。四是分散创新风险。借助金融系统的制度和组织形式，可以把风险转移、分散给那些愿意承担、并期望从其中获取高额收益的机构和个人。特别是运用具有不同风险和流动性的金融工具，可以将国防科技创新风险在各主体之间进行合理分配。

当然，金融体系支持功能的发挥受制于多种因素，创新过程对资金需求规模、方式的匹配程度是主要因素之一。由于处于不同过程阶段的国防科技创新具有不同的特点，其融资需求也各不相同。

在知识创新阶段，还没有形成系统的特定知识体系，处于对未知世界普遍规律的探索过程。研究工作的重点是以国家安全为目的，进行新概念、新原理、新方法、新材料的科学探索，为解决未来相当长一段时间（通常至少要 10 年以上）武器装备研制中的技术问题提供基本知识，其成果形式主要是科研论文、著作和研究报告等。因此，这一阶段资金的需求量相对较少，主要用于发放科研人员的工资和购买实验消耗的器材物资，资金来源以国家财政和少数基础研究基金为主。如 2010 年，美国国防科研投资中基础研究总经费只有应用研究总经费的一半，但政府提供了其中绝大部分。

在技术转化阶段，是在已有科学原理基础上，以直接解决当前和近期军事应用问题为主，研究、开发、定型、试验和生产制造武器装备。其成果形式是以满足前期规划设计战术指标要求的武器装备。因此，此阶段需要进行大量的方案探索、技术攻关、样品生产、测试检验，材料、器具消耗大，需要长期大量的资金投入。而且，这个阶段要实现从方案到型号的关键性跳跃，技术风险、进度风险、管理风险、费用风险交织，不确定性因素多。由于风险太高、周期较长，一般情况下商业银行不愿意向其提供贷款支持，除风险投资外其他资金也不敢涉足，因此，在政府资金、风险投资和创新主体内部筹资至关重要。

在推广应用阶段，创新主体主要以军工企业为主，主要任务是按时、保质完成批量化生产任务。军工企业为了扩大生产规模，需要进行新型武器装备生产线的装配，相关技术开发，仍然需要大量资金支持。但这一时期风险相对较低，企业可以利用自身的融资能力从商业银行贷款，具备条件的也可以通过上市或发行债券从资本市场上直接融资，如果制度允许的话，一些信托、券商等中介机构也乐意提供一定的信贷支持，会以不同方式介入到此阶段的融资活动中来，市场融资可以成为主要融资手段，融资方式也更趋多元化。

二、国防科技创新金融支持体系的构建

通过对不同阶段国防科技创新融资需求分析表明，构建一个完善有效的国防科技创新金融支持体系，要求资金供给来源的多元化、融资方式的多样化、资金匹配的合理化。对此，可按以下思路进行。

一是政府金融与商业金融支持并举。国防科技创新既有投入规模相对较小、风险一般的阶段，也有投入高、风险高与投入高、风险相对较低的阶段。单一的政府资金或者社会资金都无法完全适应这种动态变化特点，当国防科技创新风险高又没有显著经济效益的时候，政府资金显得尤为重要，当风险较低并可以通过"军转民"获取经济效益时，应吸纳社会上的商业资本，发挥金融支持的监督控制功能，提高金融资源配置效益，并有效减轻国防建设对国家财政支出的压力。

二是计划手段与市场机制并用。国防科技创新过程的各个阶段资金需求规模不同、风险不一、成果形式多样，仅仅依靠计划或市场某一种方式来解决国防科技创新融资约束难题，很难达到资源的优化配置，而是需要发挥计划与市场的协调作用，在不同时期采取不同融资方式，实现金融资源利用效率的最大化。如基础研究的知识创新过程，成果不易被观测和及时转化形成收益，需要运用计划手段分配资源，确保科研人员有稳定收入，并能接受研究过程的高失败率。在技术转移阶段，资金需求大、不确定性因素多，需要同时运用计划和市场两种手段调整分配金融资源。在推广运用阶段，不确定性因素相对较少，潜在经济收益巨大，需要更多地利用市场机制进行资源配置。

三是按项目涉密程度采取相应融资方式。由于国防科技领域投资的特殊性，必须要考虑融资可能引起的国家机密泄露风险。出于保密安全需要，可根据国防科技创新项目涉及国家秘密的程度分类设置融资模式。对事关国家核心秘密的，宜以国家直接投资为主等较为安全的融资方式进行；对国家安全影响不大的，可采用市场化的融资手段，通过股票、债券、贷款等金融工具筹集资金；介于二者之间的可采取国有银行贷款，或在进行严格审查基础上通过市场融资。

四是法律法规是重要保证。法律法规是金融体系运行的制度环境。健全的法律法规体系创造良好的融资环境和金融秩序，减少融资活动的交易成本，降低资金供需双方信息不对称程度，提高融资效率。我国资本、金融市场刚刚起步，法律法规体系不是很健全，针对国防科技创新融资的法规则更少。与美国出台的

《国防合同法》《合同竞争法》《国防拨款授权法》《国防拨款法》《信托法》《证券法》等众多法律相比，我国还存在很多法律空白，融资活动主要依靠行政审批，计划机制与市场机制还没有很好的协调，阻碍了国防科技创新活动融资方式的多元化发展。

按上述总体思路，可以构建国防科技创新金融支持体系框架如图1所示。

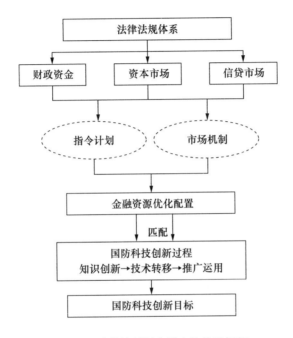

图1 国防科技创新金融支持体系框架

从图1可以看出，可以用"三体两制一系"来描述国防科技创新金融支持体系。"三体"，一是以国家财政直接投入为主的拨款体制；二是以资本市场为主导的直接融资体制；三是以信贷市场为主导的间接融资体制。"两制"，一是高度集权的指令机制；二是灵活分散的市场机制。"一系"是指法律法规体系。该金融体系以"三体"为资金来源基础，以"两制"统筹协调资金流向，以"一系"为融资环境，并根据国防科技创新过程的不同阶段，将各种金融资源进行优化配置，最终实现国防科技创新目标。

三、金融支持国防科技创新的政策取向

1. 加强对政府投资的监督管理

国防科技创新的特殊性，决定了财政资金仍然是国防科技创新的重要来源之一。但在不断加大政府财政资金投入力度的基础上，必须对政府投资进行有效规范。首先对政府投资的领域要有科学判断，只有那些有关国家安全核心技术、不宜采用市场化融资的项目，才应主要由政府出资。其次对政府出资的时机要准确把握，在预研、科学试验等阶段，以政府投资为主，但对后期定型和生产阶段可以在适当保密情况下，尽量吸引社会资金。最后要对政府投资决策进行监督评价，设立专门机构对投资效果进行监督检查，形成反馈机制，提高投资决策科学性。

2. 改革军品价格形成机制

一方面，固定利润的成本加成定价忽视了军品中的无形价值，很容易扭曲金融资源配置，导致国防科技创新特别是在生产过程中的低效率。而在激烈市场竞争中，低效率企业无法对投资者形成足够吸引力，很难通过市场方式从资本市场、信贷市场筹集到发展所需资金。另一方面，固定利润率的军品定价模式无法从金融市场吸引追求高收益的风险资金，难以发挥金融体系的风险调节作用。

3. 建立政策金融与商业金融协调配合机制，构建多层次金融支持体系

虽然财政资金是国防科技创新中不可缺少的金融资源，但公共财政的特点决定了"政府失灵"在所难免；商业金融虽然市场约束力强，但其逐利的本质又使它很难及时为处于不同阶段的国防科技创新提供融资帮助。因此，必须强化政策金融与商业金融的协调配合机制，优化金融资源配置。首先是完善资本市场与信贷市场，为各类资金提供更多投资途径。其次是创新融资模式，根据国防科技创新各阶段的特点，着力推进金融产品创新，平滑分散各阶段风险。最后是出台政策，优化调整主板市场、债券市场和票据市场的准入制度，为国防科技创新项目融资开辟绿色通道。

4. 深化军工企业改革，规范企业融资行为

首先要完善集团公司治理结构。军工企业多层法人治理结构过于复杂，集团

公司与下属子公司的权利、义务不明确。要在探索合理的集团公司治理结构的基础上，完善公司治理章程，建立起真正意义上的法人关系。其次要完善上市公司治理结构。发挥股东大会、董事会、独立董事对公司经理层的监督作用，同时借鉴其他上市公司经验采取各种手段对公司高管进行激励，促使其以股东利益最大化为目标。最后要改善军工企业股权结构，即进一步探索国有股比例问题，优化股权结构。

参考文献

［1］董景荣，周洪力.《技术创新内涵的理论思考》［J］.《科技管理研究》，2007（7）.

［2］宋刚.《钱学森开放复杂巨系统理论视角下的科技创新体系——以城市管理科技创新体系构建为例》［J］.《科学管理研究》，2009（6）.

［3］刘艳琼，刘载锋.《军事技术创新过程中的技术匹配问题》［J］.《科技进步与对策》，2008（6）.

［4］黄国杰，刘云.《美国国防基础研究的政府资助与管理机制研究》［J］.《国防技术基础》，2007（8）.

［5］陈晓和，马士群.《中美国防科研投资模式比较及经验借鉴》［J］.《军事经济研究》，2013（1）.

［6］刘洪昌，闫帅.《战略性新兴产业发展的金融支持及其政策取向》［J］.《现代经济探索》，2013（1）.

［7］范肇臻.《国防科技工业金融支持的政策设计》［J］.《军事经济研究》，2008（5）.

加强投资中介建设　促进军民融合装备研发深度发展[①]

杨腾飞　张伟超

　　站在国家战略和全面深化改革新起点上推动军民融合深度发展，要求统筹协调国防建设和经济建设，建立国防研发与国防投资的良性关系，加快军民融合装备研发投资中介建设，促进国防研发，在新的起点上推进军民融合向深度发展。

　　军民融合装备研发投资中介是指以汇聚军民双方资金为基础、以促进装备研发为目的、以风险投资为手段的投资服务机构。在推进军民融合发展的进程中，建立军民融合装备研发投资中介，能在军事装备需求和社会科研机构之间架起一座资金桥梁，使军事需求、资金供给、科技研发相互独立，在法律的监督下利用市场力量推动军事科研项目的开展，也为民间资金开辟了一条新的投资渠道，为社会经济发展注入了新的活力。

一、建立军民融合装备研发投资中介的可行性

　　为了既能说明问题又不致过于烦琐，本文通过建立以下模型说明建立装备研发投资中介是现实可行的。本文作出如下假设：在项目谈判时，投资中介与项目组都认为项目只有成功或者失败两种结果，且双方都预计项目能够在设定的投资金额内按期完成。除此之外，设某项目申请的投资为 F，项目周期为 t，投资回报率为 r，投资中介的融资利率为 f，预期的成功概率为 P，预期项目成功后获得的经济收入为 R，投资中介的项目成本主要包括收集相关信息、监督项目执行所花费的成本和其所投资金的机会成本）为 C_0，项目组的项目成本（主要是研发期间占用人力物力资源所导致的机会成本以及项目组的自投资金成本）为 C_1。

---

　　① 本文原载于《军事经济研究》2014 年第 7 期。

根据机制设计理论的参与约束条件,可得以下模型。

从整体看,成功项目的预期总收入至少要能弥补项目组的项目成本与投资中介的投资回报,即:

$$R \geq (1+r) \cdot F + C_1 \qquad (1)$$

对投资中介来说,其投资收入的期望值要不小于其投资总成本,即:

$$P \cdot (1+r) \cdot F + (1-P) \cdot 0 \geq F + C_0 \qquad (2)$$

对项目组来说,其研发收入的期望值要不小于项目组的总成本,即:

$$P \cdot [R - (1+r) \cdot F] + (1-p) \cdot 0 \geq C_1 \qquad (3)$$

经过简单整理发现,约束条件(1)包含在式(3)之中,即在上述假设的情况下式(3)成立就意味着条件(1)一定成立。因而约束条件(2)与条件(3)构成了投资中介项目筛选的基本模型。

从式(2)可得,投资中介所要求的投资回报率范围为:

$$r \geq [(1-P) \cdot F + C_0]/PF \qquad (4)$$

从式(3)可得,项目组所能接受的投资回报率范围为:

$$r \leq [P \cdot (R-F) - C_1]/PF \qquad (5)$$

由式(4)与式(5)联立得,投资中介与项目组能够达成契约的必要条件为:

$$P \cdot R \geq F + C_0 + C_1 \qquad (6)$$

从客观判断的角度看,式(6)表明军工科研项目能否达成投资协议的一个必要条件是:项目预期成功概率与预期经济收入的乘积,要不小于投资中介的投资额与双方为该项目付出的项目成本之和。

为了探讨模型是否具有实际应用价值,有必要对变量进一步细化。投资中介的项目成本 C_0 由收集相关信息、监督项目执行和所投资金的机会成本构成。其中收集信息和监督执行花费的成本与投资金额 F 和项目周期 t 成正向相关;投资的机会成本可以近似看作所投资金在投资期间产生的融资利息,即与 t 成指数关系,与 F 成正比例关系:因而可设 $C_0 = a \cdot F \cdot t + [(1+r_f)t - 1] \cdot F(a>0)$,为与 F 和 t 有关的经验参数,经验参数指具体数值只能通过实验或者统计得到而难以从基本原理推得到的参数。同理,项目组的项目成本 C_1 由研发该项目的机会成本和自投资金成本构成,其中机会成本与项目周期成正比例关系,因此可设 $C_1 = \lambda \cdot t + f(\lambda > 0)$ 为项目组每年的平均收益,也是经验参数;f 为项目组的自投资金。因而可以得出结论:对同一个项目组而言,在 F 和 t 一定的情况下,$P \cdot R$ 越大的项目其谈判空间越大,即投资契约越容易达成。

二、军民融合装备研发投资中介理论模型的应用

根据军工科研项目的社会效益（包含经济效益和国防效益在内的综合收益）与研发风险的高低，可以将其分为优质项目、正常项目、劣质项目。三类项目分类如表1所示。

优质项目的研发风险低、社会效益高，包括国家大力支持的研发风险较低的战略性军工科研项目和研发风险较低的具有较高军民两用价值的军工科研项目。根据式（4）和式（5）可知，当 P 与 R 都较大时，投资中介要求的回报率 r 较低，项目组能够承受的回报率 r 较高，即双方的谈判空间较大。但由于这类项目被国家或其他经济组织所看好，其融资渠道较多，因而其愿意承担的融资回报率 r 较低。对于优质项目，投资中介的策略是尽量争取签约，并尽量以入股的方式获取回报。

表1　军工科研项目分类表

		研发风险	
		低	高
社会效益	高	优质项目	正常项目
	低	正常项目	劣质项目

正常项目相对于优质项目而言，具有一定的缺陷，但却是军工科研项目中较常见的一类。正常项目又分为两类：第一类是研发风险高，但也具有较高的社会效益；第二类是研发风险虽然低，但社会效益也较低。银行等金融机构为高风险项目提供贷款时会要求等额乃至超额的抵押品，但有些科研组织没有这样的物质实力，这就形成了阻碍科技进步的障碍。但对于以风险投资为获利手段的投资中介而言，第一类项目却是其主营业务，加之投资中介对外投资不需要抵押品的特点，科研机构也愿意向其申请资金支持。第二类项目虽然社会效益较低，但其研发风险也较低，投资中介可以通过投资这类项目来平衡其投资的总风险，保证资金链的平稳运行。

劣质项目指研发风险高、社会效益低的军工科研项目，因而愿意为之提供投资的机构很少。根据式（4）和式（5）得知，当 P 较小、R 也较小时，投资中介要求的回报率 r 较高，项目组能够承受的 r 较低，即双方的谈判空间较小。但

是，基于对科研项目的私有信息和独特判断，有些科研机构仍愿为其支付较高的融资成本，即支付较高的回报率 r。面对劣质项目，投资中介要谨慎投资，能否从中找出被广泛低估的项目也成了衡量投资中介发展水平的重要指标。

三、军民融合装备研发投资中介理论模型的改进

在投资中介与研发机构协商回报率的博弈过程中，双方都有故意虚报己方成本从而获取更大己方收益的动机。从式（4）可以看出，投资中介会有夸大 C_0、贬低 P，从而抬高回报率下限的动机；从式（5）可以看出，项目组会有夸大 C_1（有些项目组还会贬低 R），从而降低回报率上限的动机。信息的不完全性制约着投资中介货币资源的优化配置，因而投资中介机制设计的关键在于如何让参与者主动讲真话，以便挑选出最具投资价值的项目。

为了防止科研机构滥用投资中介对外投资无须抵押、项目失败无须偿还的特点，本文除了在 C_0 中考虑了投资中介收集信息和监督项目执行的成本以外，还对模型的式（2）进行了改进。军民融合装备研发投资中介作为一种依靠对涉军科研项目进行风险投资来获取收益的中介机构，虽然不要求研发失败的项目组偿还投资，但要给予失败的项目组一个负面激励，以此引导科研机构在科研能力范围内申请资助。要想让负激励真正起到制约作用，就必须有足够的惩罚力度。例如，将研发失败的项目组列入黑名单，在一定年限内不再对该项目组提供投资；对于性质恶劣的欺诈行为，除诉诸法律解决之外还要向社会其他金融机构进行通告。本文将这种惩罚设为 C_2，并假设 C_2 与（$F + C_0$）成正相关关系。

则将 C_2 引入式（3）可得：

$$P \cdot [R - (1 + r) \cdot F] - (1 - p) \cdot C_2 \geqslant C_1 \tag{7}$$

由（7）式得，项目组能承受的 r 为：

$$r \leqslant [p \cdot (R + C_2 - F) - C_1 - C_2]/PF \tag{8}$$

由（4）式和（8）式解得，契约达成的必要条件为：

$$PR \geqslant F + C_0 + C_1 + (1 - P) \cdot C_2 \tag{9}$$

对比式（5）与式（8）可知，引入惩罚机制后项目组能够承受的回报率上限变小了，这说明项目组在申请资助时因考虑到负激励因素而变得更加谨慎。通过式（6）与式（9）也可看出，引入惩罚机制会导致能够达成投资契约的项目减少，一些收益较低的项目被淘汰了。不同的科研机构获取研发资金的途径不同，因此投资中介要根据科研机构的特点设计有针对性的惩罚措施。

四、建立军民融合装备研发投资中介的配套制度

建立军民融合装备研发投资中介，推进武器装备军民融合研发向深度发展，还有很长的路要走。从目前看，需要不断完善相关配套制度，理顺内外部关系，减少军民融合障碍。

应建立首席执行官责任制，明确项目投资中的权责关系，使军民成为利益共同体。本文模型所涉及的部分重要变量在项目申请阶段难以准确测算，只能根据专家的评估结果进行判断，这些变量的不确定性给了内部人暗箱操作的空间。为了防止内部管理者滥用职权和不公平竞争现象的滋生，有必要在军民融合装备研发投资中介中建立首席执行官责任制，并以全流程管理信息系统作为辅助。首席执行官责任制明确了权责关系，能够督促管理人员自觉遵守公司章程；而全流程管理信息系统则记录了从项目评估到获取回报过程中的所有关键信息，是责任认定的重要依据。

建立研发项目推广制度，共同激励民间科研机构参与军工研发，使军民成为命运共同体。对于民间科研机构而言，军工研发市场充满风险，研发能否成功、产品能否被军方采购、收入能否弥补成本、这些都是其担心的问题。为了给民间科研机构以信心，投资中介应与其所投资的科研机构建立产品共同推广制度。在电子产品、单兵装备、机械配件等适用范围较广的军工产品领域，投资中介可以利用信息、人脉等方面的优势帮助民用民间科研机构推广产品。

完善相应的法律法规制度，明确军民融合装备研发投资中介的业务领域和涉密权限，使军民成为法律共同体。作为一个金融机构，军民融合装备研发投资中介有忽视项目性质、单方面追求利益最大化的动机。然而，基于对其组织使命的定位和运营作用的期望，需要通过相关法规将军民融合装备研发投资中介的业务范围限定在军工科研领域之内。另外，还要对军民融合装备研发投资中介的涉密权限进行设定，防止泄密事件的发生。

参考文献

［1］Hurwicz L. On Informationally Decentralized Systems［J］. Studies in Resource Allocation Processes，1977：425.

［2］郭韫熙. 军民融合装备研发的投资中介研究［J］. 国防科学技术大学，2012.

［3］雷启振．机制设计理论及其在中国的应用［J］．《郑州航空工业管理学院学报》2008（2）．

［4］梅燕秋．军民融合装备研发投资中介的形式与方式研究［D］．长沙：国防科学技术大学，2014．

发挥军民融合装备研发投资
中介的三大优势[①]

杨腾飞　张伟超

推动军民融合深度发展，促进经济建设和国防建设的协调统一，是党和国家全面深化改革的一项重要历史任务。近年来，党和国家领导人曾多次强调要加快军民融合式发展步伐，并着重指出要加强其体制机制建设。

党的十八大报告明确指出，"坚持走中国特色军民融合式发展路子，坚持富国和强军相统一，加强军民融合式发展战略规划、体制机制建设、法规建设。"习近平在出席党的十二届全国人大一次会议解放军代表团全体会议时强调，要"进一步做好军民融合式发展这篇大文章，坚持需求牵引、国家主导，努力形成基础设施和重要领域军民深度融合的发展格局"。党的十八届三中全会形成的《中共中央关于全面深化改革若干重大问题的决定》写明，要"健全国防工业体系，完善国防科技协同创新体制，改革国防科研生产管理和武器装备采购体制机制，引导优势民营企业进入军品科研生产和维修领域"。除此之外，国内大批专家学者对军民融合式发展问题做了详尽研究，针对现阶段装备研发领域中存在的资金短缺、成果转化率较低等问题，有学者提出要在装备研发领域引入军民融合式投资中介、改革军工科研投资体制。

所谓军民融合装备研发投资中介，是指以汇聚军民双方资金为基础、以促进装备研发为目的、以风险投资为手段的投资服务机构。目前，我国军工科研机构的资金来源有财政拨款、商业银行的政策性贷款，部分军工企业也采取了上市融资等方式筹集资金。从表面上看，我国军工科研项目的资金来源已较为丰富；然而，资金缺口大、投资效率低、体制内投资过多等弊端尚未得到解决。本文认为，通过建立国家层面的军民融合装备研发投资中介，可以有效地解决军工科研中的上述顽疾。军民融合装备研发投资中介通过引导民间资金投资军工科研项目，既能有效地弥补军工科研项目的资金缺口，又能优化军工科研项目的投资结

---

① 本文原载于《学理论》2014 年第 11 期。

构。与此同时，通过适当的机制设计和相应的法律保障，可以促使该投资中介积极主动地帮助科研单位进行军用技术与民用科技的相互转化，从而提高军工科研项目的投资效益、实现"一份投入、两份产出"的战略目标。具体来说，相对于传统的军工科研投资方式，军民融合装备研发投资中介能够在军工科研领域发挥以下三大优势。

一、发挥突出的专业优势，减少国防研发投资风险

军工科研项目具有投资周期长、研发风险高、保密要求严格等特点，加之民间资本进入军工行业的时间较短、对该行业的了解较少，导致民间资本在直接投资军工科研项目时难免会因信息不对称和沟通不畅而引发军民双方的矛盾。这不仅破坏了双方之间本就十分薄弱的信任基础，而且影响了军工科研项目的研发进程、耽误了战斗力的生成与转化。此外，投资者过于分散也不利于风险的承担，并且容易导致重复性投资、投机性投资等不良市场行为。因此，在将民间资本引入国防科研项目的过程中，需要建立专业的装备研发投资中介来帮助军民双方理顺投融资关系、减少不必要项目风险的发生。

军民融合装备研发投资中介专注于向军工科研项目提供投资，其业务对象较为单一，无论是人才聘用还是知识经验都相对集中。这种专业性的聚焦，不仅使其能以较低的成本获取军工科研项目的信息，而且能对军工科研项目进行全程有效监督，因而该投资中介的投资准确性更高。值得注意的是，我国投资中介的发展也面临着一些实际问题，由于专业人才、诚信体系、退出机制等必要条件的缺乏，我国许多名义上为风险投资公司的中介机构，实际上却从事着房地产、股票、期货等市场投机行为。为了确保军民融合装备研发投资中介能够专心服务于军工科研项目、充分发挥其专业优势，需要不断完善相应的政策法规。在给该投资中介提供税收优惠、政策扶持的同时，也要限定其投资范围、促使其更多地为军工科研服务。此外，要想充分发挥该投资中介的专业优势，还要加大风险投资人才的培养力度、改革武器装备采购模式，使得该投资中介在投资军工科研项目的过程中游刃有余、有利可图，使其更加自觉自愿地为军民双方科研机构服务。

二、发挥灵活的模式优势，提高国防研发投资收益

我国现行的军工科研资助方式以财政拨款为主，财政部将军费拨付到各军种之后，由各大单位自行决定其所需投资的科技项目。这种投资模式使得国防科研经费成为"公共产品"，投资方和科研机构较为关注的是项目能否顺利结题以便备案报账，而对于所投资金的社会效益则考虑得较少。随着国防装备科技水平的日益提高，装备研发所需资金日渐增大，现有的高投入、低回报的研发模式将难以为继。如何改革军工科研投资模式、调动投资方和研发方将项目成果转化为经济效益的积极性，成为国防研发领域的重大课题。军民融合装备研发投资中介可以通过其灵活的参与模式、收益模式来提高项目资金的使用率，并帮助军民双方提高项目成果的转化率。

要想提高装备研发资金的使用效率，需要建立第三方投资机制，将现有的"军方需求—军方投资—军方获利"模式转化为"军方需求—军民共同投资—军民互利"模式。具体来说，就是军方发布装备需求，有能力的科研机构进行预研；在资金不足时，科研机构可以向军民融合装备研发投资中介申请资助，该投资中介对筛选出的优质项目进行投资；项目成功后将该成果向军方出售，并尝试将该成果向民用项目转化，以便获取更多投资回报；如果项目不幸失败，则由该投资中介与项目组共同承担损失。这种装备研发投资模式使得竞争更加广泛、资金供给更加充足，也使得军队、科研机构以及该装备研发投资中介都可以从中获益。作为一个风险投资者，军民融合装备研发投资中介本身的获利模式非常灵活，它既可以采取额定利率的收益模式，也可以通过获取股权或者专利共享权等方式获取投资回报。此外，由于该投资中介和项目组在研发过程中要自筹资金、自担风险，这使得资金和研发成果的产权十分明晰，因而投资中介与项目组都有促进项目成果转化的动机，这必将导致军工科研项目有更广的应用范围和更高的经济收益。

三、发挥独特的资金优势，降低国防研发融资门槛

传统的军工科研投资方式，使得军工科研市场有较高的融资门槛，除军队体

制内的科研院所、军工集团以及与部队有过密切合作的非军工企业之外，大多数非军工企业即使在客观上有雄厚的科研实力，也难以获得该市场投资者的青睐。这种只看出身的投融资情况与现阶段军工科研投资主体的构成有很大关系。目前，军费开支中的科研经费和各军工集团的自有资金仍是该市场最主要的资金来源。资金持有者的性质决定了其对军队内部的科研机构更加了解和信赖，也导致了非军工科研单位在军工科研市场中面临着较高的融资门槛。通过建立军民融合装备研发投资中介，发挥其独特的资金优势，可以有效降低国防研发融资门槛。

军民融合装备研发投资中介以汇聚军民双方资金为运营基础，以风险投资为主要运营手段，因而其在选择投资项目时能更多地考虑该科研机构的技术实力、诚信状况，而不是其机构性质或所属部门。该投资中介虽然需要政府资金注入以增加信誉、减少风险，但是其大部分资金应来自民间投资者，以使其可以广泛投资于各类社会科研机构，而不是像政府财政投资那样被限制用于军队内部的科研院所。除此之外，该投资中介主要以风险投资的方式介入军工科研项目，在很长一段时期内将以项目合伙人的身份与科研项目组共同承担项目风险。因而在投资之初，该投资中介并不需要对方提供资产作为担保。这种"零担保"的投资方式降低了科研机构的融资门槛，让更多的民营企业获得了参与军工科研项目的机会，无形中活跃了军工科研市场、促进了军民科研单位之间的交流融合。

参考文献

[1] 郭韫熙. 军民融合装备研发的投资中介研究 [D]. 长沙：国防科学技术大学，2012.

[2] 殷旭东，李东. 国防科技工业投融资体制的改革与重构 [J]. 统计与决策，2007（8）：20.

[3] 于川信. 军民融合式发展理论研究 [M]. 北京：军事科学出版社，2008.

[4] 于川信，周建平. 军民融合式发展体制机制研究 [M]. 北京：军事科学出版社，2010.

[5] 于川信，周建平. 军民融合式发展理论与实践 [M]. 北京：军事科学出版社，2010.

美国国防研发投资[①]

——战略、特点与启示

卢小高　李湘黔　黄朝峰

引　言

　　美国自第二次世界大战以来，一直保持着世界头号强国的地位。这一地位的保持，除与其强大的经济实力有关外，也与其超强的军事实力密切相关。美国强大的军事实力离不开其领先全球的军事技术、先进的武器装备和训练有素的军队。而美国领先的军事技术和先进的武器装备又与美军的研发投资战略分不开。研发是指为了增加知识存量并利用这些知识存量发明新的应用设施的一系列创造性活动。知识存量的增加与积累，对于技术进步意义重大。国防研发是以不断增加国防和军事领域的知识存量为主要目的，开发具有某些军事用途的武器装备或设施的创造性活动。在任何一个国家的创新体系中，国防研发都有着举足轻重的地位。国防研发不仅是未来武器装备的技术来源和国家安全的重要保障，也是促进国家科技进步和国民经济发展的一个重要支撑。美国的经验表明，选择适当的国防研发投资战略，既能为军队提供技术优势，又能为国民经济发展带来预料之外的良好结果。在美国国防部的预算文件中，研发投资称为"研究、开发、试验和鉴定"（Research，Development，Test and Evaluation，RDT&E）。由于美国国防部的研发投资占其国防研发投资的绝大部分（通常在90%以上），只有很少一部分国防研发投资来自于能源部、国土安全部、中央情报局和联邦调查局等机构。因此，本文试图分析和评价美国国防部1948～2013年的研发投资战略与特点，

---

① 本文原载于《科技进步与对策》2014年第13期。

并从中总结出几点可资借鉴的启示。

一、美国国防研发投资战略

1. 深具忧患意识，高度重视研发投资

与世界其他国家相比，美国一直在研发开支方面占据领先地位。例如，2007财年美国年度研发投资超过 3000 亿美元，居世界第一，约占全球总研发投资的40%，约占其国内 GDP 的 2.66%。最近，美国参议院拨款委员会主席芭芭拉，米库尔斯基说："美国的诸多优越性来源于它在科学领域的投入。我们无法承受任凭其他国家在投资和创新方面超过美国的后果。"白宫科学和技术政策办公室主任约翰·霍尔德伦也警告说，美国面临着在研发开支方面被中国超越的危险。美国人这种深刻的危机意识，不仅表现在民用科技投资领域，在国防研发投资领域表现得更加明显。美国政府的研发投资分为国防和非国防两部分，国防研发投资一直高于非国防研发投资，而国防部又是联邦政府机构中研发开支最大的部门，研发经费占联邦总研发经费的 50% 以上。例如，2007 财年国防研发预算为810.23 亿美元，占 R&D 总预算的 58%；非国防 R&D 预算为 588.4 亿美元，仅占 42%。美军唯恐被人超越、唯恐落后的忧患意识体现为美军研发投资规模在长期内不断增加，也体现为美军研发投资在国防经费中所占比例一直维持在比较高的水平上，而这是美军研发投资的两个重要特点。

2. 着眼长远，响应军事需求变化

需要乃发明之母。美军研发投资通常着眼未来长远需要，响应军事需求变化。例如，1991 年苏联解体、冷战结束后，在美军大多数项目开支数额呈下降趋势的情况下，研发支出却仍然得以保持相对稳定的规模。又如海湾战争以后，美军调整了武器装备的研制和采购方针，重点发展适合中低强度局部战争需要的武器装备，对战略性武器则是减少数量、提高质量。20 世纪 90 年代初期，国际格局发生了很大变化，面对新的国际安全形势和军事任务需求，美军也随之调整了军事战略和研发投资战略，一方面大幅度削减国防费、裁减军队员额，另一方面仍然保持对高技术武器装备的持续研发投入。巴拉克·奥巴马当选美国总统后不久，美国就开始"转向亚洲"，后来发展为所谓的"亚洲再平衡"战略。2007年次贷危机引发经济危机以后，美国意识到自己无力继续奉行"同时打赢两场战

争"的战略,转而采用"确保打赢一场战争,同时遏制另一场战争"的新战略。美军的战略重点也作了相应调整,这种调整在国防科研投资方面也有所体现。例如,在2013财年的空军研发项目上,"尽管美军拥有由20架隐形B-2轰炸机、64架B-1轰炸机和94架B-52轰炸机构成的轰炸机群,足以对他国目标发动致命打击。但美军内部分析认为,其现役轰炸机在中国、俄罗斯等国的一体化防空体系面前难以有所作为,所以此次预算中,美空军积极推动新型隐形轰炸机研发计划,希望研发出能够撕裂大国防空体系、具备超强隐身性能和攻击能力的新型战机"。

3. 既保持均衡发展,又确保重点投入

美军在研发投资上,正如其对待军事力量的发展一样,既注重不同军种均衡发展,同时又确保对海空力量的重点投入,特别是始终把对空军的投资摆在比较优先的位置。美国空军的前身是陆军航空兵,它在第二次世界大战中发挥了很大作用,尤其是在B-29战略轰炸机向广岛、长崎投掷原子弹后,航空兵就成为当时唯一的核武器投送力量,其地位与作用明显上升。1947年9月,根据美国《国家安全法》空军部正式成立,空军成为与陆军、海军并列的一个独立军种。由于"二战"时战果辉煌,加之又是刚成立的一个新军种,杜鲁门政府强调优先发展空军,大力增加空军的兵力和军费。杜鲁门之后的艾森豪威尔政府更是大量压缩陆军,大力发展海军和空军。1952~1960年,陆军在三军总兵力中所占比重由44%降至35.2%,军费由157亿美元下降至93.9亿美元,在军费总额中所占比重从40%下降至22%,海军在三军总兵力中所占比重由29%上升到31.9%,海军军费由99.3亿美元上升到116.4亿美元,占军费总额的比例由25.6%上升到28%;空军在三军总兵力中所占比重增加最多,由27%增至32.9%,军费由127.4亿美元猛增至190.6亿美元,占军费总额的比重由32.8%上升到46%,几乎相当于陆、海军军费的总和。相应地,在研发投资方面,这一时期空军的研发投资在三军之中也是最多的。

4. 建立军民一体化研发体制,提高国防研发投资效益

现在军用技术与民用技术的界限越来越模糊,很多技术都既可以军用,也可以民用。将国防创新系统与民用创新系统有机结合,建立军民融合创新体系已成为很多国家建设国家创新体系的战略重点。冷战结束后,美国率先把发展军民两用技术及产业提高到国家战略地位并加以实施,最终建立了军民一体化的工业体系。美国之所以采取军民一体化战略,一方面是因为冷战期间推行的"先军后民、以军带民"政策和军民分离的国防采办制度使美国政府在新技术革命兴起后

付出了沉重代价；另一方面是因为冷战结束之后，国际局势发生了深刻变化，军事需求下降，美国的军费开支也大幅缩减，为保持其军事优势和国防工业的活力，美国开始积极推行"军民一体化"战略。美国在军民一体化方面的主要做法包括：在机构设置上，成立技术转移办公室和国防技术转轨委员会等专门机构，强调国防、军政部门间跨部门协同合作；在政策制度上颁布了《国防转轨战略》《国防授权法》等促进军民融合的相关政策制度；在战略计划上，颁布了《国防转轨战略》《国防科学技术战略》等国家战略规划，又出台了技术转移计划、技术再投资计划、军民两用科学技术计划等具体计划并部署实施；在两用技术方面，委托民间企业管理国家实验室，积极推行军转民投资，在保密要求范围内向地方政府和民用企业传播科技情报、技术诀窍等；在创新主体方面，培育了以国家科研院所、高等学校、非营利研究机构等为主的创新主体，并利用巨资吸引他们依靠开放型、社会化的产业链及市场需求导向来共同开发军民两用技术。美国从军民一体化战略中受益颇丰，不但提高了国防研发投资效益，还促进了社会经济发展，最主要的还是得以保持军事技术的领先地位。时至今日，美国在军事技术创新上能够很好地利用军事机构与国防工业以及范围更广的民用经济之间的合作，这种国防研发体制保证了美军研发投资的高效率。

二、美国国防研发投资变化趋势与特点

1. 美国国防研发投资规模长期内逐步增长

1948～2013 年美国国防部的研发投资走势如图 1 所示，图中名义值以当年美元表示，实际值用 2013 财年不变美元表示，数据来源于美国国防部《国防预算估计》绿皮书。由图 1 可知，在长期内美军研发投资规模呈现出明显的增长态势。美军研发投资在 1948 年的名义值仅为 4.13 亿美元，实际值也仅为 44.19 亿美元，而到 2009 年，其名义值已高达 790.3 亿美元，实际值高达 840 亿美元，名义值扩大到原来的 191 倍，实际值也扩大到原来的 19 倍。美军研发投资规模之所以在长期内呈逐步增长趋势，主要是因为美国经济实力和政府财力不断增强，因而有能力将更多资金投入到国防及其研发领域。

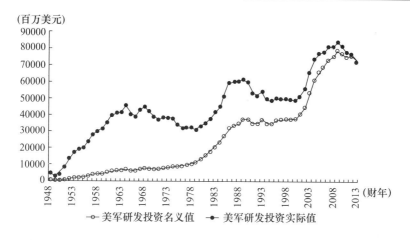

图1　1948~2013 财年美军研发投资规模

2. 美国国防研发投资规模在短期内存在周期性

从图1中可以发现，尽管美军研发投资的名义值几乎是逐年增长，但在比较上更具意义的实际值却并非直线式增长，而是在波动中逐步增长，并呈现出一定的周期性。具体来看，在 1948~1964 年、1979~1989 年、2000~2009 年这三个时期呈上升趋势，而在 1964~1979 年、1989~2000 年、2009 年至今则呈下降趋势。上升期和下降期持续 10~15 年。美军研发投资规模之所以在短期内呈现出一定的周期性，主要是受到军事需求变化和军事战略调整的影响。1948~1964 年，第二次世界大战结束不久，以美国为首的西方发达资本主义阵营和以苏联为首的社会主义国家阵营之间进入冷战时期，双方在军事领域竞争激烈。"二战"期间空军的作用开始凸显，因此，"二战"后美国在军事力量建设方面的一个大动作就是将空军从陆军中独立出来，成立空军部，作为与陆军部、海军部并立的部门，并组建了国防部。这一时期，美国重点加强空军建设，对空军的投入力度非常大，空军的研发投资也得益于此。此外，为与苏联争夺军事优势，美国陆军和海军的研发投资也快速增长。1948 年美军研发投资实际值约为 44.2 亿美元（其中陆军 11 亿美元、海军 18.9 亿美元、空军 14.3 亿美元），而 1964 年已增长到 451.2 亿美元（陆军 88 亿美元、海军 105.7 亿美元、空军 234.1 亿美元、国防部本部 23.4 亿美元），16 年增加了 9 倍多，年均增长率高达 15.6% 以上。1964 年以后，由于越南战争逐步扩大化，现实的战争需求变得更为紧迫，虽然国防部支出增加较多，但主要都用在武器装备采购方面，研发投资不但没有增加，反而有所减少。在未来与当前的权衡中，美军选择将财力资源更多地配置在当前急需的领域。越南战争后期，美国国内反战情绪高涨，美国军费也进入一个长达 10 年的削减期，在美苏对抗的态势中，美国转攻为守，苏联反守为攻。因此，从 20 世纪 60 年代末到 70 年代末，美国军费开支下降较快。受此大环境影响，美国研发投资也逐步下降，从 1968 年的 446.3 亿美元下降到 1979 年的 308.4 亿美元，年均增长率约为 - 3.3%。到 20 世纪 80 年代，特别是罗纳德·里根就职美国总统以后，提出"多层次威慑"和"新灵活反应"的里根军事原则，开始大幅度提高军费开支，提高美国军事实力，著名的"星球大战"计划的始作俑者就是里根。在里根任职期内，美军研发投资快速增加，到 1989 年达到 611.3 亿美元，10 年内增加了近 1 倍，年均增长率约 7.1%。1989 年以后，东欧剧变、苏联解体，美国军费开支大幅下降，美军研发投资也缓慢下降，到 2000 年时降至 485.3 亿美元，年均增长率约为 - 2.1%。而从 2001 年开始，受"9·11"事件影响，美国对安全形势作了重新评估，并先后发动了阿富汗战争和伊拉克战争，军费开支和美军研发投资都快速增加，到 2009 年上升到约 840 亿美元，年均增长率高达约 6.3%。我们还发现，美军研发投资的上升期和下降期具有不对称性，上升时速度快，下降时速度慢。从美军研发投资的周期性来看，2009~2019 年又是一个下降期，但下降速度应在 3% 以内。

3. 研发投资占国防费的比例较高

美军研发投资不但规模不断变化，而且研发投资占国防费的比例也在发生变化，如图 2 所示。从图中可以发现，美军研发投资占国防费的比例自 1957 年以后基本维持在 10% 以上的较高水平，而在欧盟等其他主要西方发达国家，这一比例仅为 5% 左右。1948~1964 年，美军研发投资占国防费的比例快速上升，从 1949 年的 2.6% 上升到 1964 年的 14.2%。这一时期美军研发投资力度特别大，虽然 1953 年朝鲜战争结束后美国国防费遭削减，国防部开支实际值 1955~1961 年基本维持在 4000 亿美元不变，但美军的研发投资不减反增，因此，研发投资占国防费的比例上升。1964~1970 年，美军研发投资占国防费的比例从 14.2% 下降到 9.3%，1970~1982 年处于比较稳定的阶段，大致保持在 10% 左右。这一时期，美国国防费在越南战争最为激烈的 1966~1968 年大幅增长，增加的国防费主要用在武器装备采购和人员开支上，研发投资增加不多，因此，研发投资在国防费中的占比下降。越南战争结束后，美国国防费大幅削减，实际值从 1968 年的 5651.2 亿美元减少到 1978 年的 3806.9 亿美元。在此期间美军研发投资虽然也有所削减，但武器装备采购和人员费用支出下降更快，因此，约从 1970 年开始研发投资占国防费的比例反而有所上升。1982~1998 年，美军研发投资占国防费的比例从 9.6% 上升到 14.6%，上升幅度较大。这主要受到两方面因素的影响，一是从 1979 年左右开始美国与苏联的军备竞赛更为激烈，美国为保持军事优势并拖垮苏联，开始大力加强国防建设，加大国防投资力度，使得研发投资受到特别重视；二是 1989 年东欧剧变、1991 年苏联解体后，美国削减了国防费，但为保持技术领先地位，对研发投资的削减不多。这两方面因素使得美军研发投资占国防费的比例从 1979 年到 1998 年逐步上升。1998～2013 年，美军研发投资占国防费的比例处于缓慢下降阶段，其中 1998～2007 年保持在 14% 左右，到 2013 年下降至 10.7%。这一时期美国发动了科索沃战争、阿富汗战争、伊拉克战争，三场战争导致美国国防费规模大增，但研发投资规模也增长迅速，因此，研发投资占国防费的比例下降比较平缓。

图 2 1948～2013 财年美军研发投资占国防费的比例

4. 把空军研发投资摆在优先位置

美国空军的研发投资在绝大多数年份都是最多的，在美军研发总投资中所占比例远高于海军和空军，海军研发投资又比陆军研发投资多，如图 3 所示，数据均源自《美国国防预算估计》（2013），按 2013 年不变美元表示的实际值算，从 1952 年以后美国空军的研发投资几乎都比海军和陆军多。1952～1964 年、1979～1988 年以及 2002～2009 年，美国对空军的研发投资增长很快，1964 年达到 234.1 亿美元，1987 年达 245.9 亿美元，2009 年达 278.1 亿美元。美国将空军研发投资摆在优先位置，这一点从图 4 中也能看出来。除 1950 年以外，美国空军研发投资占美军研发总投资的比例从未低于 30%，1957 年甚至高达 62.8%。相反，美国陆军研发投资占美军研发总投资的比例几乎不曾超过 30%，其中

1957~1980 年在 20% 左右，而 1981 年以后就一直处于 15% 上下，再也没有超过 20%。海军研发投资占研发总投资的比例则介于陆军和空军之间，除 1948~1952 年和 1971~1981 年以外，其他年份几乎都处于 20%~30%。

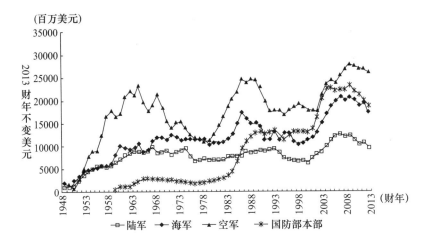

图 3　1948~2013 财年美军各部门研发投资实际值

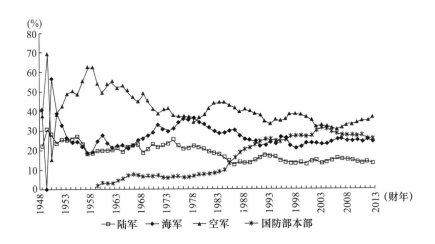

图 4　1948~2013 财年美军各部门研发投资占研发总投资的比例

值得注意的是，美国空军研发投资不但规模最大、占美军研发总投资的比例最高，而且就其军种内部开支而言，空军研发投资所占比例也高于海军和陆军。1948~2013 年美军各军种内部研发投资所占比例如图 5 所示。从 1957 年开始绝大多数年份内空军研发投资占空军军费的比例就一直在 12% 以上；海军研发投资占海军军费的比例介于8%～12%；大多数年份陆军研发投资占陆军军费的比例位于4%～8%。美军各军种研发投资规模和所占比例的变化在一定程度上反映了美军武器装备的发展方向，空军和海军武器装备研发始终是美军投资的重点。美军之所以把对空军的研发投资摆在优先位置，一方面是因为现代战争中掌握制空权显得至关重要，另一方面也与空军本身的性质有关。空军是资本密集型、技术密集型军种，其主战武器装备的技术性能复杂、研发成本高，这客观上要求加大对空军的研发投资力度。美国推行全球性军事战略，追求军事力量能够快速全球到达、全球打击，这必然要求大力投资于空军。

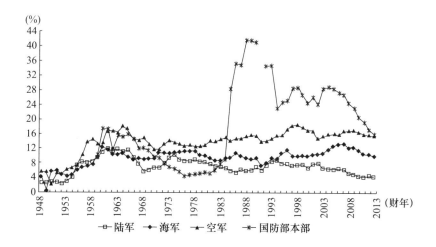

图5　1948～2013财年美军各部门内部研发投资所占比例

5. 国防部本部的研发投资日趋重要

从图3至图5可以发现美军研发投资的一个重要特点，即美国国防部本部的研发投资规模和所占比例从1959年以来一直上升较快。美国国防部本部主要包括国防部长办公厅、参联会、国防采办大学、国防大学、国防合同管理局、国防信息系统局、国防后勤局、导弹防御局和综合监察办公室等部门或单位。从图3中可以发现，美国国防部本部的研发投资实际值从20世纪70年代末开始快速增加，1986年达到94.08亿美元，第一次超过了陆军的研发投资，1991年达到126.1亿美元，第一次超过了海军的研发投资，1997年以后就稳居第二位，仅次于空军的研发投资规模，在美军研发总投资中所占比例从1997年开始一直维持在27%左右。国防部本部研发投资不断增加，说明美国国防部本部在美军研发投资中的地位和作用日趋重要，也说明美国正逐步从三军相对分权的研发投资体制向国防部集权与三军分权相结合的研发投资体制转变。

6. 科技基础研发和产品开发投资比例相对稳定

按预算活动进行划分，美军的研发投资主要由基础研究、应用研究、先期技术发展、先期部件与样机开发、系统开发与演示、研究发展试验评估管理支持和作战系统开发7个方面的投资组成。其中，前3项（基础研究、应用研究和先期技术发展）是创新周期的初始阶段，统称为科技基础活动。后4项则是创新周期的后期阶段，统称为产品开发活动，其目的是把前面几个阶段开发的、经过验证能够提供更强作战能力的新技术转化成新的作战系统。一般来说，美军研发投资中用于科技基础活动的部分约占20%，而用于产品开发活动的部分约占80%，因此，科技基础和产品开发的比例大致保持在1：4左右。例如1974年美军各部分研发投资所占比例为：基础研究3.7%、应用研究13%、先期技术发展2.4%、先期部件与样机研发14.8%、系统开发与演示31%、研发管理支持13.7%、作战系统开发24.4%，前3项小计占19.1%，后4项小计占80.9%。1980年，这7个方面的投资占美军研发总投资的比例分别为4.1%、12.7%、4%、16.8%、34.2%、11.4%、16.8%，前3项小计占20.8%，后4项小计占79.2%。2011年，这7个方面的投资占美军研发总投资的比例分别为2.3%、7.4%、9.7%、17.6%、17.9%、7.1%、38%，其中，科技基础投资约占19.5%，产品开发投资占80.5%；2013年，这7个方面的投资占美军研发总投资的比例分别为3%、8.2%、7.4%、17.5%、20.7%、6%、37.2%，其中，科技基础投资约占18.6%，产品开发投资占81.4%。尽管这7个方面投资所占比例有所变化，但若只看科技基础投资和产品开发投资这两大项，则其所占比例变化不大。

三、主要启示

从美军研发投资特点与战略中可以得到以下启示：

1. 要选择适合本国国情军情的国防研发投资战略

美国自第二次世界大战以后就成为一个全球性大国，为维护其全球领导地位，美国非常重视获得和保持军事优势。要做到这一点，必须依靠先进的军事技术和性能优良的武器装备，美军在这方面的投资力度很大，这体现为美军研发投资规模的长期增长。对中国而言，目前经济实力大为增强，但军事实力和经济实力与大国地位还有些不相称、不匹配。国防研发投资是军队战斗力生成的一个重要基础，中国与美国等发达国家军事实力的差距在很大程度上体现为技术的差距、装备的差距。在经济快速发展、政府财力显著增强、安全环境不容乐观、军事实力与强国地位尚存较大差距的情况下，中国有必要也有能力走一条快速增加国防研发投资的道路。

2. 研发投资应重点向空军和海军倾斜

从美军研发投资的特点来看，其在空军和海军方面投入的研发经费非常多，分配给陆军的研发投资则少很多。在中国现代化发展进程中，海洋权益在国家利益中的地位日趋上升，而中国作为一个大国，其崛起也必然需要海空力量的"硬实力"做坚强后盾。因此，今后一段时期，在增加国防研发投资总额的基础上，要提高空军和海军研发投资所占比例。

3. 国防研发投资要统筹兼顾

既要考虑当前需求，更要着眼长远需要，制定近期能力与长期能力相协调的适度投资战略。投资是在时间上的权衡选择，今天的国防实力往往来自于10～20年前的国防研发投资。从美军研发投资变化中可以发现，近期的安全需求会在一定程度上影响对未来军事技术和武器装备的研发投资，但与国防费中的其他开支相比，美军的研发投资波动幅度相对较小，这一点应当引起注意。中国在选择国防研发投资策略时，也要保持研发投资的相对稳定性、连贯性和长期性，特别是在科技基础和产品开发投资的分配比例上，美国的经验值得借鉴。

4. 要努力构建一种市场化导向的军民融合型国防研发体制

美国国防研发投资的高效率来源于其先进的研发体制，美国在国防研发体制上非常注重发挥军事机构在提出需求方面的作用，因为军事机构更清楚自己的需求，但军事机构提出需求以后注重利用市场、私营企业和其他经济主体来满足这种需求。这种体制更加灵活，也能够在更大范围内利用能够获得的智力资源和技术积累。党的十八届三中全会指出，市场要在资源配置中起决定性作用，这同样也应该在国防研发领域得到体现。军方提出需求以后，大可利用市场中相关经济主体，特别是引导和利用以民用为主导的小型企业在国防科技创新中的作用，将民营高科技公司与国防工业领域的大型企业很好地结合起来，以各自需求为牵引，以市场契约为纽带，以项目为载体，发挥好国防研发投资对军事技术创新的引导作用。

参考文献

[1] 苑敏，许子君. 英国国防科研费变动规律与特点 [J]. 外国军事学术，2011 (10)：73 - 76.

[2] 严海宁，谢奉军. 浅析西方发达国家研发管理特点及启示 [J]. 南昌航空大学学报，2010 (12)：28 - 32.

[3] 林蔚然. 美国 2007 财年研发投资特点 [J]. 国防科技情报，2007 (1)：1 - 5.

[4] 帕特里克·蒂博多. 中国研发开支增速令美不安 [N]. 参考消息，2014 - 05 - 01.

[5] 王雷. 国际战略形势变化与各国军事战略调整 [J]. 外国军事学术，1992 (1)：5 - 8.

[6] 方晶，张晔，马辉. 从美国 2013 财年国防费变化管窥美军后勤发展新趋向 [J]. 军事经济学院学报，2012 (11)：53 - 55.

[7] 蔡祖铭. 美国军事战略研究 [M]. 北京：军事科学出版社，1993：119.

[8] 张洁，蔡虹，赵皎卉. 日美军民两用技术政策的演化及启示 [J]. 科技进步与对策，2011，28 (23)：120 - 123.

[9] 杜兰英，陈鑫. 发达国家军民融合的经验与启示 [J]. 科技进步与对策，2011，28 (23)：126 - 130.

[10] 彭玲霞. 欧盟将增加国防研发和技术投资 [N]. 兵器快报，2006 (2)：6.

[11] 严剑峰. 美国国防部国防研发支出的规模构成与组织实施 [J]. 国防技术基础，2012 (1)：43 - 48.

[12] 翟宝林. 浅析美国国防科研费用分配 [J]. 现代军事，1990 (5)：36 - 41.

国防开支与经济增长^①

廖泽昭　黄朝峰

一、引言

目前，国内外有关"国防开支与经济增长"的研究主要有两种思路：一是研究国防开支对经济增长的作用，侧重于衡量国防开支所带来影响；二是则反过来研究经济增长对国防开支的作用，分析经济状况、政治制度、社会环境等因素与国防开支规模之关系，侧重于探讨国防开支需求之决定。具体而言，研究问题主要集中于以下五个方面：

其一，国防开支对经济增长的影响为何途径

其二，国防开支对经济增长的净影响为正抑或为负？

其三，国防开支对更为广泛的经济社会发展有何影响？这种影响的传导机制是什么？能否进行改进？

其四，传统安全因素和非传统安全因素如何影响国防开支的绝对规模和相对规模？这些因素的变化能否用于预测未来的国防开支？

其五，经济发展程度和政治体制形式如何影响国防开支的规模？国防开支的规模对于这些变量的反作用是如何体现的？

文章将围绕以上问题，论述有关"国防开支"与"经济增长"相互关系的研究进展。

---

①　本文原载于《经营管理者》2015 年 9 月中期。

二、国防开支对经济增长的影响途径

从影响的结果来看，国防开支对经济的影响途径可分两个方面：正面影响途径及负面影响途径。正面影响途径，即能够促进经济增长的途径，主要有两条：第一，总需求的创造，即通过增加国防开支，可以提高生产能力的利用率；如果在增加总需求创造的同时，没有造成过度的通货膨胀，那么现有资本存量利用率的提高将会提高利润从而提高经济增长率。第二，国防开支对经济增长具有重要的"衍生影响"及正的"外部性"，例如"国防高科技"及"高纪律性"等，可由军事领域衍生至民用领域，进而带来全社会整体效率的提升。再如，从主要军事部门派生出来的经济利益，特别是当武装力量为民用工程服务时，也会给经济增长带来这种正的"外部性"。

负面影响途径即可能会抑制经济增长的途径，具体而言，国防开支对经济增长影响的负面途径有以下七条：第一，国防开支作为一种非生产性开支，它的增加直接减少了投资总量。第二，国防开支影响资源的动员效应，即当国防开支减少政府在社会经济和福利服务方面的开支时，私人部门消费倾向便会提高，储蓄率便会下降。第三，存在总量的挤出效应，即国防开支会带来财政赤字，并会减少政府储蓄，从而减少国民储蓄率。第四，可能存在预算挤出效应，即国防开支的增加会减少其他政府开支，从而影响人力资本的形成，而人们越来越清楚地认识到，人力资本对经济增长具有至关重要的作用。第五，可能存在开放的经济效应，即通过军品进口来增加国防开支会减少民用进口，进而会对民用进口形成挤出效应并减少外国储蓄（或外国直接投资）进入该国，从而降低经济增长率。第六，政府部门在整体上的扩张，特别是国防军事部门的扩大，几乎不可能带来生产率的提高；因此，它的相对扩展会降低经济增长率。第七，如果国防开支伴随着武器装备的生产，武器装备的生产又需要重工业做基础，这就需要实行进口替代工业战略，这种战略会降低对诸如农业等领域出口的推动力量，一般来说，这会对发展中国家的经济增长产生不利影响。相比于正面影响途径，国防开支对经济增长的负面影响途径要更多，但概括起来，可以将以上七条负面影响途径归为三点：一是国防开支会带来挤出效应；二是国防开支的增长会造成私人储蓄率、政府储蓄率以及外国储蓄率的普遍下降；三是国防开支的增长会影响人力资本的形成。

就影响途径的数量而言，国防开支对经济增长的负面影响途径要多于正面影响途径，但这并不意味着国防开支对经济增长的负面作用要大于正面作用。事实上，以上仅仅是从理论上指出国防开支可能对经济影响的各条途径，至于是否作用，仍需通过实证来验证。到底是国防开支对经济增长的正面作用大于负面作用，还是负面作用大于正面作用，这就涉及下一个重要问题：国防开支对经济增长的净影响为正抑或为负？

三、如何计量国防开支对经济增长的净影响

目前，研究者们主要建立了三种理论模型以供实证计量研究，即：总供求均衡模型、国防支出的外部性模型和公共产品模型。下面将对三种模型进行分述。

1. 总供求均衡模型

总供求模型基于国防支出是政府支出的重要组成部分，强调政府的国防资源配置效应问题，强调经济增长中总供给和总需求的决定性作用。其核心精髓有两点，一是把政府开支拆分为国防开支以及非国防开支两部分；二是引入资本利用率 Ω，以及劳动效率 E，考虑了国防开支的增长会造成资本利用率及劳动效率的变动，进而影响经济增长。

该模型推导出的关于经济增长率的公式如下：

$$\gamma = \frac{\hat{r}}{Y} = \frac{\eta_k}{v}(s - g - m - ts) + \eta_\Omega \frac{\Omega}{\Omega} + \eta_L(n + x) \tag{1}$$

式中，γ 为经济增长率，Y 是国内生产总值，S 是储蓄，G 是政府民用支出，M 是政府国防支出，TS 是贸易余额，相应的小写字母表示人均量；η_K，η_L，η_Ω 分别为资本、劳动力、资本利用率相应弹性产出，X 表示劳动技术进步率，V 表示资本产出比例。

由该模型可以看出，国防开支对经济增长的影响主要有三处：$(s - m)$，$\frac{\Omega}{\Omega}$，X 和 V。第一，通过增加国防开支，减少用于形成资本的投资 $(s - m)$，从而直接影响了增长率，而这种挤出减少了增长率 γ。第二，从总需求方面来看，国防开支的增长增加了对全国产出量的需求，进而提高资本利用率，对 $\frac{\Omega}{\Omega}$ 的影响为正，从而提高了增长率。第三，国防部门在技术、人力资本、基础结构方面的投资，可以通过系数 X 和 V 对经济增长产生间接影响。

陈波在该模型基础上，以新古典主义的经济增长、储蓄、贸易平衡模型为工

具从供给方面，凯恩斯的国防需求模型为工具从需求方面，对国防支出与经济增长的关系进行了回归分析，同时建立了联立方程模型，结果表明军费支出与经济增长存在直接显著的负效应。

2. 外部性模型

外部性模型又叫两部门模型，其基本框架是：假定经济体存在国防（M）和民用（C）两个部门，存在两个新古典生产函数，以及劳动（L）和资本（K）两种投入，则民用产出（C）既取决于要素投入（劳动和资本）也取决于国防产出（M）。在某种程度上，军事生产通过其衍生影响或者外部性，可能对民用产出发生影响，使其高出仅有要素投入时的产出。然而，也存在为外部性为负的可能性，因而军事部门也可能降低民用部门的生产率。

该模型推导出的最终结果是：

$$\frac{\hat{r}}{Y} = \alpha \frac{I}{Y} + \beta \frac{\hat{L}}{L} + \left(\frac{\delta}{1+\delta} - \theta\right)\frac{\hat{M}}{Y} + \theta \frac{\hat{M}}{M} \qquad (2)$$

式中，Y 表示国内生产总值，I 表示投资量，L 表示劳动力总量，M 表示军事部门产出，α 表示民用部门的资本边际产量，β 表示民用部门的劳动弹性产出，δ 表示要素生产率差额，θ 表示民用部门对军事部门的产出弹性，也即衡量军事部门带给民用部门的外部性。

该模型的优点是，完全经得起经验研究的推敲。它显示出国防支出对经济增长的影响，主要有两点：一是通过正的 $C\hat{m}$，国防对其他经济部门产生边际影响；二是通过正的 δ，意味着资源转移到生产率更高的国防部门。而且通过该模型可以分别实证计量得出两种影响的大小分别是多少。

不足的是，该模型分析仅仅集中于供给方面，关于需求方面的问题却没有分析，而且该模型没有考虑到军事开支通常是公共产品，它的市场价格为零，通常需要税收转移机制来支付。

刘涛雄和胡鞍钢用两部门外部性模型，利用中国 1960~2000 年时间序列数据进行检验，得出的结论是：中国国防开支规模相对于经济总量处于十分克制的状态，不会因"挤出效应"导致经济增长率降低，国防支出的外部性效应为负。

3. 公共产品模型

相比于前两个模型，公共产品模型着重讨论了提供国防所需要素的支付问题，通过考察以税收为途径的资金筹措，来突出国防成本的问题。其基本思想是，国防安全是非排他性和非竞争性的公共产品，并且军费开支必须由民用部门提供。为了向国防活动提供财力，势必要扭曲对民用经济的税收，这将引起增长率的下降。这种下降必须由国防对增长可能产生的衍生影响来平衡。

该模型计量公式为：

$$\frac{dx}{d\tau} = q + f(kq)\frac{dlq}{d\tau} + 1qf'\frac{dkq}{d\tau} \tag{3}$$

其中，τ 为税率，q 为人均边际产出。从式（3）中可以看出，当 τ 较小时，随着 τ 的增加，军事规模增加，经济增长率提高；而当 τ 达到一定值时，若其再增加，则会带来经济增长率减弱。由此，该模型表明存在一个最佳税率或最佳军事负担率。当低于这一最优比率时，增加军费会产生积极而足够的衍生影响，从而对经济增长产生正面的影响；而当高于这一最优比率时，扭曲了的税收所产生的抑制效应则会超过军事衍生效应而起主导作用，增长率就会开始下降。如果一个国家有自己的国防工业基础，这个国家就具有研究与发展的潜在民用效应，其积极的规模效应将会变大。并且，国防工业向民用领域的转移，可以用于生产民品，这将有助于提高积极的效应。然而，增长与税率或防务负担之间非线性关系的性质与生产技术的性质之间是相对独立的。

四、国防开支的决定——国防开支与经济、政治制度、社会环境之关系

这一主题主要表现在以下三个问题：第一，如何解释发展中国家的军事需求，有哪些比较重要的政治和经济变量决定安全需求，它反过来可以说明政府愿意花费在国防部门上的数量。第二，涉及增加国防预算的水平和比例这种军事化所产生的影响。与此相关，这又提出一个包含统治、安全和发展在内的更加广泛的问题。它研究的问题是，政府（或国家）的合法性对国防预算是否会产生影响。第三，社会—政治不稳定情况下的增长与发展问题，并且试图找出国防开支与各种不稳定的指标之间的相互联系。

对于这些问题的回答，目前的研究并没有建立起诸如国防开支对经济增长影响的模型框架，仅停留于直接设定计量模型，利用数据进行回归分析，即分别把经济发展要素、政治制度以及社会状况等因素与国防开支进行数据上的回归分析，不同的国家有不同的结论，难以统一。虽然这方面的进展缓慢，但对理解军费的决定，又提供了一个全新的角度。

五、结　语

关于"国防开支与经济增长"的研究，主要研究国防开支对经济增长的作用以及经济增长对国防开支的反作用这两方面。前者的研究，主要侧重于衡量国防开支给经济增长带来的影响，研究成果丰硕，建立了三种合适的理论框架（总供求模型、外部性模型、公共产品模型），但还可以从更广的范围来探讨国防开支所带来的影响，诸如社会、政治层面，而非仅仅限于经济领域。关于后者的研究，主要是探讨军费需求的决定，目前的研究并没有建立起完备的模型框架，仅停留于数据层面上相互因素与国防开支的回归分析，但把经济状况、政治制度以及社会环境等因素纳入，为研究军费决定提供了一个新的角度。

参考文献

[1] 基斯·哈特利，托德·桑德勒. 国防经济学手册（第一卷）[M]. 北京：经济科学出版社，2001：271－304.

[2] 苑小丰. 军费开支对经济增长影响问题研究 [J]. 理论界，2009（8）：64－66.

[3] 陈波. 中国国防支出与经济增长：中国的经验研究（1985~2000）[J]. 中国国防经济，2004（2）.

[4] 刘涛雄，胡鞍钢. 国防开支对中国经济增长影响评估的两部门外部性模型 [J]. 清华大学学报. 2005（12）.

国防开支与收入差距[①]

——中国 1980~2010 年的经验分析

李湘黔　孟斌斌

一、问题的提出

纵观全球，日益扩大的国家之间及国家内部的收入差距，各国不断增加的军费开支，已经成为了当今世界两大重要且又相互关联的主题。伴随着中国经济的持续增长，投入到国防领域的资源持续增加，与此同时，中国的收入差距也越来越明显。"两个一百年目标"和"强国梦"都迫切要求对该问题进行深入的研究。安全和发展是国家两大基本战略目标，在国家战略全局中，是共生共亡、枯荣与共的关系，也是相互支撑、相互促进的关系。统筹国家安全与发展，基本手段是协调"两大建设"战略目标，实现富国和强军的统一（姜鲁鸣，2013）。国不富，不是小康社会；富而不均，也不是小康社会；军不强，无法为发展提供安全保障；军强而国不富，不是小康社会；军强国富而民不均，也不是小康社会。国防开支是国防建设的资源投入，国防建设是强军的基本经济活动，为国家的发展提供安全保障。社会收入差距是衡量小康社会的一个重要指标，是国家经济发展成果的重要方面。统筹国防建设与经济建设，实现富国和强军相统一，建成小康社会，实现中国梦，必须把握国防开支与收入差距之间的客观规律。

目前中国的贫富差距现状不容乐观。穷人太穷，富人太富，中产阶层尚未形成是现阶段中国社会的贫富格局。根据世界银行统计，中国基尼系数在 1995 年达到 0.415，2001 年上升到 0.447，超过国际警戒线 0.4，在全球排名第 35 位（世界银行，2005）。根据《社会管理蓝皮书——中国社会管理创新报告》，2010

---

① 本文原载于《北京理工大学学报》（社会科学版）2015 年第 3 期。

年基尼系数达到0.438，并且自20世纪90年代以来每年以0.1的百分点连续提高，有进一步扩大的趋势（郭少峰，2012）。根据联合国开发计划署的统计数字，中国目前的基尼系数为0.45，占总人口20%的最贫困人口占收入的份额只有4.7%，而占总人口20%的最富裕人口占收入的份额高达50%。各占总人口20%的最高和最低收入两大群体，收入差距已达33倍。中国国家统计局2011年6月的调查显示，占中国人口10%的最富有人群掌握着国家45%的财富，而占人口10%的最贫困人口只拥有国家1.4%的财富，并且城市居民的金融资产已经呈现向高收入家庭集中的趋势，从户均拥有金融资产的指标来看，最高的20%家庭所拥有的金融资产已经占城市家庭金融总资产的66.4%。而最低的20%家庭所拥有的金融资产只占总资产的1.3%（财政部科研所课题组，2003）。《中国家庭金融调查报告》（西南财经大学，中国人民银行，2012）指出，中国家庭的储蓄分布极为不均，55%的家庭没有或几乎没有储蓄，家庭储蓄主要集中在高收入家庭，收入最高10%的家庭储蓄率为60.6%，其储蓄金额占当年总储蓄的74.9%；收入最高5%的家庭的储蓄率为69.02%，其储蓄金额占当年总储蓄的61.6%；收入最高10%的家庭的财富占社会财富的比例高达86.69%。在城市，这一比例更高，达到89.50%。数据显示，中国家庭财富占有的贫富分化程度在进一步发展（沈卫平，2012）。据有关专家估计，2009年中国百万美元的富豪人数达到67万户，居世界第三；资产超过10亿美元的富翁人数仅次于美国，名列世界第二；另外，中国现在有1.5亿人口每日收入不足1美元，属于绝对贫困。有31%的人口即4亿多人口每日收入不足2美元，属于穷人（周新城，2003）。

国防开支是保证一国国防能力的资源，是抽象意义上一国国防能力大小的经济衡量。随着中国经济的发展，越来越多的资源投入了国防领域（孟斌斌，2013）。一方面，国防开支所产生的国防能力为中国的发展提供了安全保障；另一方面，国防开支作为财政支出的重要组成部分，存在着与民生相关支出的竞争关系，势必挤出一些改善收入差距的资源。图1中数据较为生动地刻画了该现象。

国防开支与收入差距二者之间有着什么样的关联？学术界对于该问题的研究很少。尽管有关国防开支与经济增长相互关系的研究已较为成熟，但是关于收入差距和国防开支之间相互关系的研究，即使是国外也处于起步状态，目前还没有公开出版的文献对于中国的国防开支与收入差距之间的关系进行研究。当考虑到二者之间的关系时，容易出现这样一种较简单的论断"由于国防开支属于财政支出的重要部分（孟斌斌，2011），势必挤出可用于再次分配的财政资源，扩大了收入差距"。而事实上，国防开支与收入差距之间的相互作用机理，并不仅仅局限于此。为了破除这样简单、直接的论断，科学把握规律，总结经验，更好地指导未来的国防资源配置，本文采用修正城乡加权法的基尼系数和调整了的国防开支数据来研究二者的关系，并结合中国国防建设的实践对模型结果进行经济解释，分析中国经济发展中与国防开支相关国防建设活动对收入差距的作用机理。

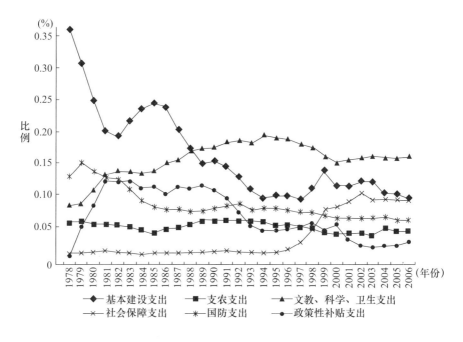

图1 国防支出及财政相关项目支出占财政总支出比例

二、文献综述

很多文献研究了收入差距与政治经济体制之间的关系。Willam Parish（1996）的"反分层化现象"观点认为，在社会主义计划经济体制下，收入分配是相当平等的；而 Victor Nee、Ivan Szelenyi 等（1994）认为，国家社会主义经济中的再分配机制不仅没有改善收入差距，反而加剧了收入差距。以库兹涅茨为代表的倒"U"型曲线理论认为，在市场推动经济发展的初期，收入差距会随着经济发展水平的提升而上升，当达到较高的发展水平之后，由于福利政策和税收制度的再次分配调节，收入差距才会逐渐缓和。而 Akos Rona－Tas（1994）等认为，经济体制向市场经济转型过程的初期，收入差距不仅不会上升反而下降，并归纳为市场改革的平等化效应；随着改革的进一步深入，平等化效应消失，收入差距拉大，即正"U"型曲线理论，进一步地研究细化了前面的争论。Gradstein（2001）认为，民主能够减小收入差距。Lipset（1993）和 Diamond（1992）认为财富与民主制度有很大的关联。Rodrik（1999）认为，民主水平与工资水平正相关，制度对收入差距有很大的影响。Dinardo（1996）认为，"去工会化"是美国 1979 ~ 1988 年工资收入差距增加的一个重要因素。Blau（1996）认为，劳动力市场的不同制度特征，尤其是工资决定机制的相对分散化，对于美国与其他经济合作发展组织国家的工资不平等有着很大的解释力。

从机会不平等的角度研究收入差距取得了一些成果。吴敬琏（2010）提出，在公共财富和公共产品获取机会上不平等是造成社会收入差距拉大的主要因素，行政腐败和对资源的垄断已经成为贫富分化的最重要原因。王小鲁（2010）认为，灰色收入的大量存在严重扭曲了国民收入分配。中国在经历了过去 30 年经济体制改革后，在政治体制改革方面已经严重滞后。这种与资本相结合的权力结构，最终会将社会引向发展停滞和严重的危机之中。进一步地，桂林、陈宇峰、尹振东（2012）从权力寻租的视角把机会不平等推向对官员规模、公共品供给与收入差距之间关系的研究，认为权力的设租、寻租是造成收入差距的一个重要原因。

对收入差距与国防开支之间关系的研究刚刚起步。不断增加的国防开支对于整个社会的福利具有冲击作用，国防开支增加，使得可以用于增加社会福利的资源减少（Dunne，2004）。1988 ~ 2002 年，国防开支占 GDP 的比例不断降低，与此伴随的是经济的高速增长，然而，人均国防开支持续增加，收入差距也在不断增大（Smyth and Nara，2009）。Ali（2007）通过研究国防开支与收入不平等之间的关系认为，由于国防相关产业的工资较高，国防开支的增加使得国防相关产业的需求增加，这就导致一部分原来不属于军工行业的低收入工人也进入军工行业，这些低收入人群获得了比原来工资更高的工资，从而改善了低收入人群的收入，降低了收入差距。Ali（2007）采用 150 多个国家的面板数据进行实证分析，认为国防开支是决定收入差距的一个重要因素。Adem（2012）采用 1963 ~ 2007 年的时间序列数据研究了国防开支与收入不平等之间的关系。鉴于中国还没有关于国防开支与收入差距之间关系的研究成果，本文借鉴 Adem（2012）的研究框架，展开对于中国 1980 ~ 2010 年国防开支与收入差距之间关系的研究。

三、国防开支与收入差距

1. 理论基础

关于国防开支与收入差距二者之间的关系，理论界没有统一的结论。从理论上看，二者之间可能的联系可以从以下 4 个角度来看待：①根据传统的凯恩斯主义，国防开支作为政府支出的一个很重要的组成部分，能够拉动总需求，提高经济中的就业。相对高收入阶层，低收入阶层从这种经济的拉动中获益较多。所以，国防开支的增加有助于缩小收入差距。②从微观理论来讲，国防及国防相关的行业的劳动力报酬要比其他部门高，所以国防开支的增加加剧了行业间的工资差距。③国防开支的具体结构很复杂，因此可能产生不同的结果。比如，当国防开支用于支付相对不熟练的劳动力时，就可以缩小收入差距；相反，当国防开支用于支付相对熟练的劳动力时，就会进一步扩大收入差距。④国防开支的挤出效应。国家可以通过转移支付来再次分配，以达到缩小收入差距的目的。而国家的财政预算是有限的，国防开支作为财政预算的一部分，势必会挤出本来可以用于缩小贫富差距的转移支付的资源，使得收入差距扩大。

2. 现实分析

从中国经济发展的实际情况和国防建设的实践来看，国防开支与收入差距之间的作用机理不仅仅局限于现有理论所归纳的几部分，其具体情况更为复杂，上文描述的理论规律在中国现实中哪些发生了？具体情况是什么？本文先总体介绍中国国防开支的基本构成及收入差距的总体情况，然后展开国防开支与收入差距二者关系的论述。

根据《中国国防白皮书》，中国的国防开支主要由人员生活费、训练维持费和装备费三部分组成，各部分大体各占 1/3。人员生活费用于军官、文职干部、士兵和聘用人员的工资津贴、住房保险、伙食被装等。训练维持费用于部队训练、院校教育、工程设施建设维护以及其他日常消耗性支出。装备费用于武器装备的研究、试验、采购、维修、运输和储存等。国防费的保障范围包括现役部队、预备役部队和民兵，同时也负担部分退役军人、军人配偶生活及子女教育，支援国家和地方经济建设等社会性支出。

中国的经济分层差距的变迁大体上可分为两个阶段，即 1979 年改革以前的阶段和 1979 年改革以后的阶段（李强 1997）。这里的经济分层与收入差距的含义一致。总体上，前一阶段收入差距小，后一阶段收入差距大。本文研究的数据起点是 1980 年，涉及后一阶段。该阶段的总体特点是收入差距逐渐拉大。

在总体介绍了国防开支和收入差距的基础上，下面对二者的相互作用进行论述。

财政挤出效应。从总体上来讲，国防开支是财政通过对国民收入的再分配形成的。国防开支受国家财政的制约，与"三农"、教育、科技、卫生医疗、社会保障等民生支出存在着"彼消此长"的关系。在一定的财政收入规模下，国防开支的增长是以民生支出的降低为代价的。在中国的收入分配中效率和公平是两个重要的因素，初次分配往往是效率优先[1]，因此，再次分配对于降低收入差距、增强公平具有重要作用。国防开支的财政挤出，使得可以用于降低收入差距的再次分配资源降低，以此为基础，可以得出国防开支降低收入差距的结论。

人员生活费对收入差距的改善作用。一直以来，中国的国防和军队建设落后于西方发达国家，在本文分析的时间跨度内，中国基本处于向机械化转型的过程中，军队人员中高中毕业、初中毕业甚至小学毕业的人员所占比例不容忽视。这些低技能劳动力在服役过程中按照社会平均报酬获得收益，该收益往往比其在军队之外工作的收益要高。从这个角度来看，国防开支的人员费改善了该部分低收入群体的收入，在一定程度上降低了收入差距。

装备费对收入差距的改善作用。该作用是通过军工企业间接产生的。在中国装备采购体制下，一直以来，中国装备的提供方主要是行政色彩很浓厚的军工企业。装备的研究、试验、采购、维修等都是由军工企业负责，装备费的多少，直接决定着军工企业的收入。随着经济体制的改革，这些军工企业通常背负着很大的行政包袱，要承担很大的社会职能。很多本应该下岗的低素质职工，由于政策的需要，仍然继续由军工企业负责，这造成了军工企业的冗员低效问题。但是从另一个角度来看，军工企业承当的社会职能和政策包袱，改善了低收入群体的收入，降低了收入分配不均。因此，装备费通过军工企业间接改善了收入差距。

军人户籍及转业政策是二元体制的突破口，降低了收入差距。在户籍制度等因素的作用下，一定时期内中国经济处于二元经济的格局。在城乡分割的户籍制度下，军人户籍的特殊性，保证了人才的自由流动。军人不受户口制度的限制，可以在城乡自由流动，形成了其独特的突破二元结构的人才交流渠道。这使得城乡青年都有机会在同一个舞台中竞争。并且在中国的传统宗亲文化中，个人的发展会带动家属亲戚等圈子（如家属随军）的发展，一定程度上放大了该机制对

---

① 文中所指的经济政策都是特指研究所涉及的时间区间内的政策。

于人才流动的推动作用。进一步来看，军队转业人员的技能效应，军人的模范作用、思想观念的传播等都会成为改善收入差距的因素。在很长一段时期内，当兵几乎成了农村青年改变自身命运的唯一途径，也确实有很多农村青年通过当兵的途径，走出农村，在大城市发展。这种独特的二元经济下开辟的唯一流动渠道，赋予了低收入群体更好的发展机会，降低了机会不公平程度，改善了收入差距。

国防研发、军事技术的溢出效应。武器装备是高新技术的物化，高新技术是生产力提高的推动力，国防研发所产生的技术成果不仅可以提高武器装备性能，并且往往对社会民用生产力的提高产生巨大推动作用。肖裕声（2003）认为，1983年转移军民技术400项，1984年转移8000项，成交额4.3亿元，1985年转移20000项，成交额10亿元。技术的发展提高了整个国家的生产力，财政收入随之提高，可用于改善收入差距的资源增加，从而降低收入差距。

边远军事基地的区域拉动效应。军事基地由于其特殊的国防属性，很多都建在经济发展落后的地区。军用基础设施如公路、铁路、医院等为当地经济发展提供了较好的基础。军事基地还可以为当地经济制造需求，增加就业。三线建设是中国工业结构调整的重大举措，改变了中国的工业分布格局，降低了区域之间的发展不平衡。三线建设的项目"大分散、小集中"，少数尖端项目"靠山、分散、隐蔽，有的进洞"。在很多发展落后的地区形成了一大批相对当地发展水平较先进的国有企业，极大地推进了西部地区的经济发展，降低了地区发展的不平衡。新疆生产建设兵团、海南农垦和黑龙江农垦等也为当地的发展提供了动力。这与古代"屯边"的思想相接近，既完成军事任务又促进经济发展。研究表明，中国整体收入差距的很大一部分源自于地区之间的差距和城乡之间的差距（李实、赵人伟，2007）。国防建设的这一系列部署，都极大地带动了落后地区的发展，从而缩小了整体收入差距。

当发展处于"市场社会"阶段，即使国防开支较少，政府也不会把所减少的资源用于改善收入不公。Karl Polanyi（1944）指出，人类社会的发展必然经历"伦理经济""市场社会"到"社会市场"。一个"脱嵌"的、完全自我调节的市场力量是十分野蛮的力量，因为当它试图把人类与自然环境转变为纯粹的商品时，必然导致社会与自然环境的毁灭。中国的改革开放进程中，必然也经历这样的阶段。在中国转向市场社会时，经济试图脱嵌于社会，并进而支配社会。从大历史的角度看，从伦理经济向市场社会演化对中国而言是一次前所未有的转型。在转型过程中，市场会"脱嵌"于社会，这个时期，只追求经济增长，而忽视了分配公平。研究表明，直到20世纪90年代中期之前，中国一直只有经济政策没有社会政策，正体现了这一论断（王绍光，2008）。

综上所述，从理论和现实两个层面分析了国防开支与收入差距之间的关系。

当然，收入差距要受到其他很多因素的影响。但这不妨碍笔者进一步研究国防开支与收入差距之间所存在的联系。由上可知，国防开支既有降低收入差距的因素；又有增加收入差距的因素，现实是复杂的。到底哪一种作用为该时期的主旋律，下面用计量经济学的方法对该疑问进行解答。

四、方法与数据

1. 研究方法

本文的研究目的是揭示国防开支与收入差距两个变量之间存在的长期关联。为了达到该结果，采用 Engle – Granger（1987）提出的两步法（Two – stepproce-dure）。假设有两个随机时间序列 X 和 Y。Granger（格兰杰）方法通过计算 X 变量的滞后值能够在多大程度上解释 Y 变量的当期值，来揭示 X 是 Y 的 Granger 因，Y 是 X 的 Granger 果（即 X causes Y）。也即如果 X 有助于预测 Y 的值，那么 X 是 Y 的 Granger 因。用计量经济学的术语来讲，如果在 Y 对 X 回归的结果中，X 的滞后项的系数在统计意义上是显著的，那么 X 是 Y 的 "Granger 因"。

第一步，平稳性检验。采用单位根检验的方法来确定时间序列数据的平稳性。

第二步，协整检验。用普通最小二乘法来估计两个序列是否协整。

$$DE_t + \alpha_0 + \beta_0 INEQ_t + \mu_t \tag{1}$$

$$INEQ_t + \alpha_1 + \beta_1 + DE_t + \mu_t' \tag{2}$$

其中，α_0 和 α_1 是常数；μ_t 和 μ_t' 为误差项。

第三步，Granger 因果检验。采用误差修正模型（Error Correction Model，ECM）基于变量的误差项之间系数的显著程度，进行 Granger 因果检验。误差修正模型不再是仅仅利用变量的水平值或变量的差分建模；而是有机地把二者结合起来，充分利用数据的信息。误差修正模型如下：

$$\Delta DE_t = a_0 + b_0\mu_{t-1} + \sum_{i=1}^{m} c_{0i}\Delta DE_{t-i} + \sum_{j=1}^{n} d_{0i}\Delta INEQ_{t-j} + e_t \tag{3}$$

$$\Delta INEQ_t = \alpha_1 + b_1\mu'_{t-1} + \sum_{i=1}^{q} c_{1i}\Delta INEQ_{t-i} + \sum_{j=1}^{r} d_{1i}\Delta DE_{t-j} + e'_t \tag{4}$$

其中，μ_{t-1} 和 μ'_{t-1} 是残差的滞后项，残差是由协整检验中方程（1）和方程（2）回归所得；"Δ" 表示差分，通过对变量进行差分使得时间序列数据满足平稳性。根据误差修正模型，如果两个变量协整，那么在两个变量之间至少存在一个方向的 Granger 因果关系。如果 b_0 和 b_1 统计上显著，那么时间序列 DE 是 IN-EQ 的 Granger 因；INEQ 是 DE 的 Granger 果。

2. 数据

国防开支数据采用《中国统计年鉴》及《新中国 55 年统计资料汇编》的数据，借鉴刘涛雄和胡鞍钢（2005）的方法对数据进行调整。衡量收入差距的基尼系数来自田卫民（2012）利用 Thomas、Wan 和 Fan（2000）提出的"非等分组"的基尼系数计算方法，计算出的城镇居民收入基尼系数和农村居民收入基尼系数，在此基础上结合 Sundrum（1990）"分组加权法"和李子奈（2004）"修正城乡加权法"，计算的全国居民收入基尼系数。数据选取的时间跨度为 1980 ~ 2010 年。

五、结果与讨论

1. 单位根检验

为了检验国防开支与收入差距之间的 Granger 因果关系，首先根据 Phillips – Perron（PP）法采用 MacKinnon（1996）单边概率估算数据，进行单位根检验，判断时间序列数据的平稳性。表 1 列出了时间序列数据的 PP 检验值以及检验"存在单位根"这一原假设时相应的 p 值。检验结果显示，在各种情况下，国防开支数据和收入差距数据均不平稳，其相应的一阶差分数据则都是平稳的。这说明，二者均为同阶单整，其阶数都为 1。

表 1 单位根检验结果

变量	不含趋势项和漂移项	含漂移项	含趋势项	检验结果
DS	0.9832	0.9877	0.7514	不平稳
INEQ	0.9319	0.8448	0.2326	不平稳
D（DS）	0.0001	0.0003	0.0007	平稳
D（INEQ）	0.0002	0.0022	0.0125	平稳

2. 协整关系检验

DE 和 INEQ 均为一阶单整，因此，可以运用 Engle – Granger 两步法检验二者之间是否存在协整关系。先估计体现国防开支和收入差距两组数据之间的长期均衡关系，然后对残差进行平稳性检验。如表2所示，结果表明回归残差是平稳的，由此可以得出国防开支和收入差距两组数据之间存在一阶协整关系 CI（1，1）的结论。这说明，国防开支数据和收入差距数据存在着长期的均衡关系。

表2　回归残差的单位根检验结果

变量	不含趋势项和漂移项	检验结果
残差	0.1113	平稳

3. Granger 因果关系检验

由于国防开支数据和收入差距数据存在一阶协整关系 CI（1，1），对二者的因果关系不能通过 VAR 模型而应该通过向量误差修正模型，即方程（3）和方程（4）。结果如表3所示。

表3　Granger 因果检验

原假设	F 统计值	p 值
国防开支不是收入差距的 Granger 原因	0.045	0.8334
收入差距不是国防开支的 Granger 原因	2.185	0.1509

计量结果无法拒绝"国防开支不是收入差距的 Granger 原因"，而在15%的显著水平上拒绝原假设"收入差距不是国防开支的 Granger 原因"，因此，收入差距是国防开支的 Granger 成因，即收入差距引领国防开支，反之，国防开支并没有引领收入差距。计量结果表明，从长期来看，国防开支数据与收入差距不平等数据之间存在单向的 Granger 因果关系。这个数据否定了理论探讨部分"国防开支挤出财政支出而扩大贫富差距"的观点。然而，长期的均衡关系所反映的经济含义在短期并不一定成立。

4. 误差修正模型

传统的经济模型通常表述的是变量之间的一种"长期均衡"关系，而实际经济数据却是由"非均衡过程"生产的。因此，可以用数据的短期非均衡过程来逼近经济理论的长期均衡过程。

为了检验国防开支数据与收入差距数据之间的短期关系，按照方程（3）和方程（4）进行误差修正模型的检验。误差修正模型能够反映变量之间的短期动态关系。回归滞后项根据 AIC 准则来选取。误差修正模型的回归结果反映了变量之间从短期的不均衡状态向长期的均衡状态调整的力度，称为"误差调整系数"。模型中，差分项反映了短期波动的影响。短期变动可以分为两部分：一部分是短期因变量波动的影响；另一部分是偏离长期均衡的影响。

误差修正项的系数为 -0.8432。当短期波动偏离长期均衡时，将以 -0.8432 的调整力度将非均衡状态拉回到均衡状态，说明两变量之间的关系不仅在长期成立，在短期仍然成立。从短期来看，被解释变量的变动是由较稳定的长期趋势和短期波动所决定的，短期内系统对于均衡状态的偏离程度的大小直接导致波动振幅的大小。从长期来看，协整关系式起到"引力线"的作用，将非均衡状态拉回到均衡状态。

5. 脉冲响应

在 VEC 模型估计的基础上计算脉冲响应函数。对 DE 一个标准差的冲击迅速影响当期及之后的 DE 且持续时间长，10 年之后的响应幅度仍然显著；INEQ 的响应程度逐渐增大，4 年之后趋于平稳状态，不再增加。对 INEQ 一个标准差的冲击，DE 的响应逐渐增大，4 年后趋于平稳状态，不再增加；INEQ 的响应当期达到最大值，逐渐减小，5 年之后达到最小，之后趋于平稳状态。可见二者之间存在反向的影响关系。

六、结论

目前，经济学理论中还没有关于国防开支与收入差距之间互动关系的成熟理论模型。本文采用协整分析和 Granger 因果检验，研究了二者之间可能存在的关系。

国防开支与收入差距两个变量之间存在长期的均衡关系，并且滞后期的收入差距数据能够有助于解释当期的国防开支数据，收入差距是国防开支的 Granger 原因，说明国防开支并没有因为挤出效应而导致收入差距扩大。这一方面与中国国防费本身规模合理有关；另一方面与中国社会从"经济社会"到"社会经济"的转型有关。

从脉冲响应函数来看，国防开支的增加会降低收入差距。数据分析验证了前面的猜测，可见，现实中国防开支改善收入分配不均的作用占主导地位。国防开支中有一部分资源确实改善了低收入人群的收入，从而降低了收入差距。从中国军队人员的整体知识技能综合水平来看，其中存在着一部分低素质人群，这些人如果是在其他部门，可能很难获取在军队服役期间的收入，这个机制通过人员维持费来传递。该费用接近国防开支的1/3，再考虑到20世纪军队高学历人员比例比较低，低收入能力人群的比例相当可观，因此通过该机制降低收入差距的作用不可忽视；国防开支的一大部分是用来采购军工企业所生产的装备，一直以来军工企业都属于经济体制改革中较为保守的部门，其不仅仅是利润最大化的企业，而且一直以来发挥着重要的社会功能，不能够按照效益来解雇不需要的职工，还要承担高额的养老、退休等保障功能。国防开支中的采购费用通过军工企业发挥社会职能，增加了低收入能力人群的收入，降低了收入差距。另外区域效应、技能效应等因素也发挥着重要作用。当收入差距增加时，会使得国防开支降低，这体现在财政部门等决策部门在面临较大的收入差距时，把更多的资源投入于改善分配不平等的开支之中，从而使可用于国防建设的资源降低，国防开支降低。

决策部门在考量国防开支时，不仅要考虑到满足"国防需求"这个因素，也应该考虑国防开支的经济效应，尤其是对于收入差距的这种改善效应。面对日益严峻的收入不平等局势和安全需求的不断增加，要能够善于把握二者的关系，优化国防开支的结构，理顺国防开支的渠道，使得在新的发展阶段中，国防开支改善收入差距的作用能够继续更加顺畅地发挥，从而更好地统筹国防建设与经济建设，深化军民融合发展路子，更早实现富国与强军，实现强军梦和中国梦。具体来讲，在相关决策中应该注重以下几个与收入差距密切相关的方面。

1. 更好地利用国防开支需求

拉动在经济周期上升期对收入差距的改善效应。往往在经济周期的低谷，国家会采取积极的财政政策，增加投资，促进经济上升。在这个过程中，相对于高收入阶层，低收入阶层从这种经济的拉动中获益较多。在国防开支中有很大一部分属于投资支出，在这些政策的制定过程中，应该注重理顺相应的渠道，使该机制可以更好地发挥效用。

2. 注重国防开支的合理安排

通过人力资源渠道改善收入差距的机制。国防开支用于支付相对不熟练的劳动力时，就可以缩小收入差距。一些国防建设的基础设施和某些类型军事活动，对于劳动力素质的要求并不是很高，就应该使用相应素质的劳动力，释放高素质的劳动力使之去从事更高劳动力素质要求的活动。对于人力资源合理配置，使得人尽其才，不仅提高了经济效益，而且可以改善收入差距。

3. 降低收入差距

在经济结构调整和产业升级过程中，注重通过国防工业布局改善地区发展差距，从而降低收入差距。

中国经济发展方式的转变和经济结构的调整是国防工业布局变化的大背景。国防建设过程中，尤其从机械化向信息化转变的过程中，也存在相关国防产业的转型与升级，国防工业基础整体布局会随着国防建设的要求而演化，在这个过程中应该进行理性的构建与引导，在顶层设计中统筹国防与经济两方面，发挥国防建设的经济效益，尤其是改善区域发展不平衡的效益，有利于缩小地区间收入差距，更好更快地建成小康社会。

当然，研究还有很多不足的地方。收入差距的影响因素还有很多，国防开支仅仅是很多因素中的一个。可能还存在着其他的方法来研究二者的关系。中国基尼系数数据能否反映真实的收入差距也是一个值得探讨的问题。然而，本文旨在达到以下目的：第一，破除"国防开支导致收入差距"这种不准确的观念；第二，详细分析国防开支改善收入差距的渠道及机理，为更好地统筹国防建设与经济建设提供理论依据；第三，通过本研究为学术界提出一个全新的现实问题，为以后采用其他方法研究国防开支与收入差距的关系奠定了基础。通过经济模型的构建进一步分析国防开支改善收入差距的机理，以及对该影响的机理进行经验分析，是以后研究的方向。

参考文献

[1] 姜鲁鸣. 坚持富国和强军相统一 [N]. 解放军报，2013 - 05 - 07.

[2] 世界银行. 2005 年世界发展报告 [M]. 北京：清华大学出版社，2005.

[3] 郭少峰. 报告称中国贫富差距正扩大逼近社会容忍线 [N]. 新京报，2012 - 09 - 15.

[4] 财政部科研所课题组. 财政部报告称中国贫富分化加剧 [EB/OL].（2003 - 06 - 16）[2012 - 02 - 25]. http：//www. china. com. cn/chinese/jingji/347322. htm.

[5] 甘犁. 中国家庭金融调查报告 2012 [M]. 成都：西南财经大学出版社，2012.

[6] 沈卫平. 缩小贫富差距促进社会公平 [J]. 现代经济探讨，2012（11）：29 - 33.

[7] 周新城. 关于分配问题的若干思考 [J]. 理论学刊，2003（3）：

44 – 50.

[8] 孟斌斌. 战略性新兴产业与军民融合 [J]. 工业技术经济, 2013, 32 (1): 141 – 145.

[9] 孟斌斌. 国防开支对经济增长的外部性效应及规模效应的分析 [J]. 价值工程, 2011 (7): 9 – 12.

[10] Parish, Willam L, Michelson E. Politics and Markets: Dual Transformation [J]. American Journal of Sociology, 1996 (101): 1042 – 1059.

[11] NeeVictor, Ivan Szelenyi, Eric Kostello. An Outline of an Institutional Theory of Social Inequality in Transitional Societies [C]. Paper Presented at the Conference on New Institutionalism in Economic Sociology. Cornell University, 1994: 110 – 156.

[12] Rona – Tas Akos. The First Shall be Last? Entrepreneurship and Communist Cadres in the Transition from Socialism [J]. American Journal of Sociology, 1994 (100): 40 – 69.

[13] Gradstein M., Milanovic B. Democracy and Income Inequality: An Empirical Analysis [C]. World Bank, Washington, DC., 2001: 38 – 45.

[14] Lipset S., Seong K., Torres J. A Comparative Analysis of Social Requisite of Democracy [J]. International Social Journal, 2003, 45 (2): 155 – 175.

[15] Diamond L. Economic Development and Democracy Reconsidered [C]. Reexamining Democracy. Lodon: Sage. 1992: 93 – 139.

[16] Rodrik D. Democracies Pay Higher Wages [J]. Quarterly Journal of Economics, 1999, 101 (3): 707 – 738.

[17] Dinardo J., Fortin N., Lemieux T. Labor Market Institutions and the Distribution of Wages, 1973 – 1992: A Semi – parametricapproach [J]. Econometrica, 1996, 45 (5): 1001 – 1044.

[18] Blau F., Kahn L. International Differences in Male Wage Inequality: Institutions versus Market Forces [J]. Journal of Political Economy, 1996, 104 (4): 791 – 837.

[19] 吴敬琏. 收入差距过大的症结 [J]. 财经, 2010 (21): 3 – 8.

[20] 王小鲁. 灰色收入与国民收入分配 [J]. 比较, 2010 (31): 1 – 10.

[21] 桂林, 陈宇峰, 尹振东. 官员规模、公共品供给与社会收入差距: 权力寻租的视角 [J]. 经济研究, 2012 (9): 140 – 151.

[22] Dunne P., Perlo – Freeman S., Soydan. Military Expenditure and Debt in South America [J]. Defence and Peace Economics, 2004, 15 (4): 173 – 187.

[23] Smyth R., Narayan K. A Panel Data Analysis of the Military Expenditure

External Debt Nexus：Evidence from Six Middle Easterncountries ［J］．Journal of Peace Research，2009，46（2）：235 – 250.

［24］Ali H. Military Expenditures and Income Inequality：Evidence from Global data ［J］．Journal of Defence and Peace Economics，2007，18（6）：519 – 535.

［25］Adem Y. Elveren. Military Spending and Income Inequality：Evidence on Cointegration and Causality for Turkey，1963 – 2007 ［J］．Journal of Defence and Peace Economics，2012，23（3）：289 – 301.

［26］李强．政治分层与经济分层 ［J］．社会学研究，1997（3）：32 – 41.

［27］孟斌斌．政府采购合同设计与承制单位价格信息 ［J］．北京理工大学学报（社会科学版），2013，15（2）：60 – 65.

［28］肖裕声．新中国国防建设与经济建设协调发展的历史启示和现实思考 ［J］．军事历史，2003，12（3）：28 – 34.

［29］李实，赵人伟．中国居民收入分配再研究 ［J］．经济研究，1999（4）：3 – 17.

［30］Karl Polanyi. The Creat Transformation：The Political and Economic Origins of our Time ［M］．Boston：Beacon Press，1994：112 – 115.

［31］王绍光．大转型：1980 年以来中国的双向运动 ［J］．中国社会科学，2008，12（1）：129 – 148.

［32］刘涛雄，胡鞍钢．国防开支对中国经济增长影响评估的两部门外部性模型 ［J］．清华大学学报，2005，45（12）：1692 – 1696.

［33］田为民．中国基尼系数计算及其变动趋势分析 ［J］．人文杂志，2012（2）：56 – 61.

［34］董静，李子奈．修正城乡加权法及其应用 ［J］．数量经济技术经济研究，2004（5）：120 – 123.